金融中的机器学习

Machine Learning for Finance

[英] 简尼斯·克拉斯（Jannes Klaas）◎著
曾荣飞◎译　张浩然◎审校

人民邮电出版社
北京

图书在版编目（CIP）数据

金融中的机器学习 ／ （英） 简尼斯·克拉斯
(Jannes Klaas) 著；曾荣飞译. -- 北京 ：人民邮电出
版社，2021.7（2023.6重印）
（金融科技系列）
ISBN 978-7-115-56309-5

Ⅰ．①金… Ⅱ．①简… ②曾… Ⅲ．①机器学习—应
用—金融 Ⅳ．①F830.49

中国版本图书馆CIP数据核字(2021)第060041号

版权声明

Copyright ©2019 Packt Publishing. First published in the English language under the title *Machine Learning for Finance*.
All rights reserved.

本书由英国 Packt Publishing 公司授权人民邮电出版社出版。未经出版者书面许可，对本书的任何部分不得以任何方式或任何手段复制和传播。

版权所有，侵权必究。

♦ 著　　[英] 简尼斯·克拉斯（Jannes Klaas）
　　译　　曾荣飞
　　责任编辑　胡俊英
　　责任印制　王 郁　焦志炜
♦ 人民邮电出版社出版发行　北京市丰台区成寿寺路 11 号
　邮编　100164　电子邮件　315@ptpress.com.cn
　网址　https://www.ptpress.com.cn
　北京天宇星印刷厂印刷
♦ 开本：800×1000　1/16
　印张：25.5　　　　　2021 年 7 月第 1 版
　字数：507 千字　　　2023 年 6 月北京第 2 次印刷
　著作权合同登记号　图字：01-2019-8014 号

定价：119.90 元
读者服务热线：(010)81055410　印装质量热线：(010)81055316
反盗版热线：(010)81055315
广告经营许可证：京东市监广登字 20170147 号

内容提要

机器学习是设计与应用算法的科学，可从数据中进行学习和预测，其应用已经非常普遍。金融领域集中了大量的交易数据，为人工智能技术的运用奠定了良好的数据基础。本书面向金融领域的读者，介绍了机器学习技术的原理与实践。

本书包括 10 章，介绍了神经网络算法、结构化数据的处理、计算机视觉处理技术、时间序列分析、自然语言处理、生成模型的应用、强化学习技术、数据建模与调试、贝叶斯推理和概率编程等内容。

本书由资深金融从业者编写，融合了其在金融项目中关于机器学习的实践经验，适合金融领域的数据科学家、数据分析师、金融科技公司的技术研发人员以及对金融领域的机器学习技术感兴趣的读者阅读。

作者简介

简尼斯·克拉斯（Jannes Klaas）是一名拥有金融学和经济学背景的量化分析师。他曾主导过两个机器学习训练营项目，也同研发数据驱动类应用的公司和交易策略类公司有过合作。

目前，他的研究领域包括系统风险和大规模自动化的知识挖掘。

审稿人简介

詹姆斯·勒（James Le）是罗切斯特理工学院计算机专业的在读研究生。他的研究关注基于深度学习的计算机视觉领域，他还是数据科学领域的一名活跃的自由职业者，对机器学习、深度学习、推荐系统、数据分析和可视化非常感兴趣。

前言

在大量可用数据计算资源的助力下,机器学习取得了长足的发展。金融行业的核心企业是信息处理类企业,而以这些公司为代表的金融业有大量机会来部署机器学习这项新兴技术。

本书是一本聚焦金融业的现代机器学习的实用指南。本书使用代码优先方法(code-first approach),阐述一些有用的机器学习算法的工作原理,并使用这些算法来解决现实世界中的问题。

本书的目标读者

三类读者将从本书受益:

- 那些期望顺利进入金融行业和期望了解各种潜在应用和相关问题的数据科学家;
- 金融科技公司的开发人员,或那些期望更新技能以在建模过程中融入现代机器学习方法的量化金融从业人员;
- 那些正在为未来就业打基础和期望获得职场实用技能的学生们。

本书假设读者具有线性代数、统计学、概率论、微积分等背景知识。但是,不需要成为上述各领域的专家,仅仅掌握基础知识即可。本书并不强求读者具备充分的金融知识。

为了学习示例代码,你应该熟悉 Python 语言和常用的数据科学相关库,如 Pandas、NumPy 和 Matplotlib 等。本书的示例代码使用 Jupyter Notebook 作为编辑器。

本书内容概要

第 1 章 "神经网络和基于梯度的优化" 讨论机器学习包括哪些类别,以及在金融的不同细分领域中使用它们的背后动机。我们将学习神经网络的工作原理,并从头构建一个神经网络模型。

第 2 章 "机器学习在结构化数据中的应用" 处理诸如关系型数据库中具有固定字段的数据。我们将体验模型的创建过程:从一个启发式模型,到简单的基于特征工程的模型,再到完全基于学习的模型。另外,我们将学习如何使用 scikit-learn 来评估模型,如何训练基于树状的模型(如随机森林),以及如何使用 Keras 来构建神经网络模型。

第 3 章 "计算机视觉的应用" 讲述了计算机视觉让我们按照比例解释和观察现实世界的过程。在这一章中,我们将学习让计算机视觉识别图像内容的技术,还将学习卷积神经网络和 Keras 模块,并使用这些模块来设计和训练前沿的计算机视觉模型。

第 4 章 "理解时间序列" 讨论分析时间相关的数据所需的大部分工具。在这一章中,我们首先讨论产业界专业人士用于建模时间序列的精选工具,并讲述如何用 Python 高效地使用这些工具。我们将学习现代机器学习算法是如何在时间序列中挖掘各类模式的,并讨论如何通过传统技术来辅助补充现代机器学习技术。

第 5 章 "用自然语言处理解析文本数据" 讨论如何使用 spaCy 库和大量的新闻数据来让诸如命名实体识别和情感分析等常见任务可以快速高效地执行。我们将学习如何使用 Keras 库来创建定制化的语言模型。本章还介绍 Keras 函数式应用程序编程接口(Application Pragramming Interface,API),函数式 API 可以让我们构建更加复杂的模型(如不同语言之间的翻译模型)。

第 6 章 "生成模型的应用" 讲述了使用生成模型来生成数据。当我们没有充足的数据或希望通过模型观察数据并分析数据时,可以使用生成模型来生成数据。在这一章中,我们将学习(变分)自编码器和生成式对抗模型。我们将学习使用 t-SNE 算法来合理使用上述工具,使用它们来解决传统问题(如信用卡诈骗检测)。我们将通过机器学习来辅助人类的打标签操作,进而提高数据收集和打标签的效率。最后,使用主动学习来收集有用的数据并大大减少需要的数据量。

第 7 章 "金融市场中的强化学习" 讨论了强化学习。强化学习不需要人类打标签,可以 "正确" 地训练数据。本章讨论和实现几个强化学习算法,从 Q-learning 到 A2C(Advantage Actor-Critic)算法。我们将讨论背后的理论、与经济领域的关联,并在实际的案例中了解强化学习如何直接用于挖掘组合的形成。

第 8 章 "调试和发布产品" 解决了在构建和出品复杂模型过程中可能遇到的各种问题。我们将讨论如何调试和测试数据，在训练模型过程中保持对数据隐私的敏感性，如何为训练准备数据，并且分析为什么模型会如此预测。我们将学习自动化调节模型超参，学习使用学习速率来减少过拟合，学习诊断和避免梯度消失和梯度爆炸问题。本章还解释了如何去监控和理解生产中的指标，并讨论如何提升建模速度。

第 9 章 "挑战偏见" 讨论了机器学习模型可能学习不公平的策略。本章强调了几种强化模型公平性的方法，包括中枢学习（pivot learning）和因果学习（causal learning）。本章展示如何检查模型和挖掘偏见。最后讨论模型所在的复杂系统中的不公平如何导致系统失败，并给出了检查清单来帮助模型减少偏见。

第 10 章 "贝叶斯推理和概率编程" 使用 PyMC3 来讨论使用概率编程的理论优势和实际优势。我们实现了一个采样器，来从数值角度理解贝叶斯理论，最后学习如何推断股票价格波动的分布。

本书相关约定

CodeInText：这种字体表示文本中的代码、数据库表名、文件夹名、文件名、文件扩展、伪地址、用户输入、Twitter 用户名等。例如 "Mount the downloaded WebStorm-10*.dmg disk image file as another disk in your system"。

本书中的代码块如下所示：

```
import numpy as np
x_train = np.expand_dims(x_train,-1)
x_test = np.expand_dims(x_test,-1)
x_train.shape
```

如果我们希望你注意代码中的某个部分时，相关代码行或代码内容设置为粗体。

```
from keras.models import Sequential
img_shape = (28,28,1)
model = Sequential()
model.add(Conv2D(6,3,input_shape=img_shape))
```

命令行的输入和输出如下所示：

```
Train on 60000 samples, validate on 10000 samples
Epoch 1/10
60000/60000 [==============================] - 22s 374us/step - loss: 7707.2773 - acc: 0.6556 - val_loss: 55.7280 - val_acc: 0.7322
```

> 提示。

> 注意。

资源与支持

本书由异步社区出品,社区(https://www.epubit.com/)为您提供相关资源和后续服务。

配套资源

本书提供配套资源(配套代码和彩色图片),要获得该配套资源,请在异步社区本书页面中点击 配套资源 ,跳转到下载界面,按提示进行操作即可。注意:为保证购书读者的权益,该操作会给出相关提示,要求输入提取码进行验证。

提交勘误

作者和编辑尽最大努力来确保书中内容的准确性,但难免会存在疏漏。欢迎您将发现的问题反馈给我们,帮助我们提升图书的质量。

当您发现错误时,请登录异步社区,按书名搜索,进入本书页面,点击"提交勘误",输入勘误信息,单击"提交"按钮即可。本书的作者和编辑会对您提交的勘误进行审核,确认并接受后,您将获赠异步社区的 100 积分。积分可用于在异步社区兑换优惠券、样书或奖品。

扫码关注本书

扫描下方二维码,您将会在异步社区微信服务号中看到本书信息及相关的服务提示。

与我们联系

我们的联系邮箱是 contact@epubit.com.cn。

如果您对本书有任何疑问或建议,请您发邮件给我们,并请在邮件标题中注明本书书名,以便我们更高效地做出反馈。

如果您有兴趣出版图书、录制教学视频,或者参与图书翻译、技术审校等工作,可以发邮件给我们;有意出版图书的作者也可以到异步社区在线投稿(直接访问 www.epubit.com/selfpublish/submission 即可)。

如果您所在的学校、培训机构或企业,想批量购买本书或异步社区出版的其他图书,也可以发邮件给我们。

如果您在网上发现有针对异步社区出品图书的各种形式的盗版行为,包括对图书全部或部分内容的非授权传播,请您将怀疑有侵权行为的链接发邮件给我们。您的这一举动是对作者权益的保护,也是我们持续为您提供有价值的内容的动力之源。

关于异步社区和异步图书

"异步社区"是人民邮电出版社旗下 IT 专业图书社区,致力于出版精品 IT 技术图书和相关学习产品,为作译者提供优质出版服务。异步社区创办于 2015 年 8 月,提供大量精品 IT 技术图书和电子书,以及高品质技术文章和视频课程。更多详情请访问异步社区官网 https://www.epubit.com。

"异步图书"是由异步社区编辑团队策划出版的精品 IT 专业图书的品牌,依托于人民邮电出版社近 40 年的计算机图书出版积累和专业编辑团队,相关图书在封面上印有异步图书的 LOGO。异步图书的出版领域包括软件开发、大数据、人工智能、测试、前端、网络技术等。

异步社区

微信服务号

目录

第1章 神经网络和基于梯度的优化 ……1
- 1.1 本书的内容概要 ……2
- 1.2 什么是机器学习 ……3
- 1.3 监督学习 ……4
- 1.4 非监督学习 ……5
- 1.5 强化学习 ……5
  - 1.5.1 极其有效的数据 ……6
  - 1.5.2 模型即是错 ……6
- 1.6 创建工作区 ……8
- 1.7 使用 Kaggle 内核 ……8
- 1.8 使用 AWS 深度学习 AMI ……12
- 1.9 近似函数 ……12
- 1.10 前向传递 ……13
- 1.11 逻辑回归器 ……14
- 1.12 优化模型参数 ……17
- 1.13 评估模型损失 ……18
  - 1.13.1 梯度下降 ……19
  - 1.13.2 反向传播 ……20
  - 1.13.3 参数更新 ……22
  - 1.13.4 阶段小结 ……22
- 1.14 深度网络 ……25
- 1.15 Keras 简介 ……29
  - 1.15.1 导入 Keras 库 ……30
  - 1.15.2 Keras 中的双层模型 ……30
  - 1.15.3 Keras 和 TensorFlow ……33
- 1.16 张量和计算图 ……33
- 1.17 练习 ……35
- 1.18 本章小结 ……35

第2章 机器学习在结构化数据中的应用 ……37
- 2.1 数据 ……38
- 2.2 启发式模型、基于特征的模型和 E2E 模型 ……40
- 2.3 机器学习软件栈 ……41
- 2.4 启发式方法 ……42
  - 2.4.1 使用启发式模型来预测 ……42
  - 2.4.2 F_1 分数 ……43
  - 2.4.3 基于混淆矩阵的评价 ……44
- 2.5 特征工程方法 ……45
  - 2.5.1 特征源于直觉——诈骗者永不眠 ……46

2.5.2 专家视角——转账后
提款 ·············· 48
2.5.3 统计奇事——余额中的
错误 ·············· 48
2.6 Keras 库的数据准备 ·········· 49
2.6.1 one-hot 编码 ········· 50
2.6.2 实体嵌入
(entity embeddings) ···· 51
2.7 使用 Keras 创建预测模型 ····· 54
2.7.1 提取目标 ············· 55
2.7.2 创建测试集 ··········· 55
2.7.3 创建验证集 ··········· 56
2.7.4 训练数据的过采样 ····· 56
2.7.5 构建模型 ············· 57
2.8 基于决策树方法的简要入门 ··· 61
2.8.1 一个简单的决策树 ····· 61
2.8.2 随机森林 ············· 62
2.8.3 XGBoost ············· 63
2.9 E2E 模型 ··················· 64
2.10 练习 ······················ 65
2.11 本章小结 ·················· 65

第 3 章 计算机视觉的应用 ·········· 66
3.1 卷积神经网络 ··············· 68
3.1.1 过滤 MNIST 数据集 ··· 68
3.1.2 第二个过滤器 ········· 70
3.2 彩色图片的过滤技术 ········· 71
3.3 Keras ConvNet 组成模块 ····· 72
3.3.1 Conv2D ·············· 72
3.3.2 最大池化 ············· 76
3.3.3 Flatten 层 ············ 77
3.3.4 Dense 层 ············· 78

3.3.5 训练 MNIST ········· 78
3.4 神经网络的延展 ············· 83
3.4.1 动量 ················· 83
3.4.2 Adam 优化器 ········· 84
3.4.3 正则化(regularization) ··· 85
3.4.4 失效(dropout) ······· 88
3.4.5 批归一化
(BatchNorm) ········ 90
3.5 采用大图片数据集 ··········· 91
3.6 采用预训练模型 ············· 93
3.6.1 修改 VGG16 ········· 95
3.6.2 随机图像增强 ········· 96
3.7 模块度权衡 ················· 99
3.8 计算机视觉不止分类 ········· 100
3.8.1 人脸识别 ············· 100
3.8.2 边框预测 ············· 102
3.9 练习 ······················· 104
3.10 本章小结 ·················· 104

第 4 章 理解时间序列 ············· 106
4.1 数据的可视化与 Pandas 准备 ··· 107
4.1.1 汇总全局特征统计 ····· 109
4.1.2 检查采样时间序列 ····· 112
4.1.3 不同平稳特性 ········· 115
4.1.4 为什么平稳性重要 ····· 116
4.1.5 让时间序列具有
平稳性 ··············· 116
4.1.6 何时忽略平稳性问题 ··· 118
4.2 快速傅里叶变换 ············· 118
4.3 自相关 ····················· 121
4.4 构建训练和测试方案 ········· 123
4.5 回测 ······················· 124

4.6 中位数预测 126
4.7 ARIMA 模型 128
4.8 卡曼滤波 131
4.9 神经网络预测 136
4.10 Conv1D 142
4.11 因果卷积和扩张卷积 143
4.12 简单的 RNN 145
4.13 LSTM 146
4.14 循环 dropout 149
4.15 贝叶斯深度学习 150
4.16 练习 153
4.17 本章小结 154

第 5 章 用自然语言处理解析文本数据 155

5.1 spaCy 的入门指南 156
5.2 命名实体识别 158
5.3 词性标记 166
5.4 基于规则的匹配 168
   5.4.1 在匹配器中添加自定义函数 170
   5.4.2 匹配器添加到 pipeline 中 172
   5.4.3 基于规则和学习相结合的系统 172
5.5 正则表达式 173
   5.5.1 Python 正则表达式 174
   5.5.2 Pandas 正则表达式 175
   5.5.3 何时使用正则表达式 175
5.6 文本分类任务 175
5.7 准备数据 176
   5.7.1 清理字符 176
   5.7.2 词形还原 177

5.7.3 制定目标 178
5.7.4 准备训练集和测试集 179
5.8 词袋模型 179
5.9 主题模型 181
5.10 单词嵌入 183
   5.10.1 针对单词向量训练的预处理 184
   5.10.2 加载预先训练的单词向量 186
   5.10.3 单词向量的时间序列模型 190
5.11 具有单词嵌入的文档相似度 191
5.12 快速浏览 Keras 函数 API 192
5.13 注意力机制 195
5.14 注意力模块 197
5.15 seq2seq 模型 199
   5.15.1 seq2seq 架构概述 199
   5.15.2 数据 200
   5.15.3 字符编码 202
   5.15.4 构建推断模型 206
   5.15.5 翻译 208
5.16 练习 210
5.17 本章小结 211

第 6 章 生成模型的应用 212

6.1 理解自编码器 213
   6.1.1 MNIST 的自编码器 214
   6.1.2 信用卡自编码器 217
6.2 使用 t-SNE 可视化隐空间 221
6.3 变分自编码器 225
   6.3.1 MNIST 实例 226
   6.3.2 使用 Lambda 层 227
   6.3.3 Kullback-Leibler 散度 228

6.3.4　创建自定义损失……230
　　　6.3.5　使用VAE生成数据……231
　　　6.3.6　针对端到端诈骗检测
　　　　　　系统的VAE……233
　6.4　时间序列的VAE……234
　6.5　GAN……236
　　　6.5.1　MNIST GAN……238
　　　6.5.2　理解GAN隐向量……245
　　　6.5.3　GAN训练技巧……245
　6.6　使用更少的数据——主动
　　　　学习……248
　　　6.6.1　高效使用标签预算……248
　　　6.6.2　采用机器来为人类打
　　　　　　标签……250
　　　6.6.3　未打标签数据的
　　　　　　伪标签……251
　　　6.6.4　使用生成模型……251
　6.7　用于诈骗检测的SGAN……251
　6.8　练习……258
　6.9　本章小结……258

第7章　金融市场中的强化学习……259

　7.1　"接水果"游戏——强化学习的
　　　　快速指南……260
　　　7.1.1　Q-learning将强化学习变成
　　　　　　监督学习……262
　　　7.1.2　定义Q-learning模型……265
　　　7.1.3　训练玩"接水果"游戏……266
　7.2　马尔可夫过程和贝尔曼方程——
　　　　强化学习的形式化介绍……268
　7.3　优势动作评论（A2C）模型……273
　　　7.3.1　学习平衡……275

　　　7.3.2　学习交易……286
　7.4　进化策略和基因算法……290
　7.5　强化学习工程的实用建议……292
　　　7.5.1　设计良好的收益函数……292
　　　7.5.2　强鲁棒性的强化学习……294
　7.6　强化学习技术前沿……295
　　　7.6.1　多代理强化学习……295
　　　7.6.2　学习如何去学习……296
　　　7.6.3　通过强化学习理解
　　　　　　大脑……297
　7.7　练习……298
　7.8　本章小结……298

第8章　调试和发布产品……299

　8.1　调试数据……300
　　　8.1.1　如何查看数据是否胜任
　　　　　　任务……300
　　　8.1.2　没有足够数据
　　　　　　该怎么办……302
　　　8.1.3　单元测试数据……302
　　　8.1.4　保证数据隐私并遵守
　　　　　　法规……306
　　　8.1.5　为训练准备数据……308
　　　8.1.6　了解何种输入导致何种
　　　　　　预测……309
　8.2　调试模型……311
　　　8.2.1　Hyperas搜索超参……311
　　　8.2.2　高效的学习率搜索……316
　　　8.2.3　学习率调度……318
　　　8.2.4　TensorBoard监控训练……320
　　　8.2.5　梯度爆炸和消失……324
　8.3　部署……325

8.3.1　快速上线 ……………326
8.3.2　理解和监控指标 ………327
8.3.3　了解数据的来源 ………328
8.4　性能建议 ……………………329
8.4.1　使用合适的硬件 ………329
8.4.2　使用分布式训练和 TF 估计器 ……………………329
8.4.3　使用 CuDNNLSTM 优化层 …………………331
8.4.4　优化管道 ………………331
8.4.5　使用 Cython 加速代码 …334
8.4.6　缓存频繁的请求 ………336
8.5　练习 …………………………336
8.6　本章小结 ……………………336

第 9 章　挑战偏见 ……………338

9.1　机器学习中不公平的来源 …339
9.2　法律视角 ……………………340
9.3　量化公平 ……………………341
9.4　训练公平 ……………………344
9.5　因果学习 ……………………354
9.5.1　获得因果模型 ……………355
9.5.2　工具变量 …………………356
9.5.3　非线性因果模型 …………357
9.6　解释模型来确保公平 ………359
9.7　不公平则是复杂系统的失败 …………………………364
9.7.1　复杂系统本质上是危险系统 ………………………365
9.7.2　诸多故障引发灾难 ………365
9.7.3　复杂系统以降级模式运行 …………………………365
9.7.4　人工操作既能引发事故也能防止事故 ……………365
9.7.5　无事故操作要求有故障经验 ………………………365
9.8　开发公平模型的检查清单 …366
9.8.1　模型开发人员的目标是什么 ………………………366
9.8.2　数据存在偏见吗 …………366
9.8.3　错误是否有偏见 …………366
9.8.4　如何整合反馈 ……………367
9.8.5　模型可解释吗 ……………367
9.8.6　模型部署后会发生什么 …367
9.9　练习 …………………………367
9.10　本章小结 …………………368

第 10 章　贝叶斯推理和概率编程 …369

10.1　贝叶斯推理入门指南 ……370
10.1.1　扁平先验 ………………371
10.1.2　<50%先验 ………………373
10.1.3　先验与后验 ……………374
10.1.4　马尔可夫链蒙特卡罗算法 …………………………376
10.1.5　Metropolis-Hastings MCMC ……………………381
10.1.6　从概率编程到深度概率编程 ………………………386
10.2　本章小结 …………………387

结束语 ………………………………388

推荐读物 ……………………………389

第 1 章
神经网络和基于梯度的优化

从本质上来讲，金融服务业是一个基于信息处理的行业。投资基金通过信息处理来评估投资决策，保险公司通过信息处理来给保险产品定价，零售银行[①]通过信息处理来决定给客户提供何种产品。因此，金融行业成为最早采用计算机技术的行业并不意外。

第一台股票自动收报机发明于 1867 年，其实就是一台可打印的电报机。第一台机械加法机就是专门为金融业研发的，并于 1885 年获得专利。1971 年，银行自动柜员机获得专利，这台机器允许用户使用塑料材质银行卡来提取现金。同年，第一个电子股票交易系统纳斯达克（NASDAQ）运行，市场开张。11 年之后（即 1982 年），彭博终端开始安装使用。金融业和计算机业之所以能够"幸福"联姻的主要原因是，一个人在业内（尤其是投资业）的成功往往与其所拥有的信息优势密切相关。

在华尔街早期阶段，镀金时代的传奇人物们厚颜无耻地使用小道消息。例如，当时最富有的人之一 Jay Gould 就在美国政府安插内线。内线向 Jay Gould 提前发布美国政府黄金销售信息，并试图通过这种方式来影响时任美国总统尤利西斯·格兰特和他的秘书。在 19 世纪 30 年代末，针对上述问题，在投资者和信息优势方之间成立了美国证券交易委员会和美国商品期货交易委员会。

随着信息优势在上述市场中对业绩影响逐渐消失，巧妙的模型开始取而代之，并发挥作用。术语"对冲基金"于 1973 年被创造并使用；哈里马科维茨模型发表于 1953 年；布莱克-肖尔方程发表于 1973 年。随后，这个领域取得了长足的发展，人们也开发了各种包罗万象的金融产品。然而，随着这些模型知识的普及，使用模型的回报率也开始降低。

当我们同时看金融和现代计算技术，信息优势再度回归。这次信息优势不是以圈内人

[①] 零售银行（Retail Banking）的服务对象是普通民众、中小企及个体商户。

的小道信息和龌龊的交易形式存在，而是源于对大量公开信息的自动分析。

今天的基金经理相较以往会获得更多的信息，这是前辈们所梦寐以求的信息量。但是，单就可以获得更多信息这件事本身而言是没有用的。例如，我们先从新闻报告说起。你可以通过互联网轻而易举地获取新闻，但是，为了充分利用这些新闻，计算机需要阅读和理解，并将这些信息置于上下文背景中。计算机需要知道：这个新闻是讨论哪个公司的？新闻内容是好消息还是坏消息？这个公司和文章中提及的其它公司有什么关系？这只是将新闻置于上下文背景中的几个例子。那些能获取这些替代数据（alternative data）的公司通常具有竞争优势。

故事到这并没有结束。专业金融人士通常是能挣 6~7 位数字的薪水、在各个昂贵地段拥有办公空间的高端人士。这也验证了专业金融人士大多聪明、接受过良好的教育并且勤奋努力：这类人才也往往比较稀缺，市场对这类人有大量的需求。也正是因为这样，公司都希望最大化这些人的生产效率。管理者通过从这些最优秀的员工身上获得更多价值，使公司可以提供更低价或更丰富的产品。

交易所交易基金（Exchange Traded Fund，ETF）等被动投资不太需要对大量资金的主动管理。诸如跟踪标准普尔 500 指数（S&P500）的基金等被动投资工具的费率往往低于 1%。但随着现代计算技术的兴起，公司可以提升资金管理者的工作生产效率，进而减少产品费率来保持竞争力。

1.1 本书的内容概要

本书不仅仅是关于金融业的投资与交易，更是计算机与金融相结合的最直接成果。投资公司的客户包括保险公司、养老金等，这些客户本身也是金融类服务公司，而他们的客户包括拥有养老金的普通民众和受保险人。大部分银行客户就是日常百姓，人们与银行、保险公司、养老金管理者的交互越来越多地通过客户手机上的 App（应用程序）进行。

在过去的 20 年里，零售银行商都是基于这样一个事实来运营：人们愿意到分支网点去面对面地提取现金或进行交易。当顾客们在分支网点的时候，他们的投资顾问还向他们销售抵押贷款和保险等产品。今天，顾客仍然愿意购买抵押贷款、保险等产品，但是他们并不需要亲自到网点购买这些产品。今天，银行倾向于推荐顾客通过手机 App 或者网站来在线购买产品。

在线销售的前提是银行能够通过用户数据很好地理解用户的实际需求，并为他们提供定制化的线上服务体验。同样地，从顾客角度来看，他们希望能够通过电话来提交保险订单并立即得到响应。今天，保险公司需要通过自动评估保险订单并形成决策来满足用户的需求。

本书不会教你如何编写能够快速挣钱的交易算法，而会谈到在金融行业中构建机器学习驱动的系统所需的技术与技巧。

构建任何有价值的东西都需要时间和努力。当下，市场在构建这种有价值的东西（比如经济学）方面是非常低效的。机器学习的应用将会在未来的数十年里变革金融行业。这本书为你提供参与这场变革所需的工具。

本书中很多例子使用了非金融领域数据。这本书没有使用股票市场数据，主要有 3 个原因。

（1）本书呈现的例子证明了这些技术可以很容易地应用到其它数据集。因此，数据集的选择既要容易计算，也要向像你一样的专业人士展现一些共性的问题。

（2）金融数据本质上来讲是具有时效性的。为了让本书在更长时间范围内具有价值，也为了在机器学习仍非常重要的情况下，本书能持续作为你的工具书，我们使用了相关但非金融的数据。

（3）使用可替代和非经典的数据也是为了激励读者思考：在程序中可以使用哪些其它的数据？你能否通过植物的航拍画面来扩充你的谷物定价模型？你能否使用 Web 浏览器的行为数据来提供金融产品？如果你想充分利用身边的数据，跳出定势来思考是你必须具备的能力。

1.2 什么是机器学习

"作为计算机科学的子领域，机器学习可以使计算机在没有被显式编程的情况下具有学习能力。"——亚瑟·塞缪尔（Arthur Samuel）

我们说的机器学习具体指的是什么？今天，大部分计算机程序都是人编写的。软件工程师们仔细构建着那些控制软件行为的规则，并将这些规则编写成计算机代码。

如果你读的是本书的电子书版本，那么请马上看一下屏幕。你所看到的任何东西都是由软件工程师编写的规则所控制。这种方式已经让我们走得很远，但也不是说这种方式没有局限性。有的时候，可能存在太多的规则需要人们来构建。我们甚至无法思考这些规则，这些规则对聪明的开发人员来说都难以应对。

作为一个简单的练习，请用一分钟来想一想能描述所有狗的一系列规则，这些规则可以区分狗与其它动物。用毛来区分么？当然，猫也有毛！当狗穿上外套怎么样呢？当然还是狗，只是穿上了外套。研究人员花费许多年时间来构建这些规则，但是他们并没有取得成功。

人们好像并不能很完美地说出为什么这就是狗，但是当人们看到狗的时候就知道这就是狗。作为一个物种，我们似乎能检测那些特定的、难以描述的模式，总体上，这些模式能够让我们识别出狗。机器学习也尝试做同样的工作。我们让计算机通过模式检测来开发自己的规则集，而不是传统地通过手工构建规则集。

有不同的方法可以实现上述目标。这里，我们关注 3 类不同的学习方法：监督学习、非监督学习和强化学习。

1.3　监督学习

现在让我们再回顾一下狗分类器的例子。事实上，当下有许多类似的分类器在使用。如果你使用 Google Images 这个应用，并搜索"狗"这个关键字，Google Images 就会使用分类器来给你呈现狗的图片，这些分类器就是在监督学习的框架下训练的。

在监督学习中，我们有诸如动物图片这样的大量训练实例，以及希望通过训练这些实例获得的预期成果的标签。在图 1.1 中，前面图片就与标签"狗"关联一起，猫的图片就与标签"不是狗"的关联在一起。

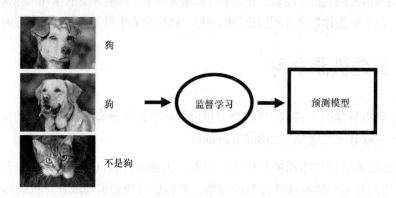

图 1.1　监督学习

如果我们有大量带标签的训练实例，就可以训练一个分类器，这个分类器可以检测到那些可以区分狗和其它动物的细微统计模式。

注意：
分类器并不知道狗到底是什么，它只知道那些能够将标签"狗"和图片链接起来的统计模式。

如果监督学习分类器碰到了与训练数据完全不同的东西，那么分类器将会失效并输出无效结果。

1.4 非监督学习

监督学习在过去的几年里取得了长足的发展，本书大部分内容也聚焦那些拥有带标签实例的任务。但是，对于某些案例，我们可能并没有标签。在这种情况下，我们仍然可以使用机器学习来挖掘数据中的隐藏模式。

想象一个公司的产品有大量顾客。在图 1.2 中，这些顾客被划分到不同的市场区隔（market segment），但是我们并不知道具体的市场区隔有哪些。我们也不能向客户询问他们到底应该属于哪个市场区隔，因为他们也不知道。你到底属于洗发液市场的哪个市场区隔？你知道那些洗发液公司是如何划分顾客的市场区隔的吗？

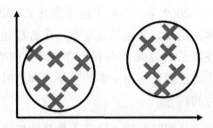

图 1.2 聚类是非监督学习的常见形式

在这个例子中，你需要一个算法，它能分析大量的用户数据，并将用户划分到不同的市场区隔。这就是非监督学习的应用案例。

非监督学习的发展速度远远慢于监督学习，但是它仍然非常具有潜力。

1.5 强化学习

在强化学习中，我们训练那些实际场景中的行为。尽管没有标签，我们也不能指出任何情况的正确行动，但是我们可以分配奖励和惩罚，具体如图 1.3 所示。例如，我们会对与前车保持足够距离的行为进行奖励。

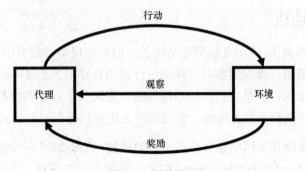

图 1.3 强化学习

一个驾驶教练不会这样告诉学员："当你向右打方向盘，转到 2°的时候，踩刹车踩到一半。"但是，当学员自己摸索出准确的刹车量时，教练会告诉他们做得好坏与否。

在过去几十年里，强化学习也取得了显着的进步，并且被许多人认为是通往通用人工智能的康庄大道，通用人工智能就是让计算机像人类一样聪明。

1.5.1 极其有效的数据

2009 年，谷歌工程师发表了一篇题为"The unreasonable effectiveness of data"的里程碑式论文。在这篇文章中，作者描述了一个已经存在已久的、相对简单的机器学习系统在使用了 Google 服务器上非常庞大的数据进行训练之后，展现出非常好的性能提升。事实上，作者发现当使用更多的数据来训练时，这些简单系统可以掌握和完成那些之前被认为不可能的任务。

从那时开始，研究人员开始快速重新回顾古老的机器学习技术，发现人工神经网络在使用大量数据集进行训练时表现非常好。大概也是在同一时期，计算资源变得足够廉价和充裕，以至于可以训练比以前更大的网络模型。

这些更大规模的人工神经网络如此有效，人们给它们取名为"深度神经网络"或"深度学习"。深度神经网络在模式检测方面具有独特优势，它们能够发现诸如在图片中识别人脸的光线与灰度信息这样的统计模式。在有足够多数据的情况下，它们甚至可以自动发现这些模式。

因此，机器学习也被认为是人们改变计算机编程的新范例。与以往手动编写规则不同，我们给计算机提供大量的数据信息来训练它给自己编写规则。

当有大量的规则需要编写，或者这些规则比较难描述的时候，这种方式是非常好的。因此，现代机器学习也被看作梳理海量数据的理想工具，金融行业恰好盛产这类数据。

1.5.2 模型即是错

统计学里有一种说法："所有模型都是错的，但有些模型却是有用的。"机器学习构建了极其复杂的统计模型，像深度学习这样的统计模型往往对人们是不可解释的。这些模型当然有用且有很大价值，但是它们仍然是错误的。原因如下：这些模型是复杂的黑盒；尽管人们应该去质疑黑盒模型的准确性，但倾向不去质疑机器学习的模式。

即使最复杂的深度神经网络也会给出错误的预测，就像 2008 年金融危机中先进的担保债务凭证（Collateralized Debt Obligation，CDO）模型所做的那样。更糟糕的是，那些黑盒机器学习模型每天做着数百万次贷款审批和保险决策，影响着人们的日常生活，但最终它们仍可能作出错误的决策。

有的时候，模型也是有偏差的。机器学习模型的表现往往与我们给模型提供的数据一样；数据一般来说是有偏见的，正如它所呈现的内容。这些内容我们会在本章后面充分考虑。这些内容是必须花费大量时间去关注和解决的，如果我们在没有任何意识的情况下就去部署了这些算法，那么最终也会带有偏见，这甚至有可能导致另一场金融危机。

金融行业尤其是这样。在金融行业，算法对人们的日常生活有着非常重要的影响，而这些日常生活往往具有一定的隐私性。这些不被质疑的秘密黑盒通过大量使用数学工具而被广泛接受，它们远比电影中具有自我意识的、接管整个世界的人工智能具有更大的威胁。

尽管这不是一本伦理学书籍，但是让行业内的从业人员知道自己工作的伦理道德与意义本身就是有意义的事情。此外，建议你去阅读凯西·奥尼尔的 *Weapons of math destruction* 这本书，同时也请深入研读"希波克拉底誓言"。希波克拉底誓言是由伊曼纽尔·德曼和保罗·威尔莫特两位量化研究人员于 2008 年金融危机劫后提出的：

"我始终牢记世界并非我所造，且这个条件也无法满足我的方程。尽管我将大胆使用模型来估算价值，但不会过分倚重于数据分析。我永远不会为了追求理论的精辟而不惜忽视现实，除非有充分的理由。我也不会对那些错误使用我的模型的人们给出关于模型精度的慰藉。相反，我将明确指出模型中的假设条件和忽略因素；我也明白自己的工作可能将会对社会和经济产生巨大影响，但其中的许多影响超出了我的认知范畴。"

近年来，机器学习取得了一系列大的飞跃，也让研究人员完成了之前被认为不可能完成的任务。从在图片中识别物体，到语音识别与翻译，再到像 AlphaGO 这样的棋类高手，人工智能在解决在一系列难题上已经跟人类或者未来将会跟人类旗鼓相当，甚至有可能比人类有更好的表现。

有趣的是，深度学习是这些巨大进步背后的关键方法。事实上，大部分进步源自深度学习的子领域——深度神经网络。尽管许多从业人员都熟悉诸如"回归"这样标准的经济学模型，但是很少有人熟悉深度学习模型。

本书的大部分内容都是关于深度学习的。深度学习是机器学习中最有希望和潜力的技术，深度学习也会让人们拥有完成之前认为不可能完成任务的能力。

在本章中，为了让读者更好地了解深度学习，我们将探索深度学习的运行机制，以及深度学习行之有效的原因。

1.6 创建工作区

在我们真正开始之前,你需要创建自己的工作区。本书中的所有例子都可以在 Jupyter Notebook 中运行。Jupyter Notebook 是一款开发数据科学类应用所经常使用的交互式开发环境,也被认为是嵌入数据驱动应用所必备的环境。

你可以在本地计算机上运行 Jupyter Notebook,也可以在云端服务器上运行,或在诸如 Kaggle 等网站上运行 Jupyter Notebook 应用。

深度学习是一种计算密集型的运算,并且书中所有例子使用的数据量大小通常都是以吉字节(GB)为单位。深度学习可以使用图形处理器(Graphics Processing Unit,GPU)来加速计算,GPU 主要是为了渲染视频和游戏而发明设计的硬件芯片。如果你拥有一台可用 GPU 加速的计算机,那么你就可以在本地运行这些示例程序。如果你没有这样的计算机,建议使用诸如 Kaggle 内核这类的服务。

掌握深度学习是一项花费非常昂贵的任务,因为 GPU 本身就是非常贵重的硬件设备。尽管说有更廉价的选项可用,但是一般来说,如果你想买一个功能强大的 GPU,费用高达 1 万美元;如果你想在云端租用一个 GPU,费用大约每小时 0.8 美元。

如果你有许多需要长期运行的训练任务,那么考虑构建一个深度学习的盒子——具有 GPU 加速功能的台式计算机,就显得非常有意义了。网上有许多相关说明书,你可以花费几百美元到几千美元的费用来组建一个像模像样的盒子[①]。

书中所有例子都可以在 Kaggle 平台上免费运行。事实上,这些例子就是使用这个网站开发的。

1.7 使用 Kaggle 内核

Kaggle 是谷歌旗下一个热门的数据科学网站。Kaggle 源于一项赛事,在比赛中,所有选手都需要构建机器学习模型对某项任务进行预测。随着时间流逝,Kaggle 平台已经拥有热门论坛、在线学习系统以及对我们非常重要的 Jupyter 服务。

你可以访问 Kaggle 网站并创建一个账号来使用 Kaggle。当完成账号创建后,点击主菜单中的 Kernels 按钮来打开 Kernels 页面。具体如图 1.4 所示。

---

① 译者注:带有 GPU 加速的台式计算机。

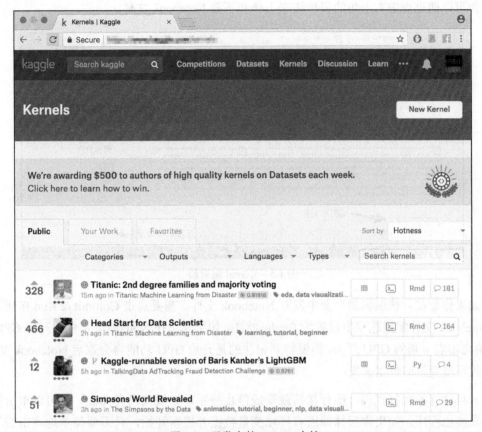

图 1.4　已发布的 Kaggle 内核

在上面的截图中，你可以看到许多他人写完并发布的内核（kernel）。内核可以是私有的，但是发布内核是一个展示和分享知识的好方法。

如图 1.5 所示，点击 New Kernel 来创建新内核。在随后的对话框中，你需要选择 Notebook 选项。此时，你将打开内核编辑器（the kernel editor），这个页面看起来有点像上面这个屏幕快照。

注意，Kaggle 平台会在内核设计上进行主动迭代。因此，有一小部分元素的位置会发生变化，但基本功能都是一样的。Notebook 文件中最重要的部分就是编码单元格（code cell）。在这里，你可以输入代码，然后点击左下的运行按钮来运行程序，或者使用 Shift+Enter 快捷键来运行程序。

单元格中定义的变量都是环境变量，因此你可以在其它单元格中访问它们。文本单元格（Markdown cell）允许用户以 Markdown 格式来输入文字，这些文字可以描述代码的功能。你可以通过点击右上角的云按钮来上传和下载 Notebook 文件。

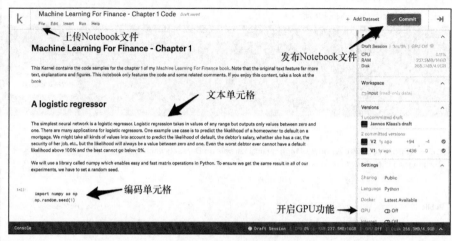

图 1.5　Kernel 编辑器

如果你想在内核编辑器页面中发布 Notebook 文件，需要点击 Commit & Run 按钮，并在 Notebook 文件配置选项中设置为 Public 状态。如果你想在 Notebook 文件中开启 GPU 功能，请点击右下角的 GPU 开关。需要特别记住的是开启 GPU 功能将会重启 Notebook 文件，也导致环境变量的数据丢失。

一旦你开始运行代码，运行按钮就变成停止按钮。如果代码有 bug，你可以单击停止按钮来终止程序。如果你想抹掉所有环境变量数据并重新开始，只需要简单地点击右下角的重启按钮。

在 Kaggle 系统平台上，你可以将一个内核链接到平台上的任何数据集，或者你也可以随时上传新的数据集。书中所有例子的 Notebook 文件都已经与相关数据关联在一起。

Kaggle 内核已经预安装了那些会经常用的包资源，因此大部分时间你都不用担心安装包资源的问题。

本书有些例子也会用到 Kaggle 平台没有默认安装的自定义的包资源。在这种情况下，你可以通过设置（Settings）菜单来增加自定义包资源。当本书需要使用自定义包时，我们会提供相关包安装说明。

Kaggle 内核可以免费使用，且可以给你节省很多资金和时间，所以建议你在 Kaggle 平台上运行例子程序。注意，Kaggle 内核可以运行的程序最长 6 小时。

本地运行 Notebook 文件

如果你有一台功能强大到可以运行深度学习计算的计算机，就可以本地运行示例程序。在这种情况下，强烈建议你通过 Anaconda 安装 Jupyter。

请访问 Anaconda 官网，下载 Anaconda 的分发版本并安装。图形化安装工具会引导你一步一步在本地安装 Anaconda。在安装 Anaconda 过程中，你也需要安装许多有用的 Python 库，例如 NumPy 库、Matplotlib 库等，这些库在本书中会使用到。

当 Anaconda 安装完毕后，你可以打开本地计算机的终端控制台，并输入如下命令来启动 Jupyter 服务器：

```
$ jupyter notebook
```

然后，你可以访问终端控制台显示的 URL 链接，它将会引导你打开本地 Notebook 服务器。点击右上角的 New 按钮来创建一个新的 Notebook 文件。

书中所有例子的代码都使用 Python 3，请确保本地 Notebook 文件中使用了该版本的 Python。如果你在本地运行 Notebook 文件，还需要安装 TensorFlow 和 Keras，这两个深度学习库在本书中将会经常用到。

（1）安装 TensorFlow

在安装 Keras 之前，你需要先安装 TensorFlow。你可以打开一个控制台窗口，并输入如下命令来安装 TensorFlow：

```
$ sudo pip install TensorFlow
```

获取安装具有 GPU 加速功能的 TensorFlow 库的安装说明，请访问 TensorFlow 网站。

需要注意的是，你需要开启 CUDA 功能的 GPU，才能运行支持 CUDA 的 TensorFlow。获取安装 CUDA 的相关说明，请访问其官网。

（2）安装 Keras

当安装 TensorFlow 完毕后，你可以按照同样的方式安装 Keras。在控制台窗口中输入以下命令：

```
$ sudo pip install Keras
```

Keras 将会自动使用 TensorFlow 后端。需要注意的是 TensorFlow 1.7 内嵌了 Keras 库。

关于 Keras 与 TensorFlow，我们将在本章后面讨论。

（3）使用本地数据

为了在本地使用书中示例程序对应的数据，请访问 Kaggle 平台的 Notebook 文件，并从平台下载对应的数据。需要注意的是，数据文件的路径依赖于你保存文件的具体地址。当你在本地运行 Notebook 文件的时候，需要替换具体数据文件的路径。Kaggle 也提供命令行接口，让你更便捷地下载数据。请访问 GitHub 网站 Kaggle 页面获取相关说明。

1.8 使用 AWS 深度学习 AMI

亚马逊 Web 服务（Amagon Web Services，AWS）提供了一种便捷使用、可以预先配置的方式，能让你在云平台上运行深度学习程序。

访问亚马逊机器学习网站，获取创建亚马逊机器镜像（Amagon Machine Image，AMI）的相关说明。虽然 AMI 是收费业务，但是 AMI 的运行时间比 Kaggle 内核更长。对于较大的机器学习任务，使用 AMI 可能比使用 Kaggle 内核更好。

在 AMI 上运行本书中 Notebook 文件，你首先需要创建 AMI，然后从 GitHub 平台下载 Notebook 文件，并将下载文件上传到 AMI 平台。当然，你还需要从 Kaggle 平台下载相关数据。

1.9 近似函数

关于如何评价神经网络，有不同的观点，但是也许最有用的方法就是把神经网络看成函数的近似。从数学角度来看，函数就是将输入 x 关联到输出 y。我们可以将函数写成如下形式：

$$y = f(x)$$

最简单的函数诸如：

$$f(x) = 4x$$

在这个函数中，我们给函数一个输入 x，它就输出 x 乘以 4 之后的数值，例如：

$$y = f(2) = 8$$

你可能见过类似的函数，但是函数可以有更多功能。例如，函数可以将一个集合中的元素映像到另一个集合中的元素，其中第一个集合的值是可以被函数所接受的。集合可以是比数字更复杂的任何东西。

例如，函数可以将图片映像成图片中内容的标识：

$$imageContent = f(image)$$

这个函数会将一个猫的图片映射成"猫"这个标签，具体如图 1.6 所示。

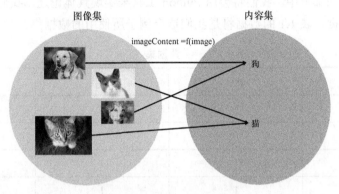

图 1.6　从图像到标签的映射

注意，图像在计算机中本质上是充满数字的矩阵，而图像内容的描述也是以数字矩阵的形式存储。

如果一个神经网络足够大，它就可以近似任何函数。已经从数学角度证明了一个无限大的神经网络可以近似每一个函数。尽管我们不需要使用一个无限大的神经网络，但是我们一定会优先使用大的神经网络。

现代深度学习架构一般都会有几十甚至几百层，参数多达数百万个，因此仅仅存储模型就需要数 GB 空间。这就意味着一个神经网络，只要足够大就可以近似我们那个从图像映射到内容的函数 f。

神经网络需要足够大的这个条件也解释了为什么大的深度神经网络已经取得长足的发展。事实上，足够大的神经网络可以近似任何函数，这也意味着它们可以在很多任务中都是非常有用的。

1.10　前向传递

在本书中，我们将会构建一个功能强大的神经网络，它能近似极其复杂的函数。我们将会实现从文本到命名实体的映射，从图片到内容的映射，甚至从新闻文章到文章摘要的映射。但是当下，我们将会使用逻辑回归来解决一个简单的问题。逻辑回归是一项在金融和经济领域中常用的技术。

我们来解决一个简单的问题。已知输入矩阵为 X,我们想输出矩阵的第一列,结果记为 X_1。为了更直观地理解这个问题的本质,我们从数学角度来讨论这个问题。

在本章的后面部分中,我们将会用 Python 工具来实现具体论述。我们已经知道,训练神经网络需要数据,表 1.1 的数据将是我们这个例子所使用的数据集。

表 1.1　　　　　　　　　　　　　　　数据集

X_1	X_2	X_3	y
0	1	0	0
1	0	0	1
1	1	1	1
0	1	1	0

在这个数据集中,每行都是一个输入向量 X 和输出 y。

已有数据满足如下公式

$$y = X_1$$

我们想近似的函数可以表示成

$$f(X) = X_1$$

在这个例子中,我们可以很直接地写出函数的具体形式。但是请记住,在大部分情况下,我们并不能直接给出函数的表达式,因为深度神经网络所表达的近似函数实在是太复杂了。

对于这个简单函数,一个仅有一层的浅层神经网络就足够了。这个浅层神经网络就称为逻辑回归器。

1.11　逻辑回归器

如上所述,最简单的神经网络就是逻辑回归器。逻辑回归接受任何范围内的输入数据,并输出一个从 0 到 1 之间的结果。逻辑回归器适合一系列应用,一个简单的例子就是预测房主抵押贷款后违约的可能性。

我们在预测某人债务违约可能性的时候,会考虑各种输入数据,例如债务人的薪水、是否有车、是否在高危行业工作，等等。但是违约可能性的输出值就是 0 和 1 之间的值。即使最差的债务人违约可能性也不能超过 100%，最好的债务人违约可能性也不能低于 0%。

图 1.7 描述了一个逻辑回归器。X 是输入向量，包括 3 个部分 X_1、X_2 和 X_3。

向量 W 是 3 个输入部分的权重。你可以把它想象成 3 个线条的宽度。W 决定了每个 X 值以多大比重输入到下一层，b 是偏移量，它可以增大和减少本层的输出。

为了计算逻辑回归器的输出，我们需要先进行线性运算。我们计算输入向量 X 和权重向量 W 的点乘运算。具体来说，就是将 X 和 W 的对应元素相乘并求和，然后加上偏移量 b。接下来，我们再进行非线性运算。

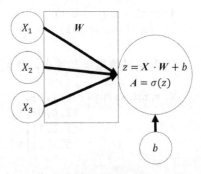

图 1.7 逻辑回归器

在非线性运算阶段，我们将对线性部分的中间结果 z 使用激活函数。在这个例子中，激活函数是 Sigmoid 函数。Sigmoid 函数将输入映射成一个从 0 到 1 的输出，如图 1.8 所示。

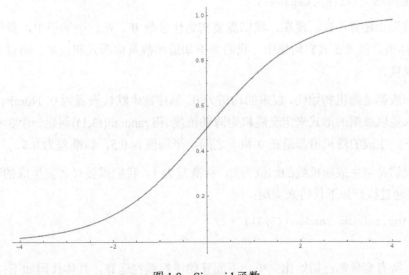

图 1.8 Sigmoid 函数

逻辑回归器的 Python 实现

如果前面的数学对你来说有点太生涩难懂的话，接下来，我们将使用 Python 工具来做同样的事情。在这个例子中，我们将使用 NumPy 库，这个库可以在 Python 内进行简单、快速的矩阵运算。

NumPy 已经与 Anaconda 一起预装了，并且在 Kaggle 内核平台上也预装了 NumPy。为了确保所有实验得到同样的结果，我们需要设置一个随机种子，具体执行如下代码：

```
import numpy as np
np.random.seed(1)
```

因为这里数据集非常小，我们就将它手动定义成一个 NumPy 矩阵，如下所示：

```
X = np.array([[0,1,0],
              [1,0,0],
              [1,1,1],
              [0,1,1]])

y = np.array([[0,1,1,0]]).T
```

我们定义 Sigmoid 激活函数，该函数把所有输入值转换成 0 和 1 之间的值。把激活函数看成普通的 Python 函数来定义 Sigmoid 函数，如下：

```
def sigmoid(x):
    return 1/(1+np.exp(-x))
```

到目前为止还算不错。现在，我们需要初始化参数 W。在这个例子中，我们已经知道了 W 的具体值。但是在其它问题中，我们并不知道函数具体形式和权重。所以，我们需要随机指定权重。

权重一般都是随机初始化，权重的均值为 0，偏移量也默认设置为 0。NumPy 库 random 函数的输入是以数组的形式来定义随机矩阵的维度。用 random((3,1)) 创建一个 3×1 的矩阵。默认情况下，生成的随机值都是在 0 和 1 之间，平均值为 0.5，标准差为 0.5。

如果我们希望生成随机数的均值为 0，标准差为 1，我们需要对之前生成的随机数乘 2 减 1。可以通过执行如下代码来实现：

```
W = 2*np.random.random((3,1)) - 1
b = 0
```

至此，所有变量都已初始化完毕。下面开始进行线性运算，具体代码如下：

```
z = X.dot(W) + b
```

接下来，非线性运算的代码具体如下：

```
A = sigmoid(z)
```

如果我们输出 A，将会得到如下输出结果：

```
print(A)

[[ 0.60841366]
 [ 0.45860596]
 [ 0.3262757 ]
 [ 0.36375058]]
```

这个结果看起来根本不像我们期望的输出结果 y！很明显，逻辑回归器描述了某个函数，但是这个函数与我们期望的函数相差甚远。

为了更好地近似我们期望的函数，我们需要调整权重 W 和偏移量 b。我们将会在 1.12 节"优化模型参数"来实现上述目标。

1.12 优化模型参数

我们已经看到了，为了更好地近似我们期望的函数，需要联调权重和偏移量，它们都是模型的参数。

换句话说，我们需要遍历这个模型所描述的所有函数空间，并找到那个能够匹配预期函数 f 的最近似函数 $\hat{f}$。

但是，我们怎么知道两个函数有多近似？事实上，我们不知道函数 f，也就不能知道函数 $\hat{f}$ 对预期函数 f 的近似度。但是，我们可以测试函数 $\hat{f}$ 的输出与函数 f 的输出之间的近似度。函数 f 对于输入 X 的输出是标签，所以，我们找到输入变量 X 输出为标签 y 的函数 $\hat{f}$，通过这种方法就可以近似函数 f。

我们知道下面公式成立：

$$f(X)=y$$

我们也有：

$$\hat{f}(X) = \hat{y}$$

可以通过优化下列公式来找到预期函数 f：

$$\min_{f \in H} D(y, \hat{y})$$

在这个公式中，H 是模型所能描述的函数空间，也称假设空间；函数 D 是距离函数，用来评估函数 f 和 $\hat{f}$ 的近似度。

> **提示：**
> 这个方法有一个关键的假设是输入数据 X 和标签 y 描述了我们的预期函数 f。实际情况并不是永远这样。当输入数据有误差时，我们可能获得一个能很好的匹配输入数据的函数，但是这个函数与我们期望函数相差甚远。

优化模型参数的典型例子就是人力资源管理。假设你在构建一个能预测债务人贷款违约可能性的模型，并使用这个模型来决定谁将获得贷款。

你将会使用过去几年银行经理所做的贷款决策作为训练数据。然而，这样数据也存在问题，因为这些经理们是有主观偏见的。例如，从历史数据来看，一些消费收入较低的人更难获得贷款。

如果使用这样的训练数据，那么我们的函数也会具有这些偏见。我们将会获得一个真实反映或者放大人类偏见的函数，而不是一个可以很好预测哪些是优质债权人的函数。

我们经常会错误地认为神经网络会找到我们希望找到的那个易于理解的函数。实际上，神经网络找到的函数是最匹配训练数据的函数，而与我们是否希望找到没有任何关系。

1.13 评估模型损失

如前所述，我们通过最小化距离函数 D 来优化模型参数，这个距离函数也被称为损失函数，用于评价潜在函数的性能。在机器学习中，损失函数测量了模型最坏的性能情况。一个高损失函数与低准确率密切相关；反之如果如果损失函数越小，模型准确率越高。

在这个例子中，我们的问题是二分类问题。因此，我们使用二元交叉熵损失函数，具体形式如下所示：

$$D_{\text{BCE}}(y, \hat{y}) = -\frac{1}{N} \sum_{i=1}^{N} [y_i \log(\hat{y}_i) + (1 - y_i) \log(1 - \hat{y}_i)]$$

让我们一步一步来看这个公式。

- D_{BCE}：这是二元交叉熵损失的距离函数。

- $\frac{1}{N}\sum_{i=1}^{N}$：$N$ 个样本的损失值是所有样本损失的均值。
- $y_i \log(\hat{y}_i)$：这部分损失只有当 y_i 真实值为 1 时才有效。如果 y_i 等于 1，我们希望 $\hat{y}_i$ 尽可能接近 1，这样我们就能获得较小的损失值。
- $(1-y_i)\log(1-\hat{y}_i)$：这部分损失只有当真实值 y_i 为是 0 时才有效。类似地，我们希望 $\hat{y}_i$ 尽可能接近 0。

在 Python 中，损失函数通过如下代码实现：

```
def bce_loss(y,y_hat):
  N = y.shape[0]
  loss = -1/N * (y*np.log(y_hat) + (1 - y)*np.log(1-y_hat))
  return loss
```

逻辑回归器的输出 A 等于 $\hat{y}$，所以我们可以按照下面方法计算二值交叉熵：

```
loss = bce_loss(y,A)
print(loss)
```

```
0.82232258208779863
```

正如我们所看到的，这个损失非常大，所以我们需要思考如何优化模型。我们的目标是让模型损失为 0，或至少接近 0。

你可以把不同函数假设的损失看成一个面，这个面有时也被称为损失面（loss surface）。损失面有点像山脉，在山峰上具有高点，在峡谷中具有低点。

我们的目标就是在山脉中寻找到绝对的最低点，也就是最低的峡谷，或者全局最小值。全局最小值就是在函数假设空间内损失值最小的点。

相反，局部最小值就是那些比周边空间点都小的损失值。局部最小值对应的函数是有问题的，因为它们从表面上看像是可用的好函数，但是实际上有更多的好函数可供使用。记住，我们通过梯度下降来遍历空间，梯度下降方法将会在我们的函数空间内找到最小值。

1.13.1 梯度下降

现在我们已经知道了如何评价候选模型 $\hat{f}$，但是如何去调整模型参数来获得更好的模型呢？神经网络中最主流的优化算法就是梯度下降。使用这个方法，我们可以沿着损失函数的微分（也就是斜率）慢慢移动寻找。

设想一下你在山林中远足，现在你所在的位置点没有任何道路信息，你现在在丛林中想要找到谷底。问题是有许多树遮挡了视野，导致你看不清谷底在哪，你只能看到脚下的地面。

现在问问自己，怎么能够找到通向谷底的路？一个直观的方法就是沿着坡往下走。哪个地方有向下的坡，你就往哪个方向走。梯度下降也采用同样的方法。

再回到我们的假设问题中，在森林场景下的损失函数就是山。你为了取得更小的损失值，你需要沿着下坡路走。所谓坡也就是损失函数的微分。当我们在山上往下走的过程中，我们在持续更新所在位置的坐标点。

这个算法更新了神经网络的参数，如图 1.9 所示。

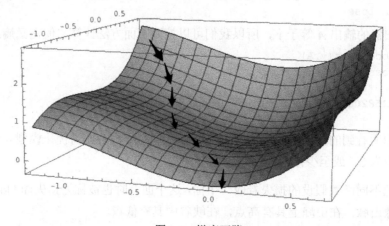

图 1.9　梯度下降

梯度下降需要损失函数对我们所需要优化的参数是可微的。大部分监督学习问题都可以比较好地应用梯度下降，但当我们解决不明显可微的函数时，就存在比较严重的问题。

梯度下降可以优化模型参数、权重、偏移量等，但不能优化的是模型有多少层，或者应该使用什么样激活函数。这是因为没有办法计算不同模型拓扑对应的梯度。梯度下降方法所不能优化的参数配置称之为超参，超参一般需要人为设置。

你已经看到了如何一步步缩小损失函数的值，但如何更新模型参数呢？为了实现这个目标，我们需要另一个方法——反向传播（backpropagation）。

1.13.2　反向传播

反向传播可以让我们实现将梯度下降所带来的更新应用到模型参数中。为了更新参数，我们需要计算损失函数对权重和偏移量的微分。

设想下模型参数就像我们在山林中的地理坐标，计算损失函数相对于参数的微分就相当于思考山脉在北向的坡度，坡度的思考帮助我们决定是往北走还是往南走。

图 1.10 说明了逻辑回归器的前向和反向传递。

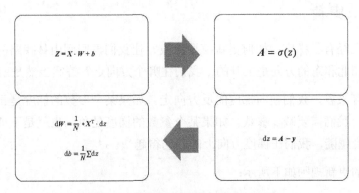

图 1.10　逻辑回归的前向和反向传递

为了简便，我们将损失函数对任何变量的微分记为 d。例如，将损失函数相对于权重的微分记录为 dW。

我们使用链式法则（chain rule）来计算模型相对于不同参数的梯度。链式法则[①]如下：

$$(f(g(x)))' = g(x)' \cdot f'(g(x))$$

上面公式有时也写成以下形式：

$$\frac{dy}{dx} = \frac{dy}{du}\frac{du}{dx}$$

链式法则本质上是说，你对嵌套复合函数求导，可以通过内部函数的导数乘以外部函数的导数来计算。

因为神经网络和逻辑回归器都是嵌套的复合函数，因此链式法则非常有用。输入首先经过线性运算，线性运算是输入，权重和偏移量的函数；线性运算的输出 z 需要再输入到激活函数中。

当我们计算损失函数相对于权重和偏移量的微分时，需要先计算损失函数相对于线性阶段输出 z 的微分 dz，然后使用这个结果来计算相对于权重的微分 dW。具体代

---

① 译者注：所谓链式法则是复合函数求导方法。

码如下：

```
dz = (A - y)
dW = 1/N * np.dot(X.T,dz)
db = 1/N * np.sum(dz,axis=0,keepdims=True)
```

1.13.3 参数更新

现在我们已经有了梯度，如何更新模型参数？让我们再回到山林找路的场景，现在我们知道了山脉在北和东的方向是上升的，我们往哪个方向走？答案当然是南和西。

从数学角度来看，我们朝向梯度的反方向走。如果某个参数的梯度是正，那么就是说坡度是升高的，我们需要减少参数。如果某个参数的梯度是负，也就是下坡，我们需要增加参数。当坡度越陡，我们在梯度方向上的移动得越快。

对参数 p 的更新规则如下所示：

$$p = p - \alpha \mathrm{d}p$$

其中，p 是模型的参数（既可以是权重，也可以是偏移量），$\mathrm{d}p$ 是损失函数相对于 p 的微分，α 是学习速率。

学习速率有点像汽车的汽油踏板，它设置了我们使用梯度更新来修订参数的比例。学习速率也是一个超参，需要手动设置。我们将会在第 2 章中继续讨论学习速率。

参数更新的具体代码如下：

```
alpha = 1
W -= alpha * dW
b -= alpha * db
```

1.13.4 阶段小结

我们已经分析了训练神经网络所需的所有细节部分。本章前面的几个步骤中，我们训练一个单层的神经网络，也就是逻辑回归器。

在定义数据之前，我们首先导入了 NumPy 库，我们通过执行如下代码实现上述任务：

```
import numpy as np
np.random.seed(1)
```

```
X = np.array([[0,1,0],
              [1,0,0],
              [1,1,1],
              [0,1,1]])

y = np.array([[0,1,1,0]]).T
```

下一步就是定义 Sigmoid 激活函数和损失函数,具体代码如下:

```
def sigmoid(x):
    return 1/(1+np.exp(-x))

def bce_loss(y,y_hat):
    N = y.shape[0]
    loss = -1/N * np.sum((y*np.log(y_hat) + (1 - y)*np.log(1-y_hat)))
    return loss
```

接下来,我们初始化模型,代码如下:

```
W = 2*np.random.random((3,1)) - 1
b = 0
```

作为一个必要步骤,我们需要设置一些超参。第一个超参就是步长 α,这里我们设置为 1。α 越大意味着模型训练得越快,目标很快就能够实现。相反,更小的 α 让梯度下降训练得更加仔细,找到那些容易被忽视的小峡谷。

第二个超参是运行训练的次数,也是我们希望训练的轮次。我们通过如下代码来设置:

```
alpha = 1
epochs = 20
```

既然是训练中所用,也有必要定义数据样本的数量。我们还定义了一个空数组来记录模型随时时间的损失变化情况。具体代码如下:

```
N = y.shape[0]
losses = []
```

现在,训练模型的主体如下:

```
for i in range(epochs):
    # Forward pass
    z = X.dot(W) + b
    A = sigmoid(z)
```

```
# Calculate loss
loss = bce_loss(y,A)
print('Epoch:',i,'Loss:',loss)
losses.append(loss)

# Calculate derivatives
dz = (A - y)
dW = 1/N * np.dot(X.T,dz)
db = 1/N * np.sum(dz,axis=0,keepdims=True)

# Parameter updates
W -= alpha * dW
b -= alpha * db
```

上面代码将会获得如下执行结果。

Epoch: 0 Loss: 0.822322582088
Epoch: 1 Loss: 0.722897448125
Epoch: 2 Loss: 0.646837651208
Epoch: 3 Loss: 0.584116122241
Epoch: 4 Loss: 0.530908161024
Epoch: 5 Loss: 0.48523717872
Epoch: 6 Loss: 0.445747750118
Epoch: 7 Loss: 0.411391164148
Epoch: 8 Loss: 0.381326093762
Epoch: 9 Loss: 0.354869998127
Epoch: 10 Loss: 0.331466036109
Epoch: 11 Loss: 0.310657702141
Epoch: 12 Loss: 0.292068863232
Epoch: 13 Loss: 0.275387990352
Epoch: 14 Loss: 0.260355695915
Epoch: 15 Loss: 0.246754868981
Epoch: 16 Loss: 0.234402844624
Epoch: 17 Loss: 0.22314516463
Epoch: 18 Loss: 0.21285058467
Epoch: 19 Loss: 0.203407060401

在上面的结果中，你可以看到训练过程的输出结果。损失值从 0.822322582088 开始逐步减少，最终损失值为 0.203407060401。

为了更直观地看到结果，我们将损失值绘制成图表格式。绘图代码如下：

```
import matplotlib.pyplot as plt
plt.plot(losses)
```

```
plt.xlabel('epoch')
plt.ylabel('loss')
plt.show()
```

输出如图 1.11 所示。

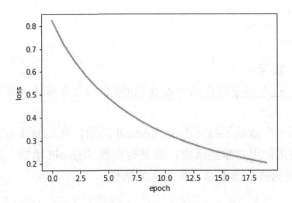

图 1.11　前面代码的执行结果，损失率随着时间在减少

1.14　深度网络

在本章前面已介绍过，我们需要构建了一个更大、更复杂的深度网络来近似一个更复杂的函数。创建深度网络需要叠加更多层。

在本章中，我们将会创建一个两层的神经网络，如图 1.12 所示。

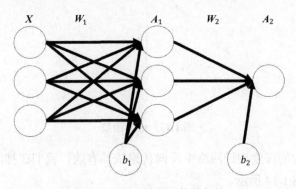

图 1.12　两层神经网络的架构

输入数据乘以第一层的权重 W_1 产生中间结果 z_1；中间结果 z_1 通过激活函数，生成第

一层激活后的结果 A_1。

这些激活后的结果再乘以第二层权重 W_2，得到中间结果 z_2；中间结果 z_2 经过第二个激活函数，得到整个神经网络的最终输出结果 A_2。

```
z1 = X.dot(W1) + b1
a1 = np.tanh(z1)
z2 = a1.dot(W2) + b2
a2 = sigmoid(z2)
```

提示：
这个例子的代码可以在 GitHub 的本书项目中寻找。

正如你所见，第一个激活函数并不是 Sigmoid 函数，而是 tanh 函数，如图 1.13 所示。tanh 函数是隐层中经常使用的激活函数，效果有点像 Sigmoid 函数，差别在于 tanh 函数输出结果是-1 和 1 之间的值，而不是 0 和 1 之间的值。

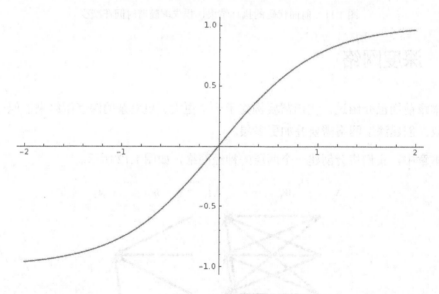

图 1.13　tanh 函数

链式法则在我们的深度神经网络中反向传递依然有效。我们在神经网络中反向传递并乘以微分结果，如图 1.14 所示。

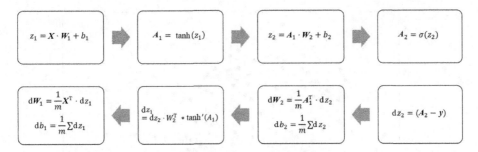

图 1.14 两层神经网络的前向和后项传递

前面方程可以表示成如下 Python 代码：

```
# Calculate loss derivative with respect to the output
dz2 = bce_derivative(y=y,y_hat=a2)

# Calculate loss derivative with respect to second layer weights
dW2 = (a1.T).dot(dz2)

# Calculate loss derivative with respect to second layer bias
db2 = np.sum(dz2, axis=0, keepdims=True)

# Calculate loss derivative with respect to first layer
dz1 = dz2.dot(W2.T) * tanh_derivative(a1)

# Calculate loss derivative with respect to first layer weights
dW1 = np.dot(X.T, dz1)

# Calculate loss derivative with respect to first layer bias
db1 = np.sum(dz1, axis=0)
```

需要注意的是，输入和输出数据的大小是问题本身决定的，隐层的大小却是可以自由选择的。隐层的大小是你可以设置的另一个超参。隐层越大，模型可近似的函数就越复杂。但副作用就是模型容易过拟合。所谓过拟合就是近似了一个函数，这个函数除了将我们期望的数据关系进行了训练，也将噪声进行了训练。

图 1.15 所示为双月数据集（the two moons dataset）。但是，现在我们增加一些噪声，让两类数据集的区分变得对人类而言比较困难。你可以在 GitHub 中找到这个两层神经网络代码和生成这些例子中数据的代码。

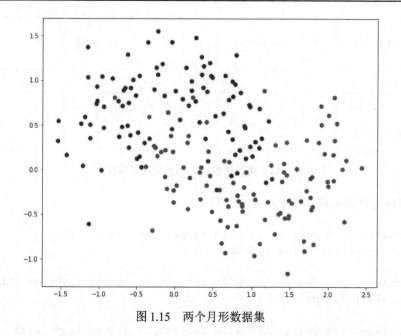

图 1.15　两个月形数据集

图 1.16 展示了决策边界的可视化结果,图中决策边界是使用隐层大小为 1 的模型得到的、可以区分两类数据集的一条直线。

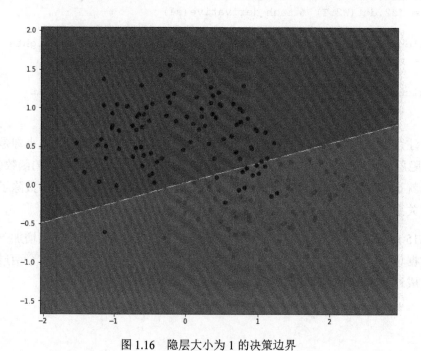

图 1.16　隐层大小为 1 的决策边界

如你所见,神经网络并没有真正捕获数据之间的关系。这是因为神经网络模型太简单了。在图 1.17 中,你将会看到隐层大小为 500 的决策边界。

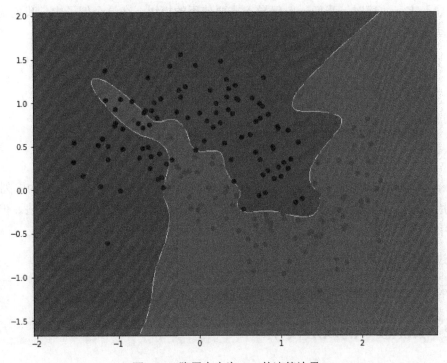

图 1.17 隐层大小为 500 的决策边界

这个模型拟合了噪声而不是月型数据。这个例子中,隐层大小的最优值为 3。

找到合适的隐层大小和层数是设计有效学习模型的最重要部分之一。使用 NumPy 来构建模型是非常笨拙的,也容易出错。幸运的是,我们有一个更快速、简便的工具来构建神经网络,该工具就是 Keras。

1.15 Keras 简介

Keras 是运行在 TensorFlow 平台上的高层神经网络 API,也是一种数据流编程(dataflow programming)的库。这意味着 Keras 以一种高度优化的方式来运行神经网络所需的各类运算。因此,可以比 TensorFlow 更快、更简单地使用。由于 Keras 是 Tensorflow 的接口,使用 Keras 可以更简便地构建那些复杂的神经网络。本书将会使用 Keras 库来构建神经网络。

1.15.1　导入 Keras 库

在导入 Keras 库时,我们一般仅导入需要使用的模块。在这个例子中,我们需要使用两类层结构。

- Dense 层就是普通层,在本章中,我们已经了解和学习过了。
- Activation 层允许添加激活函数。

通过下面代码导入两类模块:

```
from keras.layers import Dense, Activation
```

Keras 库提供序列 API 和函数式 API 两种方式来构建神经网络模型。因为序列 API 更容易使用,也可以让我们更快速地构建模型,我们在本书中主要使用这种方法。但在后面的章节中,我们也将讨论函数式 API。

通过下面代码访问序列 API:

```
from keras.models import Sequential
```

1.15.2　Keras 中的双层模型

使用系列化 API 构建神经网络的方法如下:

(1) 堆叠层

首先创建一个空序列化模型,没有任何层。

```
model = Sequential()
```

然后,我们在这个模型上添加层,就像堆层状蛋糕一样。

```
model.add()
```

对于第一层,我们需要描述输入的维度。在这个例子中,数据有两个特征,即点的坐标。我们还增加了一个大小为 3 的隐层。代码如下:

```
model.add(Dense(3,input_dim=2))
```

注意我们在 model.add()中嵌套了函数,描述了 Dense 层,位置参数(positional argument)

是层的大小。现在这个 Dense 层只做了线性运算。

调用如下代码来增加 tanh 激活函数：

```
model.add(Activation('tanh'))
```

接下来，我们在输出层中以同样的方式增加线性运算和激活函数。具体代码如下：

```
model.add(Dense(1))
model.add(Activation('sigmoid'))
```

如果想看到模型中所有层的情况，可以使用下面的命令：

```
mode.summary()
```

生成模型的总体情况如下：

```
Layer (type)                 Output Shape              Param #
=================================================================
dense_3 (Dense)              (None, 3)                 9
_____
activation_3 (Activation)    (None, 3)                 0
_____
dense_4 (Dense)              (None, 1)                 4
_____
activation_4 (Activation)    (None, 1)                 0
=================================================================
Total params: 13
Trainable params: 13
Non-trainable params: 0
```

你可以看到层信息的全面展示，包括输出的形状、层所包含的参数数量等。输出形状中的 None 表示该层没有固定输入大小，该层将会接受任何维度输入数据。在我们的例子中，None 是指该层可以接受任何数量的采样数据。

在许多神经网络中，你将会看到在第一层的输入维度是可变的，为了允许不同数量的采样数据。

（2）编译模型

在开始训练模型之前，我们需要描述自己期望训练的模型的准确度。更重要的是，我们需要指定使用什么损失函数和优化器。

我们已经使用过的最简单优化器就是随机梯度下降（Stochastic Gradient Descent，SGD）。在第 2 章中，将会介绍更多的优化器。

我们在二值分类问题使用的损失函数叫做二元交叉熵。我们已经描述了希望在训练中跟踪的参数。在这个例子中，准确率（accuracy，acc）是需要跟踪关注的：

```
model.compile(optimizer='sgd',
              loss='binary_crossentropy',
              metrics=['acc'])
```

（3）训练模型

现在我们开始运行训练操作，具体代码如下：

```
history = model.fit(X,y,epochs=900)
```

这里会在 900 次迭代中对模型进行训练，每次迭代被称为一个周期（epoch）。输出结果类似如下：

```
Epoch 1/900
200/200 [==============================] - 0s 543us/step -
loss: 0.6840 - acc: 0.5900
Epoch 2/900
200/200 [==============================] - 0s 60us/step -
loss: 0.6757 - acc: 0.5950
...
Epoch 899/900
200/200 [==============================] - 0s 90us/step -
loss: 0.2900 - acc: 0.8800
Epoch 900/900
200/200 [==============================] - 0s 87us/step -
loss: 0.2901 - acc: 0.8800
```

为了节省篇幅，训练过程的全部输出未能全部在此呈现。但是，你仍然可以看到损失在逐步减少，而准确率却在稳步提升。这意味着我们成功了！

在本书中，我们将会对这些方法增加更多华丽点缀和详细介绍。但是现在，我们对深度学习的理论有了深入的理解。我们仅仅忽略了一个模块：Keras 背后到底如何工作？TensorFlow 是什么？为什么深度学习在 GPU 上运行更快？

我们将会在下面和本章最后来回答上述这些问题。

1.15.3　Keras 和 TensorFlow

Keras 是一个高级库，也可被看成是 TensorFlow 的简化接口。这意味着 Keras 本身并不执行运算，而是一种与 TenserFlow 交互的简单方式，而 TensorFlow 则是后端运行的平台。

TensorFlow 是谷歌开发的软件库，在深度学习领域非常流行。在本书中，我们一般通过 Keras 来使用 TensorFlow，因为通过 Keras 使用 TensorFlow 平台要比直接使用 TensorFlow 平台更便捷。但有的时候，我们为了构建更加高级的模型，也自己试着写一些 TensorFlow 代码。

TensorFlow 的目标就是尽可能快地运行深度运算所需的各种运算。正如 TensorFlow 的名字，它通过数据流图中的张量（tensor）来实现快速运算。从 TensorFlow 1.7 版本开始，Keras 就是 TensorFlow 的核心组成部分。

所以，我们可以使用如下代码导入 Keras 库：

```
from tensorflow.keras.layers import Dense, Activation
```

本书将会把 Keras 当成一个独立库看待。然而，未来某一天你可能会使用 Keras 来访问不同的后端，因此如果使用更短的 import 语句，我们将会保持代码的简洁。

1.16　张量和计算图

张量是一个按照特定规则运算的数组，最简单的张量就是一个数字，也称之为标量。标量有的时候也被称为阶为 0 的张量。

下一类张量是向量，也就阶为 1 的张量。按照阶的顺序，再下一个张量就是矩阵，也就阶为 2 的张量。三维矩阵是阶为 3 的张量。具体不同阶的张量如表 1.2 所示。

表 1.2　　　　　　　　　　　　　　不同阶的张量

阶	名称	含义
0	标量	大小
1	向量	大小和方向
2	矩阵	数的二维矩阵
3	三维矩阵	数的三维矩阵
n	n 维度矩阵	你懂的

本书中的张量一般都是指阶为 3 或者以上的张量。

TensorFlow 和其他深度学习库都是沿着计算图来进行运算。在计算图中，诸如矩阵乘法或者激活函数等运算都是网络中的节点。张量沿着两个不同运算节点所对应的边来演进。

在简单的神经网络中的前向传递如图 1.18 所示。

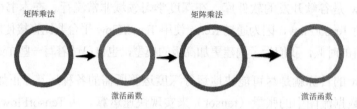

图 1.18　一个简单的计算图

将计算结构化成图的优势是方便节点进行并行计算。通过并行计算，我们并不需要很快的计算机器，在稍慢的计算机上通过拆分任务仍可以实现快速计算的目的。

这也是为什么 GPU 对深度学习如此重要。不同于 CPU 只有几个计算速度非常快的核，GPU 有许多慢速核。一个现代主流的 CPU 一般都有四核，而主流的 GPU 有数百甚至上千个核。

一个简单模型的整个计算图看起来都非常复杂。你可以看到 Dense 层的各个元素。图 1.19 中有矩阵乘法，还增加了偏移量和 ReLU 激活函数。

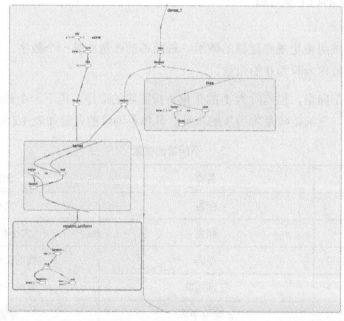

图 1.19　在 TensorFlow 中一个简单神经网络模型的计算图（注：该图截屏于 TensorBoard）

使用计算图的另一个优势是 TensorFlow 和其他库都可以沿着图来自动快速的计算微分。正如我们在本章中所讨论的，计算微分是训练神经网络中一个非常重要的步骤。

1.17 练习

现在，我们结束了第 1 章。你将会看到一些挑战性问题。下面有一些练习供大家选择，题目都是围绕本章所讨论的问题。

1．使用 Python 语言将两层神经网络扩展到三层神经网络。

2．在 GitHub 对应项目中，找到一个名称为"1 Excel Exercise"的文件。本题目的目标是通过品质数据来识别出 3 类不同的葡萄酒。在 Excel 中构建一个逻辑回归器实现上述目标。

3．在 Excel 中，构建一个两层的神经网络。

4．试着调节上面两层神经网络中隐层大小和学习速率等参数。看看哪组参数将会具有最低的损失值。这个最低的损失是否捕获了这些数据的真实关系？

1.18 本章小结

在本章中，我们已经了解了神经网络是如何工作的机理。在本书的剩余部分，我们将会构建一个更加复杂的神经网络来近似更加复杂的函数。

实际上，为了更好地完成特定的任务（比如图像识别），我们需要在基本结构之上进行调整。但是，本章所讲述的基本思想是不变的。

- 神经网络可以被看作函数近似器。
- 我们通过损失函数来评估近似函数 $\hat{f}$ 的近似度。
- 模型的参数更新与损失函数相对参数进行微分结果的方向相反。
- 微分是在模式上使用链式法则通过模型反向传递计算而得。

本章的一个重要结论就是尽管我们在寻找函数 f，但是我们可以通过优化一个函数让它在数据集上的运行结果与我们的期望函数 f 非常相似。一个重要但细微的差别在于我们并不知道函数 $\hat{f}$ 是否与 f 作用相似。最经常引用的例子就是军队的某个项目，该项目使用深度学习来在图像上识别坦克。该模型在数据集上训练得很好，但是一到实际应用中，就莫名失败了。

在坦克这个例子中，人们花费了很长时间发现训练模型所用的数据集中所有包含坦克的图片都是阴天拍摄的，反而没有坦克的图片都是晴天拍摄的。模型没有识别出坦克，而是识别了阴天。

这个例子说明了模型运行的结果可能跟你想象，或者你希望它运行的效果完全不一样。有缺陷的数据可能让你的模型完全失效，有的时候甚至在你没有留意的情况下发生。然后，对于每个失败故事，又都有成功的故事与之对应存在。机器学习是一个具有高度影响力的技术，未来将会重塑金融领域。

在第 2 章中，我们将会实实在在地处理金融领域常见的一类数据，即结构化表格数据。更具体地说，我们将会去解决金融诈骗问题，这是许多金融机构都需要去解决的问题，而现代的机器学习是一个非常有用的工具。我们将会学习使用 Keras、scikit-learn 和 XGBoost 来准备数据并进行预测。

第 2 章
机器学习在结构化数据中的应用

结构化数据是一个专业术语，它用于描述位于记录和文件（例如关系型数据库和电子表格）中固定域中的任何数据。一般来说，结构化数据都是以表格形式来展现的；其中，每列表示一类值，每行表示一个实体记录。数据的结构化格式意味着它们适合经典的统计分析，这也是大部分数据科学和数据分析的工作都是基于结构化数据而开展的原因。

在日常生活中，结构化数据是商业中常见的数据类型，并且大部分金融领域中需要用机器学习解决的问题都是以某种方式来处理结构化的数据。任何现代化公司日常运营的基础都建立在结构化数据之上，包括交易、订货簿、期权价格、供应商等。这些都是信息以电子表格和数据库形式被收集存储的具体实例。

本章将陪你研究在信用卡诈骗中结构化数据所面临的问题。在这个问题中，我们将使用特征工程方法来从数据集中成功识别诈骗交易。我们将介绍端到端（End-to-End，E2E）方法的基本内容，进而来解决常见的金融问题。

诈骗是所有金融机构都需要去面对的不幸的事实，这也是一场发生在想保护自己金融系统的公司和想试打败保护系统的诈骗者之间的持续性竞赛。长时间以来，诈骗检测都依赖于简单的启发式算法。例如，一个大额交易发生在你不常住的区域，这个交易很可能被关注和标记。

随着诈骗者持续地理解和避开这些规则，信用卡提供商也在持续地部署日益复杂的机器学习系统来抵御诈骗者。

在本章中，我们将看到真实的银行是如何解决欺诈问题的。这是对现实世界的探索：数据科学家团队从一个启发式基线开始，逐步加深对特征的理解，然后由此构建一个日益复杂的机器学习模型来检测诈骗。尽管我们使用的数据是人工生成的，但我们在解决诈骗问题中所使用的开发过程和工具与国际零售银行日常所用的过程和工具非常相似。

那么，我们从哪开始呢？引用一位我曾经交流过的匿名的诈骗检测专家的话，"我一直思考如何能从我的雇员那里盗窃成功。我构建了一些能捕获自己偷盗行为的特征。既然想要抓住诈骗者，那么就要像诈骗者一样思考。"即使那些最聪明的特征工程师也并不能发现所有细微的、甚至反直觉的诈骗信号，这也是产业全部逐步转向到 E2E 训练系统的背后原因。这些系统和机器学习都是本章的关注点。在本章中，我们将会探索几种常用的方法来标识诈骗行为。

本章是第 6 章的重要基础，在第 6 章中，我们将会针对基于自动编码器的 E2E 模型来重新回顾信用卡诈骗问题。

2.1 数据

本章所使用的数据集是由支付仿真器生成的交易数据集。研究这些示例和本章的焦点都是在数据集中寻找诈骗交易，这也是许多金融机构都会面临的一个经典的机器学习问题。

> **提示：**
> 本章的代码资源和交互式 Notebook 文件都可以线上访问。获取含有本章示例代码的交互式 Notebook 文件，请访问 Kaggle 网站；代码也可以在 GitHub 网站上的本书相关目录中找到。

我们使用的数据集源于 E. A. Lopez-Rojas、A. Elmir 和 S. Axelsson 所著的论文"PaySim: A financial mobile money simulator for fraud detection"，该数据集可以通过 Kaggle 平台来获取。

在详细分析这个数据集之前，让我们花一点时间来看看这个数据集，这个数据集将会在本章中大量使用。本章所使用的数据集如表 2.1 所示。再次提醒，你可以通过 Kaggle 平台下载这个数据集。

表 2.1　　　　　　　　　　　　　　　　数据集

step	type	amount	nameOrig	oldBalanceOrig	newBalanceOrig	nameDest	oldBalanceDest	newBalanceDest	isFraud	isFlaggedFraud
1	PAYMENT	9839.64	C1231006815	170136.0	160296.36	M1979787155	0.0	0.0	0	0
1	PAYMENT	1864.28	C1666544295	21249.0	19384.72	M2044282225	0.0	0.0	0	0
1	TRANSFER	181.0	C1305486145	181.0	0.0	C553264065	0.0	0.0	1	0
1	CASH_OUT	181.0	C840083671	181.0	0.0	C38997010	21182.0	0.0	1	0
1	PAYMENT	11668.14	C2048537720	41554.0	29885.86	M1230701703	0.0	0.0	0	0
1	PAYMENT	7817.71	C90045638	53860.0	46042.29	M573487274	0.0	0.0	0	0
1	PAYMENT	7107.77	C154988899	183195.0	176087.23	M408069119	0.0	0.0	0	0
1	PAYMENT	7861.64	C1912850431	176087.23	168225.59	M633326333	0.0	0.0	0	0
1	PAYMENT	4024.36	C1265012928	2671.0	0.0	M1176932104	0.0	0.0	0	0
1	DEBIT	5337.77	C712410124	41720.0	36382.23	C195600860	41898.0	40348.79	0	0

正如第一行所示，数据集有 11 列。我们先来解释下每列的具体含义。

- step：映射成时间，每一个 step 都对应一个小时。
- type：交易的类型，包括 CASH_IN、CASH_OUT、DEBIT、PAYMENT 和 TRANSFER。
- amount：交易量。
- nameOrig：交易的源账户。C 表示客户账户，M 表示商家账户。
- oldBalanceOrig：源账户的上期结余。
- newBalanceOrig：源账户在交易完成后的本期结余。
- nameDest：目的账户。
- oldBalanceDest：目的账户的上期结余，这个信息对于以 M 开头的商家账户不可用。
- newBalanceDest：目的账户的本期结余，这个信息对于商家账户也不可用。
- isFraud：交易是否为诈骗。
- isFlaggedFraud：已有旧系统是否将这个交易标记为诈骗。

上面这个表格中，有 10 行数据。值得说明的是，在我们整个数据集中，有大约 630 万条交易数据，因此我们所看到的只是所有数据中的一小部分。由于我们所看的诈骗交易仅仅发生在 TRANSFER 和 CASH_OUT 类型交易中，所有其他类型的交易都可以被删掉，则剩余大约 280 万条交易数据供我们所用。

2.2 启发式模型、基于特征的模型和 E2E 模型

在投入研发检测诈骗的模型之前，让我们再暂停几分钟来思考一下我们所能构建的不同类型的模型。

- 启发式模型是一种完全由人们所开发的经验法则。一般来说，启发式模型源于对问题有专家般的深入认识。
- 基于特征的模型严重依赖人们去修改数据，进而创建新的、有意义的特征；然后这些特征被输入到机器学习算法中。这种方法混合了专家知识和从数据中所得到的知识。
- E2E 模型完全从原始数据学习，不用人类专家参与，模型直接从数据中学习所有的知识。

在我们的例子中，可以创建启发式模型来标记所有 TRANSFER 类型交易，当交易金额超过 20 万美元则为诈骗数据。启发式模型的优势在于它们可以快速开发和便于实现。但是，这个优势也是有代价的，性能一般来说较差，诈骗者可以轻松骗过系统。让我们设想一下，如果我们使用前面的启发式模型，诈骗者仅转账 199999 美元，在诈骗标记限额之下，就可以逃过诈骗检测系统。

在交易领域中一个重要的启发式算法就是动量策略（momentum strategy）。动量策略认为一个已经上涨的股票会继续上涨，然后人们会买入这个股票。尽管这个策略听起来太简单以至于性能不太好，但事实上，这是一个非常成功的策略，许多高频交易和量化交易中都经常使用这个策略。

为了构建特征，专家构建的模型能够从真实交易中区分出诈骗交易的指示器，这通常是通过统计分析来实现的。与我们之前提出的启发式模型相比，基于特征的模型需要更长的研发时间，也有更好的性能。

基于特征的模型是处于数据构建规则和人造规则的中间状态。在基于特征的模型中，人类的知识和创造力都被激发用于构建优质特征，数据和机器学习用于根据这些特征来创建模型。

E2E 模型完全从收集到的数据中学习，不使用任何专家知识。正如前面所述，这将会获得更好的性能结果，但代价却是需要更长时间来完成。这个方法还有其他方面值得我们去思考。例如，收集训练所需的大量数据是一项非常昂贵的任务，因为人们需要给数以百万计的交易记录去打标签。

在行业内的许多人看来，构建一个性能较差的模型也往往好于根本没有模型。毕竟，有防欺诈机制要比没有任何机制好得多。

使用启发式模型，这个模型可能导致一半的诈骗交易逃过检测，但也好过没有任何检测机制。图 2.1 展示了我们之前讨论的 3 种模型的检测性能与开发这些模型所需要的时间。

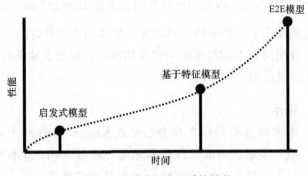

图 2.1 所用方法及系统性能

最好的方法就是三者的组合。如果我们部署一个启发式模型，这个模型能够满足任务所希望达到的基本要求，那么这个模型就可以上线了。使用这个方法让启发式算法成为其他算法需要打败的基线。一旦部署了启发式算法，你所有的努力都应该直接指向基于特征的模型，特征模型在打败初始部署的启发式算法后，就被立即部署，与此同时你也需要持续优化模型。

正如我们之前讨论的，基于特征的模型通常对结构化数据都有不错的性能。这也让公司有更多的时间来开发耗时更长、开销更大的 E2E 模型。一旦 E2E 模型的性能打败了基于特征的模型，E2E 模型就可以上线了。我们现在已经理解了需要构建的不同类型的模型，接下来让我们看看构建这些模型所需要使用的软件。

2.3 机器学习软件栈

在本章中，我们将会使用一系列机器学习中常用的库。让我们用一点时间来看看软件栈，软件栈具体包括如下软件。

- Keras：神经网络库，也是 TensorFlow 的精简接口。
- NumPy：更多支持大规模、多维度的数组运算，以及扩展了数据函数集。
- Pandas：用于数据操作和分析的库。类似于微软的 Excel，差别在于 Pandas 使用 Python 语言。另外，Pandas 还提供了处理表格的数据结构和工具。
- scikit-learn：提供一系列算法和工具的机器学习的库。
- TensorFlow：一个数据流编程的库，它提供了让你使用神经网络的基础。
- Matplotlib：用于画图的库。
- Jupyter：一个开发环境。本书中所有代码例子在 Jupyter Notebook 中均可用。

尽管本章扩展性地使用了上面所述的其他库，但本书大部分时间都是用 Keras 库。这里的目标不是教会你使用所有不同类型库的建议和技巧，而更多地是向你展示如何将它们融入到预测模型的构建过程中。

提示：
本章所需要的所有库都已经在 Kaggel Kernel 平台上默认安装。如果你想在本地运行这些代码，请参见第 1 章中相关的安装说明，并安装所需的库。

2.4 启发式方法

在本章的前面部分，我们介绍了检测诈骗中所使用的 3 类模型，现在将会对每一类模型更加详细的探讨，先从启发式机制开始。

首先定义一个简单的启发式模型，并评价这个模型在检测诈骗中的性能。

2.4.1 使用启发式模型来预测

为了理解启发式模型在预测诈骗交易方面的性能，我们在对整个训练数据集使用启发式机制来预测诈骗交易。

下面代码将会创建了新列 Fraud_Heuristic，并对类型为 TRANSFER 且交易额超过 20 万美元的行所对应的 Fraud_Heuristic 列赋值为 1：

```
df['Fraud_Heuristic '] = np.where(((df['type'] == 'TRANSFER') &
```

```
(df['amount'] > 200000)),1,0)
```

仅需要 2 行代码,我们可以看到这样一个简单的参数指标可以非常容易地构建和快速部署。

2.4.2 F_1 分数

我们必须考虑的一个重要事情就是需要一个通用指标来评价所有的模型。在第 1 章中,我们使用准确率作为评价工具。然后,正如所见,诈骗交易的数量远小于真实交易的数量。因此,一个将所有交易都分类为真实交易的模型也会有非常高的准确率。

F_1 分数就是一个用于解决偏态分布的指标,F_1 分数考虑了真假阳性和阴性,如表 2.2 所示。

表 2.2 F_1 分数

	预测为阴性	预测为阳性
真实为阴性	真阴性 TN	假阳性 FP
真实为阳性	假阴性 FN	真阳性 TP

我们首先计算模型的准确率,准确率是指在所有事件中预测为阳性所占的比例,具体公式如下:

$$precision = \frac{TP}{TP + FP}$$

召回率是指预测为阳性在所有实际为阳性中的占比,公式如下:

$$recall = \frac{TP}{TP + FN}$$

F_1 分数是上面两个指标的调和平均数,具体如下公式所示:

$$F_1 = 2 \times \frac{precision \times recall}{precision + recall}$$

为了使用 Python 计算 F_1 分数这个指标,我们将使用 scikit-learn(简写成 sklearn)中 metrics 模块:

```
from sklearn.metrics import f1_score
```

根据所做的预测，我们可以使用以下代码很容易地计算出 F_1 分数：

```
f1_score(y_pred=df['Fraud_Heuristic '],y_true=df['isFraud'])
```

0.013131315551742895

你可以看到上述命令输出了数值结果 0.013131315……这个结果很准确地说明了我们的启发式模型性能并不好。F_1 分数的最好结果是 1，最差结果是 0。在我们的例子中，这个结果是两个参数（准确率和召回率）的调和平均数，这两个参数分别是被正确识别为诈骗交易在所有被标记为诈骗交易中的比例和被正确地识别为诈骗交易在所有诈骗交易中的份额。

2.4.3 基于混淆矩阵的评价

混淆矩阵是另一个更定性和可解释的模型评价方法。正如名字所表达的含义，混淆矩阵显示了我们的分类器如何去混淆不同的类别。

首先，我们研究一下 plot_confusion_matrix 函数对应的代码：

```
from sklearn.metrics import confusion_matrix cm = confusion_matrix(
    y_pred=df['Fraud_Heuristic '],y_true=df['isFraud'])
plot_confusion_matrix(cm,['Genuine','Fraud'])
```

当我们运行上述代码，会生成图 2.2。

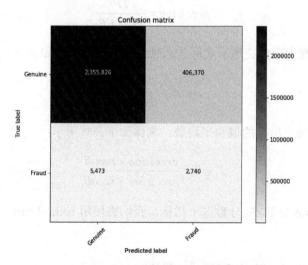

图 2.2 启发式模型的混淆矩阵

模型的准确情况如何？正如你在混淆矩阵中所见，在 2770409 条交易的数据集中，2355826 条记录被正确地分类为真实交易，406370 条记录被错误地分类为诈骗。事实上，只有 2740 条记录被正确地识别为诈骗。

当我们的启发式模型将一个数据分类为诈骗交易的时候，这个交易是真实交易的概率为 99.3%，但仅有 34.2% 的诈骗被检测出来。所有这些信息都融入了在我们之前定义的 F_1 分数中。然而，正如我们所见，我们可以很容易从生成的混淆矩阵图中读出上述这些信息。我们同时使用启发式模型和 F_1 分数的原因就是，有一个数值能够告诉我们哪个模型更好的同时，有一个更图形化的视角来说明这个模型怎么更好，这是一个非常好的实践方法。

坦率地说，我们的启发式模型执行效果非常差，只能检测出 34.2% 的诈骗交易，这个比例是不够的。所以，我们在后面的章节中使用其他两种方法，并看看我们是否可以获得更好的性能。

2.5　特征工程方法

特征工程的目标就是利用人类的定性观点来更好地构建机器学习模型。工程师一般使用 3 类洞察方法：直觉、专业领域知识和统计分析。通常，针对某个问题的特征可能是从直觉得到地。

在我们检测诈骗的案例中，诈骗者将会为他们的诈骗方案创建一个新的账号，不会使用与他们购买食品杂货相同的账号，这是一个很普遍的直觉认识。

该领域的专家则可以使用他们对这个领域的全面知识提出一个类似的其他直觉特征。他们对诈骗者如何从事诈骗知道得更多，并能构建特征来识别这些行为。所有这些直觉后来都被统计分析所确认，而统计分析也提供了发现新特征的各种可能。

统计分析有的时候能让人突发灵感，进而演变成预测特征。但是，使用这个模型，工程师需要注意数据陷阱。从数据中挖掘的预测特征可能仅存在于那个数据中，因为任何数据集都会在长时间的洞察中挖掘出一些预测特征。

数据陷阱是指工程师在数据中长久地寻找特征，但是却从不质疑他们寻找的这些特征是否相关。

陷入到数据陷阱中的数据科学家持续兴奋地寻找特征，但是随后却发现他们的模型及其特征的效果并不好。在训练集中寻找很强的预测特征对数据科学团队而言，有如饮鸩止渴只能产生即刻的回报，短暂的胜利不能体现的专业性。长此以往，数据陷阱将会产生副作用，团队花费数周或者数月找到的那些特征，实际并没有用。

花一点时间问你自己，你现在是不是处于这种情况？如果你发现分析之后还需要分析，将数据进行各种可能的变形，追寻着相关值，那么你很可能已经掉入了数据陷阱中。

为了避免数据陷阱，建立定性逻辑依据（qualitative rationale）是非常重要的，这个定性逻辑依据需要解释这个统计预测特征为什么在抛开当前的数据集后依然存在，以及为什么需要存在。通过建立这个逻辑依据，你将会时刻提醒自己和团队去避免构建那些噪声的特征。数据陷阱就人类版的过拟合和发现噪声的模式，这也是模型的主要问题。

人们使用他们定性的推理技能来避免拟合噪声，这是人类比机器具有优势的地方。如果你是一位数据科学家，你将使用这个技能来创建更加通用的模型。

本节的目的不是陈列特征工程师能够在数据集上所做的所有特征，而是强调这 3 种方法并说明它们如何变成特征。

2.5.1 特征源于直觉——诈骗者永不眠

在没有了解太多诈骗知识的情况下，我们可以直觉地描述诈骗者是黑暗中阴险的人。在大多数情况下，真实的交易发生在白天，因为人们在晚上都睡觉。

数据集中的时间步长（time steps）为一小时。因为，我们通过将时间步长除以 24 并求得余数就可以获得时间，如下面代码所示：

```
df['hour'] = df['step'] % 24
```

我们可以计算不同时间点上诈骗交易和真实交易的数量。我们通过如下代码可以实现上述计算：

```
frauds = []
genuine = []
for i in range(24):
    f = len(df[(df['hour'] == i) & (df['isFraud'] == 1)])
    g = len(df[(df['hour'] == i) & (df['isFraud'] == 0)])
    frauds.append(f)
    genuine.append(g)
```

最后，我们可以画出真实交易和诈骗交易的份额随时间变化情况。为了实现这个目标，具体代码如下：

```
fig, ax = plt.subplots(figsize=(10,6))
ax.plot(genuine/np.sum(genuine), label='Genuine')
ax.plot(frauds/np.sum(frauds),dashes=[5, 2], label='Fraud')
plt.xticks(np.arange(24))
legend = ax.legend(loc='upper center', shadow=True)
```

从图 2.3 可以看出，夜间有更少的真实交易，而欺诈交易的份额在全天都持续稳定。

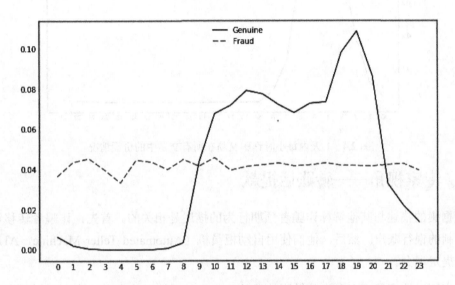

图 2.3　1 天内每小时诈骗份额和真实交易份额

为了验证夜晚是检测诈骗的合适时间点，我们也画出了当天每小时诈骗交易在所有交易中的市场份额。为了实现上述目标，执行如下代码：

```
fig, ax = plt.subplots(figsize=(10,6))
ax.plot(np.divide(frauds,np.add(genuine,frauds)), label='Share of fraud')
plt.xticks(np.arange(24))
legend = ax.legend(loc='upper center', shadow=True)
```

在我们运行了代码之后，可以从图 2.4 看出大约在早上 5 点，超过 60%的交易都是诈骗交易，也使得这个时间成为一天内最适合抓诈骗者的时间点。

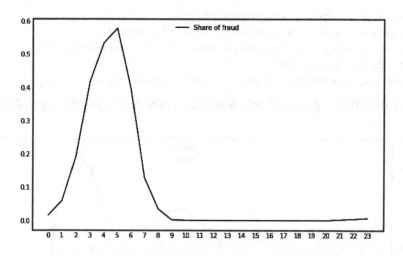

图 2.4　1 天内每小时诈骗交易在所有交易中的份额情况

2.5.2　专家视角——转账后提款

数据集的描述与其他解释诈骗者预期行为的描述是相关的。首先，诈骗者转移钱款到他们控制的银行账户。然后，他们使用自动柜员机（Automated Teller Machine，ATM）从该账户提走现金。

我们可以检查是否存在诈骗转账的目的账户也是后续提款账户的情况，执行如下代码：

```
dfFraudTransfer = df[(df.isFraud == 1) & (df.type == 'TRANSFER')]
dfFraudCashOut = df[(df.isFraud == 1) & (df.type == 'CASH_OUT')]
dfFraudTransfer.nameDest.isin(dfFraudCashOut.nameOrig).any()
```

False

根据输出结果，看似没有诈骗转账且这个转账是诈骗者提现的源头。专家预期的行为在我们的数据中并不可见。这意味着两件事情：第一，诈骗者的行为方式完全不同了；第二，我们的数据并没有捕获诈骗者的行为。对于任何一种可能，我们都不能在预测模型中应用这个观点和方法。

2.5.3　统计奇事——余额中的错误

仔细分析数据将会发现有些交易中目的账户的新旧余额都是 0，而交易量却不是 0。这就很奇怪，甚至有点诡异，我们需要来深入研究这类奇怪的交易类型是否具有某些预测功能。

首先，我们通过运行下面的代码来计算具有上述特征的诈骗交易份额比例：

```
dfOdd = df[(df.oldBalanceDest == 0) &
           (df.newBalanceDest == 0) &
           (df.amount)]
len(dfOdd[(df.isFraud == 1)]) / len(dfOdd)
```

0.7046398891966759

正如结果所示，诈骗交易的份额在70%左右，因此这个诡异想法可以看成是检查诈骗交易非常好的特征。但是，问自己这样一个问题是非常重要的：一开始这个怪癖特征是如何进入到我们的数据中的。一个可能的答案就是交易从来就没成功过。

这种情况可能是诸多原因导致的，原因包括可能存在另一个诈骗预防系统来阻止诈骗交易，或者交易的源账户没有足够多的资金等。

尽管我们没有方法来验证是否有其他的诈骗预防系统，但是我们可以检测交易的源账户是否具有足够的资金。为了实现上述目标，我们运行如下代码：

```
len(dfOdd[(dfOdd.oldBalanceOrig <= dfOdd.amount)]) / len(dfOdd)
```

0.8966412742382271

我们可以通过输出结果看到，近90%的奇怪交易的源账户都没有充足的资金。从这个结果出发，我们可以构建一个逻辑解释，即诈骗者希望吸干账户内所有的资金，频率远多于正常人们的交易所为。

我们需要这个逻辑解释来避免数据陷阱。一旦构建，这个逻辑依据就需要持续仔细检查。在我们的例子中，它不能解释10%的奇怪交易。如果这个数字上涨的话，那么它将以破坏生产中模型的性能而收场。

2.6 Keras库的数据准备

在第1章中，我们看到的是神经网络仅仅使用数据作为输入。我们的问题在于数据集中并不是所有信息都是数字，其中某些信息是以字符形式存在的。

因此，我们将在这节中为Keras库准备数据，使得我们可以更有意义地使用这些信息。

在开始之前，我们来看3类数据：定类数据、定序数据和数值数据。

- 定类数据：这类数据源于不可以被排序的离散类别。在我们的例子中，交易类型就是定类变量。这里有 4 类离散值，对它们排序是没有意义的。例如，TRANSFER 并不比 CASH_OUT 大。所以，它们仅用以区分不同的类别。

- 定序数据：这类数据也源于离散类别，但是与定类数据不同，定序数据是可以被排序的。例如，咖啡有大中小杯，杯子尺寸都是不同类别，且是可以比较的。大杯比小杯有更多的咖啡。
- 数值数据：这些数据不仅可以被排序，还可以做数学运算。我们例子中的一个数值数据就是账户的金额，因为我们可以比较不同账户金额大小，还可以对账户金额进行加法或减法运算。

定类数据和定序数据都是分类数据（categorical data），它们描述了离散的类别。尽管数值数据可以在神经网络中被很好地使用，不用二次处理；但分类数据需要经过特殊的处理。

2.6.1 one-hot 编码

编码分类数据最常用的方法就是 one-hot 编码。在 one-hot 编码中，我们为每个类别创建一个新的变量（也叫哑变量）。如果一个交易属于某个类的成员时，我们设置哑变量为 1，否则设置为 0。

我们如何应用 one-hot 编码技术于数据集的例子如下所示。

表 2.3 是分类数据在 one-hot 编码之前的样子。

表 2.3   one-hot 编码之前的数据

交易	类型（Type）
1	TRANSFER
2	CASH_OUT
3	TRANSFER

表 2.4 是数据在 one-hot 编码之后的样子。

表 2.4   one-hot 编码之后的数据

交易	Type_TRANSFER	Type_CASH_OUT
1	1	0
2	0	1
3	1	0

Pandas 软件库给我们提供一个函数来创建哑变量，让我们可以立即使用。在我们使用这个函数之前，需要在所有的实际交易类型之前增加 Type_前缀。哑变量将以类别命名。通过在开头增加 Type_，我们知道这些哑变量所表示的是类型。

下面一行代码完成了 3 个事情。第一，df['type'].astype(str) 将"类型（Type）"列中所有条目都转换成字符串类型。第二，组合字符串以增加 Type_前缀。第三，用组合字符串的新增列代替原来的"类型"（Type）列。

```
df['type'] = 'Type_' + df['type'].astype(str)
```

我们可以通过执行下面代码获得哑变量：

```
dummies = pd.get_dummies(df['type'])
```

我们需要注意的是 get_dumies() 函数创建一个新的 DataFrame。接下来，我们将这个 DataFrame 关联到主 DataFrame 上，通过运行如下代码实现：

```
df = pd.concat([df,dummies],axis=1)
```

在上面代码中，concat() 函数连接了两个 data frame。我们沿着轴 1 来连接 data frame，并将它作为新列。现在，哑变量已经存在于我们的主 dataframe 中，我们可以通过如下代码来移除原始列。

```
del df['type']
```

恭喜！你已经将分类变量转换成神经网络可以接受的数据类型。

2.6.2 实体嵌入（entity embeddings）

在本节中，我们将学习使用嵌入和 Keras 函数 API，也展现了一般工作流。这些内容和话题还将会在第 5 章详细介绍和研究，在第 5 章中，我们将讨论这里所讲的通用思想外的内容，还讨论了类似于实现技术等诸多话题。

如果你现在不能理解我们所讲的每个事情，这也没有关系，毕竟本节是一个超前的部分。如果你想使用这些技术，当读完本书之后你将被充分武装，因为我们在本书中讲述了这些方法的不同部分和元素。

在本节中，我们将会为分类数据创建嵌入向量。在开始之前，我们需要理解嵌入向量是描述分类数据值的一种向量。我们使用嵌入向量来做神经网络的输入。我们训练嵌入层和神经网络。随着时间推移，我们将会获得更有用的嵌入层。嵌入层是一个非常有用的工具来供我们使用。

为什么嵌入层如此有用？一方面，嵌入层减少了 one-hot 编码中所需的编码维数，同时也减少了内存使用。另一方面，嵌入层也减少了输入激活中的稀疏度，这样有助于减少过拟合情况，也可以将语义内容编码成向量。这些优势让嵌入层对文本非常好用，在第 5 章中，我们也会让其成为分类数据非常好用的工具。

（1）标识类别

就像使用文本一样，我们在将数据输入到嵌入层之前需要将数据进行标识化处理。为了实现这个目标，我们创建一个映射字典来将类值映射成一个标识。具体执行如下代码：

```
map_dict = {}
for token, value in enumerate(df['type'].unique()):
    map_dict[value] = token
```

这个代码在所有类型分类值上以计数增加方向来进行循环。第一个类型分类获得标识 0，第二个类型分类获得标识 1，以此类推。我们的 map_dict 字典形式如下：

```
{'CASH_IN': 4, 'CASH_OUT': 2, 'DEBIT': 3, 'PAYMENT': 0,
'TRANSFER': 1}
```

我们将这些映射应用于我们的 DataFrame 中：

```
df["type"].replace(map_dict, inplace=True)
```

结果是，现在所有的类型值都已经被标识所替换。

我们需要分别处理 DataFrame 中的非类别值。我们创建一个列的列表（list），这个列表不包含 type 列和 isFraud 列。

```
other_cols = [c for c in df.columns if ((c != 'type') and (c !='isFraud'))]
```

（2）创建输入模型

我们创建的模型有两类输入：一类是具有嵌入层的类型值，另一类是所有其他的非类型值变量。为了后面更容易绑定这两类数据，我们将会创建两个数组来跟踪输入和输出数据：

```
inputs = []
outputs = []
```

类型输入的模型接收一维输入数据,并将它们使用嵌入层来进行分割。嵌入层的输出被重新变形成为扁平的数组。代码如下所示:

```
num_types = len(df['type'].unique())
type_embedding_dim = 3

type_in = Input(shape=(1,))
type_embedding = Embedding(num_types,type_embedding_dim,input_
length=1)(type_in)
type_out = Reshape(target_shape=
(type_embedding_dim,))(type_embedding)

type_model = Model(type_in,type_out)

inputs.append(type_in)
outputs.append(type_out)
```

type 嵌入有 3 层,这是一个随意的选择,不同维度的实验可能对结果性能有不同程度的提升。对于所有其他的输入,我们创建了另一个输入,这个输入的维度跟非类型变量的数量一样,且由一个不带激活函数的 Dense 层组成。Dense 层是可选项;输入也可以直接传输到 head model 中,可以增加更多层,包括:

```
num_rest = len(other_cols)

rest_in = Input(shape = (num_rest,))
rest_out = Dense(16)(rest_in)

rest_model = Model(rest_in,rest_out)

inputs.append(rest_in)
outputs.append(rest_out)
```

我们已经创建了两类输入模型,现在我们将他们连接起来。在两个连接的输入模型之上,我们也构建 head model 模型。开始这个过程之前,我们执行如下代码:

```
concatenated = Concatenate()(outputs)
```

接下来,我们通过下面代码构建和编译整体模型:

```
x = Dense(16)(concatenated)
x = Activation('sigmoid')(x)
x = Dense(1)(concatenated)
```

```
model_out = Activation('sigmoid')(x)

merged_model = Model(inputs, model_out)
merged_model.compile(loss='binary_crossentropy',
                     optimizer='adam',
                     metrics=['accuracy'])
```

(3) 训练模型

在本节中,我将会使用多种输入数据来训练模型。为了实现上述目标,我们需要为每个输入提供 X 个值的列表。因此,首先,我们需要分割 DataFrame。执行如下代码:

```
types = df['type']
rest = df[other_cols]
target = df['isFraud']
```

接下来,我们使用一个由两个输入和目标构成的列表来训练模型。具体代码如下:

```
history = merged_model.fit([types.values,rest.values],target.values,
                epochs = 1,
                batch_size = 128)
Epoch 1/1
6362620/6362620 [==============================] - 78s 12us/step - loss: 0.0208 - acc: 0.9987
```

2.7 使用 Keras 创建预测模型

现在,我们的数据包括如下列:

```
amount,
oldBalanceOrig,
newBalanceOrig,
oldBalanceDest,
newBalanceDest,
isFraud,
isFlaggedFraud,
type_CASH_OUT,
type_TRANSFER,isNight
```

现在,我们已获得列内容,数据也已准备好,我们将使用这些来构建一个模型。

2.7.1 提取目标

为了训练模型，神经网络需要目标。在我们的例子中，isFraud 就是目标。我们需要将它从剩余数据中分离出来。我们执行如下代码：

```
y_df = df['isFraud']
x_df = df.drop('isFraud',axis=1)
```

第一步仅返回 isFraud 列，并将它赋值给 y_df。

第二步返回除 isFraud 列之外的所有列，并它们赋值给 x_df。

我们也需要将数据类型从 pandas 的 DataFrame 转换成 NumPy 的数组。pandas 库的 DataFrame 类型是构建在 NumPy 数组类型之上的数据类型，它提供了更加丰富的运算和函数，让我们所讲述的各种预处理的执行更加便捷。然而，为了训练一个神经网络，我们仅需要潜在的基础数据，可以通过下面代码实现：

```
y = y_df.values
X = x_df.values
```

2.7.2 创建测试集

当我们训练模型的时候，也有过拟合的风险。过拟合意味着我们的模型记住了训练数据集中 x 和 y 的映射关系，但是却并没有找到 x 和 y 之间的真正关系。这样的结果是有问题的，一旦我们使用非样本数据，也就是说不使用训练数据，那么模型结果可能非常差。为了预防过拟合，我们需要构建一个所谓的测试集。

测试集是一个"留出法"（holdout）数据集，这个数据集仅仅用于在我们认为模型性能不错的时候来评估我们的模型，为了看看模型在它没使用过的数据上的性能表现。测试数据集一般都是从完整数据中随机采用而得。scikit-learn 提供了一个便捷的函数来实现上述目标，代码如下：

```
from sklearn.model_selection import train_test_split
X_train, X_test, y_train, y_test = train_test_split(X, y,
test_size=0.33, random_state=42)
```

参数 train_test_split 随机分配行数据到训练数据集和测试数据集。你可以设置测试集数据的比例 test_size（本例中为 33%），当然也可以设置成随机状态。设置 random_state 来确保尽管过程是伪随机的，代码总返回同样的划分，这会让我们的工作更具复现性。值得注意的是，参数 random_state 的选择（例如 42）并不起太大作用，但比较重要的是所有实验都选取相同的数字。

2.7.3 创建验证集

现在你可能尝试过不同的模型,直到从中找到一个在测试数据集上具有很好性能的模型。但是,你会问自己这样一个问题:你怎么知道自己没有选择一个"出于偶然在测试数据集上表现好,但是在现实生活中却不一定表现好"的模型呢?

答案是每次你使用测试集来评估的时候,就引入了一点信息泄漏,也就是说测试集的信息通过影响模型的选择来泄漏到你的模型中。逐渐地,测试集的价值在减少。验证集是某类"脏测试集",用于经常检验你的模型在非采样数据下的性能。非常重要的是,我们不希望太频繁地使用测试数据集,但它也经常被频繁地测量非采样情况下的性能。

为了实现这个目标,我们创建了一个验证集,也就是开发集。我们创建验证集的方式跟创建测试集一样,就是再度划分训练数据,代码如下:

```
X_train, X_test, y_train, y_test = train_test_split(X_train,
y_train, test_size=0.1, random_state=42)
```

2.7.4 训练数据的过采样

需要记住的是,在我们的数据集中,仅有一小部分交易数据是诈骗数据,那些总将交易分为真实交易的模型具有较高的准确率。为了确保我们的模型能学习真正的关系,我们可以对训练数据进行过采样。

这就意味着我们需要在数据集中增加些诈骗交易的数据,直到诈骗数据量和真实交易数据量相同。

提示:
imblearn 是针对这类任务的非常有价值的库,这个库中包含 SMOTE 函数。详见 scikit-learn 网站。

合成少数类过采样技术(Synthetic Minority Over-sampling TEchnique,SMOTE)是非常聪明有效的过采样技术。这个技术试图创建新的采样数据,同时维护不同类别的决策边界。我们可以使用 SMOTE 来过采样,运行如下代码:

```
From imblearn.over_sampling import SMOTE
sm = SMOTE(random_state=42)
X_train_res, y_train_res = sm.fit_sample(X_train, y_train)
```

2.7.5 构建模型

我们已经成功解决了机器学习的关键点，现在终于到了构建模型的时刻。正如第 1 章所述，我们需要通过如下代码导入 Keras 模块：

```
from keras.models import Sequential
from keras.layers import Dense, Activation
```

实际上，很多结构化数据的问题都需要设置很低的学习速率。为了给基于梯度下降的优化器设置学习速率，我们需要引入优化器模块。具体执行如下代码：

```
from keras.optimizers import SGD
```

（1）创建简单的基线

在我们投身更加复杂先进的模型时，更聪明的做法是从一个简单的逻辑回归基线开始。这是为了确保模型可以被成功地训练。

为了创建一个简单的基线，我们需要执行如下代码：

```
model = Sequential()
model.add(Dense(1, input_dim=9))
model.add(Activation('sigmoid'))
```

你可以看到一个简单的逻辑回归器，类似于一层神经网络：

```
model.compile(loss='binary_crossentropy',
              optimizer=SGD(lr=1e-5),
              metrics=['acc'])
```

这里，我们需要编译模型。对于随机梯度下降，不是仅仅传递 SGD 参数来描述优化器，我们需要构建一个 SGD 实例，这个实例的学习速率设置为 0.00001。在本例中，我们使用 F_1 分数来评价模型，并不需要跟踪准确率。然后，它也显示出一些有趣的行为，如以下代码所示：

```
model.fit(X_train_res,y_train_res,
          epochs=5,
          batch_size=256,
          validation_data=(X_val,y_val))
```

注意，我们通过创建一个包含数据和标签的二元组来将验证集数据传递给 Keras。我们将会对训练模型 5 遍：

```
Train on 3331258 samples, validate on 185618 samples Epoch 1/5
3331258/3331258 [==============================] - 20s 6us/step - loss:
3.3568 - acc: 0.7900 - val_loss: 3.4959 - val_acc: 0.7807 Epoch 2/5
3331258/3331258 [==============================] - 20s 6us/step - loss:
3.0356 - acc: 0.8103 - val_loss: 2.9473 - val_acc: 0.8151 Epoch 3/5
3331258/3331258 [==============================] - 20s 6us/step - loss:
2.4450 - acc: 0.8475 - val_loss: 0.9431 - val_acc: 0.9408 Epoch 4/5
3331258/3331258 [==============================] - 20s 6us/step - loss:
2.3416 - acc: 0.8541 - val_loss: 1.0552 - val_acc: 0.9338 Epoch 5/5
3331258/3331258 [==============================] - 20s 6us/step - loss:
2.3336 - acc: 0.8546 - val_loss: 0.8829 - val_acc: 0.9446
```

需要注意几个事情：第一，我们在大约 330 万个采样数据上进行训练，这个采样数据的数量比我们开始拥有的要多，数量的增多源于我们在前面所讲的过采样；第二，训练数据集的准确率明显低于验证数据集的准确率，这是因为训练数据集是均衡的，而验证数据集并不是。

我们通过在训练数据集中增加比现实中数量多的诈骗数据来实现过采样，这在前面已经讨论过，过采样可以使模型更好地检测诈骗。如果我们不进行过采样，模型将倾向于将所有的交易都分类为真实交易，因为训练数据集中的大部分交易数据都是真实的交易。

通过增加诈骗数据，我们让模型能够学习如何去区分诈骗情况。然而，我们希望在现实的数据上验证模型。因此，我们的验证数据集并没有包含任何人造的诈骗数据。

将所有数据分类为真实交易的模型在验证数据集上具有 99% 的准确率，但是在训练数据集上只有 50% 的准确率。对这种非均衡的数据集，准确率是一个有缺陷的指标。这个指标是半有效指标（half-descent proxy），且比损失更具有解释性，因此我们在 Keras 库中跟踪了这个指标。

正如在本章开头所讨论，为了评价模型，我们使用指标 F_1 分数。然而，Keras 并不能直接跟踪训练过程的 F_1 分数，因为 F_1 分数的计算有点慢，它将会以降低模型训练速度而收场。

提示：
记住，在非均衡数据集上的准确率可能会非常高，但是模型性能却有可能很差。

如果模型在非均衡的数据集上展现了非常高的准确率，远高于它在均衡训练数据集的准确率，那么并不能说明模型的性能很好。

比较在训练集上的性能与之前训练集的性能，类似地比较验证集上的性能与之前验证集上的性能。然后，需要格外比较训练集上的性能与验证集上的性能，尤其是在高度不均衡数据的时候。当然，如果你的数据是均衡的，那么比较验证集和训练集是一个判断过拟合的好方式。

现在，我们面临这样一个情况：我们可以在测试集上做预测来评估基线。我们使用 **model.predict** 来在测试集上进行预测：

```
y_pred = model.predict(X_test)
```

在评估基线之前，我们需要将模型呈现的概率调整为绝对预测。在例子中，我们将会把任何具有诈骗概率为 50%以上的交易划分为诈骗。为了实现上述目标，我们执行如下代码：

```
y_pred[y_pred > 0.5] = 1
y_pred[y_pred < 0.5] = 0
```

我们的 F_1 分数已经显著好于启发模型的结果。回过头看，你将会发现启发模型的 F_1 分数为 0.012121215551742895：

```
f1_score(y_pred=y_pred,y_true=y_test)
```

0.054384286716408395

通过画出混淆矩阵，我们能够看出基于特征的模型的性能的确比启发式模型要好：

```
cm = confusion_matrix(y_pred=y_pred,y_true=y_test)
plot_confusion_matrix(cm,['Genuine','Fraud'], normalize=False)
```

上述代码生成如图 2.5 所示的混淆矩阵。

如果想构建更加复杂、可以描述更加细微关系的模型，这个模型应该是什么样呢？那么让我们开始动手！

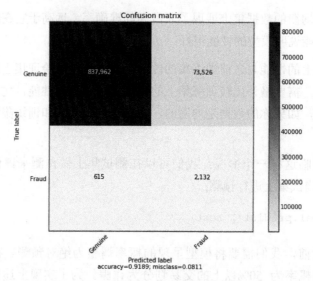

图 2.5 一个简单 Keras 模型的混淆矩阵

（2）构建更加复杂的模型

在已经创建了一个简单的基线之后，我们可以继续构建一个复杂的模型。下面的代码是一个两层网络的例子：

```
model = Sequential()
model.add(Dense(16,input_dim=9))
model.add(Activation('tanh'))
model.add(Dense(1))
model.add(Activation('sigmoid'))

model.compile(loss='binary_crossentropy',
              optimizer=SGD(lr=1e-5),
              metrics=['acc'])

model.fit(X_train_res,y_train_res,
          epochs=5, batch_size=256,
          validation_data=(X_val,y_val))

y_pred = model.predict(X_test)
y_pred[y_pred > 0.5] = 1
y_pred[y_pred < 0.5] = 0
```

在运行上述代码后，我们再次使用 F_1 分数作为基准：

```
f1_score(y_pred=y_pred,y_true=y_test)
```

0.087220701988752675

在本例中,这个复杂的模型表现要好于之前创建的简单基线模型。将交易数据映射为诈骗的函数是非常复杂的,但却可以通过深度网络来近似。

在本节中,我们已经针对诈骗检测问题构建和评价了简单神经网络模型和复杂神经网络模型。我们也非常小心地使用了验证集数据来测试样本外的性能。

依托于上面所有内容,我们可以构建更加复杂的神经网络。但是,接下来我们要学习现代企业部署的机器学习:树状方法。

2.8 基于决策树方法的简要入门

没有任何关于结构化数据的章节可以不提及树状方法,包括随机森林和 XGBoost。非常建议你学习这些技术,因为对结构化数据进行预测建模中,树状方法是非常成功的技术。但是,在更加艰巨的任务(例如图像识别和序列到序列模型)中,树状方法的性能并不怎么好,这也是本书其他部分并没有使用树状方法的原因。

提示:
为了更深入了解 XGBoost,请阅读 XGboost 文档页面中说明书(tutorial)。在网站 Tutorial 目录下有关于树状模型和梯度加速在理论和实践上是如何工作的介绍。

2.8.1 一个简单的决策树

树状方法的基本思想就是决策树,决策树通过区分数据来在结果中最大化差异。

我们假设一下 isNight 特征是诈骗检测的最优预测器。决策树就会根据交易是否发生在夜间来划分数据集。为了寻找诈骗检测的下一个最优预测器,决策树将会观察所有夜间发生的交易;决策树对白天的交易数据也做同样的事情。

scikit-learn 有便捷的决策树模块,我们通过运行以下代码来为数据创建一个决策树。

```
from sklearn.tree import DecisionTreeClassifier
dtree=DecisionTreeClassifier()
dtree.fit(X_train,y_train)
```

构建的决策树如图 2.6 所示。

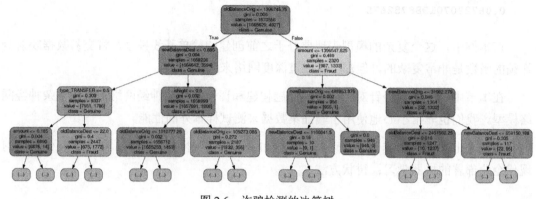

图 2.6 诈骗检测的决策树

就像我们所构建的模型，简单的决策树能够让我对数据有深刻的理解。例如，在我们的决策树中，最重要的特征是源账户的上期余额，因为它是树中的第一个节点。

2.8.2 随机森林

简单决策树的更高级版本就是随机森林，随机森林是决策树的集合。决策森林通过如下方式训练：利用训练数据的不同子集，在不同子集上训练决策树。

一般来说，这些子集并不包括训练数据集的每个特征。通过这种方式，不同的决策树适合数据的不同方面，可以通过集合方式来捕获更多信息。当创建了一定数量的决策树，他们预测的平均结果可以用于构建最终预测。

核心思想是不同树所展现的误差都不相关，于是可以通过使用不同树的方式来消除误差。你可以按照如下方式来创建和训练一个随机森林：

```
from sklearn.ensemble import RandomForestClassifier
rf = RandomForestClassifier(n_estimators=10,n_jobs=-1)
rf.fit(X_train_res,y_train_res)
```

你将注意到根据我们写的代码，随机森林比神经网络有较少的参数需要去调节。在本例中，我们仅指定评估器的数量，也就是森林中拥有的决策树数量。

参数 n_jobs 指定了我们希望随机森林中有多少决策树并行训练。注意，-1 表示跟 CPU 核数一样多。

```
y_pred = rf.predict(X_test)
f1_score(y_pred=y_pred,y_true=y_test)
0.8749502190362406
```

随机森林的性能比神经网络高出一个量级,因为它的 F_1 分数接近于最大值 1。图 2.7 所示的混淆矩阵显示随机森林可以有效降低假阳性的数量。

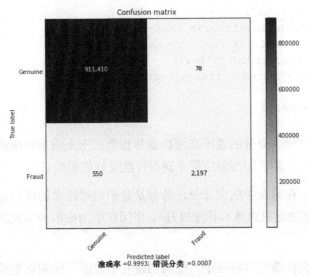

图 2.7 随机森林的混淆矩阵

像随机森林这样基础的学习技术一般在相对简单的问题上比深度学习具有更好的性能。这主要因为相对简单的关系和低维度的数据对于一个深度学习模型来说更难去学习,在深度学习模型中需要准确拟合多个参数来匹配这个简单的关系。

在本书后面的章节中,随着关系越来越复杂,深度学习的性能才能得以体现。

2.8.3 XGBoost

XGBoost 表示极端梯度提升(eXtreme Gradient Boosting),梯度提升的背后思想就是训练决策树,并让第二棵决策树在第一棵决策树有误差的数据上训练。

通过这种方法,可以增加很多层决策树,这样可以逐渐减少模型整体的错误数量。XGBoost 是一个高效地实现了梯度提升的热门库。

提示:
XGBoost 模型是默认安装在 Kaggle 内核上的。如果你想在本地运行这些示例程序,参见 XGBoost 手册来了解安装说明和更多的信息。

就像随机森林一样，梯度提升分类器可以通过 sklearn 来创建和训练。具体代码如下所示：

```
import xgboost as xgb
booster = xgb.XGBClassifier(n_jobs=-1)
booster = booster.fit(X_train,y_train)
y_pred = booster.predict(X_test)
f1_score(y_pred=y_pred,y_true=y_test)
```

0.85572959604286891

在这个任务上，梯度提升的性能与随机森林相当。一个通常采用的方法就是同时使用随机森林和梯度提升，并平均预测结果来获得性能更好的模型。

当今，机器学习在商业中的大部分任务都是基于相对简单的结构化数据。今天，我们学习的这些方法（诸如随机森林和梯度提升），也因此成为被很多实践者在实际生产中经常使用的标准工具。

在大部分企业级机器学习应用中，值的创建并不来源于仔细调整模型或者提出一个很酷的结构，而是源于大量数据和创建很好的特征。然而，随着任务更加的复杂，非结构化数据需要更多语义理解，这些工具就开始失效了。

2.9　E2E 模型

我们当前的方法依赖于工程化的特征。正如我们在本章开头所讨论的，一个替代的方法就是 E2E 模型。在 E2E 模型中，交易的原始数据和结构化数据都会被使用。这包括交易的文本描述，从监视 ATM 的摄像头中产生的视频流或者其他数据源。如果你有更丰富的数据可用，E2E 模型比特征工程方法更成功。

为了成功使用 E2E 模型来训练数据并获得有效的结果，我们需要使用数以百万计的实例数据。然而，这是获得让人可接受的结果的唯一方式，尤其是在很难对规则进行编码的时候。人类可以识别图片中的内容，但是却很难提出能够区分这些内容的规则，这也是 E2E 发挥功效的地方。

在本章所使用的数据集中，我们并没有使用很多数据，但是本书后面章节将会介绍各种 E2E 模型。

2.10 练习

如果你要访问 Kaggle 网站，请搜索结构化数据的比赛，例如 Titanic 竞赛。现在，你可以创建一个新的内核，做些特征工程，并试着构建一个预测模型。

通过在特征工程或者调整模型参数，你分别能提升多少性能？这个问题是否有 E2E 解决方案？

2.11 本章小结

在本章中，我们已经将结构化数据问题从原始数据变成了强大的、可信赖的预测模型。我们学习了启发式方法、特征工程方法、E2E 建模，也了解了评价方法和基线。

在第 3 章中，我们将会探索深度学习发挥功效的领域：计算机视觉。这里，我们展现计算机视觉的管道，从使用简单模型到深度模型配合功能强大的预处理软件。"看"的能力让计算机进入了一个全新的领域。

第 3 章
计算机视觉的应用

当 Snapchat 第一次推出新滤镜"跳舞的热狗"的时候,公司的股价一路飙升。然而,投资人对跳舞的热狗并不感兴趣,更吸引他们的实际上是 Snapchat 已经成功构建和使用了一种强大的计算机视觉技术。

Snapchat 应用不仅可以照相,还可以识别出照片中可以让热狗跳霹雳舞的表面,然后将热狗放置到这个地方。当用户移动手机时也可以让热狗保持在同一个地点持续跳舞。

尽管跳舞热狗是计算机视觉技术的一项很"傻"的应用,但是它成功地向世人展示了该技术的潜在可能性。当今的世界,从数以亿计的智能手机、监控设备、卫星到物联网(Internet of Things,IoT)设备,到处都充满摄像头,这也能够解释图片将会对消费者和生产商都有大有裨益。

计算机视觉让我们可以按比例观察和解释现实世界。你可以这样思考:没有分析师可以观看数百万张卫星图片来标记挖矿地点并跟踪他们的行为,但是对于计算机来说,这不仅可能,而且现实中已投入使用。

事实上,一些公司正在使用的是零售商汽车计算器,它对停车场的汽车数量进行统计,进而估计在特定时段应该销售哪些产品。

计算机视觉的另一个重要应用场景就是金融领域,特别是在保险领域。例如,保险员可能使用无人机飞过屋顶,并提前发现那些有可能变得愈发严重的问题。这也可以扩展到使用计算机视觉来检测那些已投保的厂房和设备。

再看看金融领域的另一个案例,遵守"了解你的客户"(Know Your Customer,KYC)规则的银行已经自动化后台处理和用户身份验证。在金融交易中,计算机视觉技术应用于技术分析领域,通过 K 线图来识别出新的模式。我们甚至可以使用整本书来介绍计算机视觉技术的实际应用。

本章将包含计算机视觉模型的主要部分,具体包括如下主题:

- 卷积层;
- 填充;
- 池化;
- 正则化以防止过拟合;
- 基于动量的优化;
- 批量归一化;
- 计算机视觉在分类之外更高级的架构;
- 各类库的说明。

在开始之前,让我们看看本章所使用的库。

- Keras:高级神经网络库和 TensorFlow 接口。
- TensorFlow:数据流编程和机器学习库,让我们可以实现基于 GPU 加速计算。
- scikit-learn:主流的机器学习库,该库实现了许多经典算法和评价工具。
- OpenCV:一个图片处理库,它可以实现基于规则的增强(rule-based augmentation)。
- NumPy:处理矩阵运算的 Python 库。
- seaborn:画图的库。
- tqdm:监测 Python 程序执行过程的工具。

需要说明的是,除了 OpenCV 之外的其他库都可以通过 pip 工具来安装,例如:

```
pip install keras
```

然而,OpenCV 需要更加复杂的安装流程。这已经不在本书讨论的范围,但安装信息都已经在线文档化,你可以通过 OpenCV 官网获得。

另外,需要说明的是 Kaggle 和谷歌的 Colab 都已经预装了 OpenCV。为了运行本章的例子程序,请确保你已经安装了 OpenCV,并可以通过下面代码导入:

```
import cv2
```

3.1 卷积神经网络

卷积神经网络（Convolutional Neural Network，CNN 或 ConvNet）是计算机视觉背后的驱动引擎。ConvNet 让我们在保持神经网络规模合理的同时使用和处理更大的图片。

卷积神经网络的命名源于数学运算，这个数学运算让卷积神经网络区别于一般的神经网络。卷积是描述一个矩阵在另一个矩阵上滑动运算的数学术语。我们将在第 3.1.1 节中讨论为什么卷积对 ConvNet 很重要，为什么"卷积"并不是一个最好的名字，为什么 ConvNet 应该被称为滤波器网络。

你也许会问，为什么叫滤波器网络？答案很简单，之所以 ConvNet 能有效工作，就是因为它使用了滤波器。

在第 3.1.1 节中，我们将会使用 MNIST 数据集。这个数据集是手写体数字的集合，这也是计算机视觉领域标准的"Hello World"应用。

3.1.1 过滤 MNIST 数据集

计算机在看图片的时候实际"看到"的是什么？图片像素的值在计算机中存储为一个数值。当计算机看到一个数字 7 的黑白图片时，它实际"看到"的类似于图 3.1 所示的数字集合。

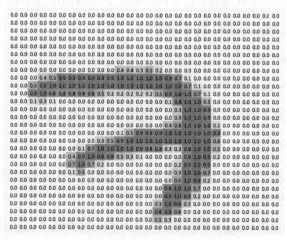

图 3.1 MNIST 数据集中的数字 7（英文手写形式）

上面是 MNIST 数据集中的一个例子，图片中的手写体数字被凸显出来使人们更容易看到图片中的数字。但是对于计算机来说，图片仅仅就是一组数字的集合。这也意味着我们可以在图片上做各种数学运算。

在检测数字的时候，有一些低级别的特征来构造数字。例如，在手写体中，数字 7 就是由一条垂直的竖线、一条在顶部的水平横线和一条穿过中间的水平横线组合而成，而数字 9 是由构成顶部圆形的四条曲线和一条直的竖线组成。

现在，我们可以介绍 ConvNet 背后的核心思想。我们使用小的过滤器来检测一些低级别的特征（例如竖线），通过将这个过滤器在整个图片上滑动来检测图片中所有竖线。

图 3.2 显示了一个竖线过滤器。为了检测图片中的竖线，我们需要在图片上移动这个 3×3 的矩阵过滤器。

1	0	-1
1	0	-1
1	0	-1

图 3.2　竖线滤波器

使用 MNIST 数据集时，我们从左上角开始切出 3 像素×3 像素的矩阵。在这个例子中，所有元素都为 0。

然后，我们对过滤器中所有元素与图片中切割出来的所有元素按照对应位置相乘。9 个乘积再相加，并加入偏移量。这个值作为过滤器的输出并作为一个新像素输入传递给下一层：

$$Z_1 = \sum A_0 F_1 + b_1$$

使用竖线过滤器后的输出结果如图 3.3 所示。

0	0	0	0	0	0	0	0	0	0	0	0	0	0	0	0	0	0	0	0	0	0	0	0	0	0
0	0	0	0	0	0	0	0	0	0	0	0	0	0	0	0	0	0	0	0	0	0	0	0	0	0
0	0	0	0	0	0	0	0	0	0	0	0	0	0	0	0	0	0	0	0	0	0	0	0	0	0
0	0	0	0	0	0	0	0	0	0	0	0	0	0	0	0	0	0	0	0	0	0	0	0	0	0
0	0	0	0	0	0	0	0	0	0	0	0	0	0	0	0	0	0	0	0	0	0	0	0	0	0
0	0	0	0	0	0	0	0	0	-0	-0	0	-0	0	0	0	0	0	0	0	0	0	0	0	0	0
0	-0	-1	-1	-0	0	0	0	0	-0	-0	0	-0	0	1	0	1	1	0	0	0	0	0	0	0	0
-1	-1	-1	-1	-0	0	0	0	0	-0	-0	0	-0	0	1	0	1	2	1	0	0	0	0	0	0	0
-1	-2	-1	-0	-0	0	0	0	1	0	-0	0	-0	-0	-1	-0	1	2	2	1	0	0	0	0	0	0
-2	-2	-0	1	0	0	0	0	1	0	0	0	0	-0	-1	-1	-1	1	2	2	1	0	0	0	0	0
-1	-1	0	1	0	0	0	0	1	0	0	0	0	-0	-1	-2	-2	-1	2	3	1	0	0	0	0	0
-0	-0	0	0	0	0	0	0	0	0	0	0	0	0	-0	-1	-3	-1	1	3	2	0	0	0	0	0
0	0	0	0	0	0	0	0	0	0	0	0	0	0	-0	-1	-3	-2	0	3	3	0	0	0	0	0
0	0	0	0	0	0	0	0	0	-0	-0	-1	-0	0	-1	-1	-2	-1	0	2	3	1	0	0	0	0
0	0	0	0	0	0	0	-0	-0	-1	-1	-1	-0	0	-1	-1	-1	-0	0	1	3	2	0	0	0	0
0	0	0	0	0	-0	-1	-1	-1	-1	-1	-1	-0	0	0	0	-1	-1	-0	1	3	2	0	0	0	0
0	0	0	0	-0	-1	-1	-1	-1	-0	0	0	1	0	1	1	-1	-2	-0	2	3	1	0	0	0	0
0	0	0	0	-1	-2	-1	-0	1	1	1	0	1	0	1	0	-2	-3	-0	2	3	1	0	0	0	0
0	0	0	0	-1	-2	-1	1	1	1	1	0	0	0	0	-1	-3	-2	0	3	3	0	0	0	0	0
0	0	0	0	-1	-1	0	1	1	0	0	0	0	0	0	-1	-3	-2	1	3	2	0	0	0	0	0
0	0	0	0	-0	-0	0	0	0	0	0	0	0	0	-1	-2	-2	-1	2	3	1	0	0	0	0	0
0	0	0	0	0	0	0	0	0	0	0	0	0	0	-2	-3	-1	1	3	2	0	0	0	0	0	0
0	0	0	0	0	0	0	0	0	0	0	0	0	-0	-3	-3	0	2	2	1	0	0	0	0	0	0
0	0	0	0	0	0	0	0	0	0	0	0	-0	-1	-3	-1	2	2	1	0	0	0	0	0	0	0
0	0	0	0	0	0	0	0	0	0	0	0	-0	-2	-2	0	2	2	0	0	0	0	0	0	0	0
0	0	0	0	0	0	0	0	0	0	0	0	-0	-1	-1	1	1	1	0	0	0	0	0	0	0	0

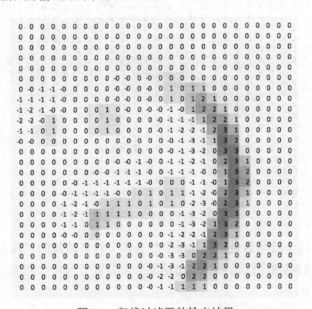

图 3.3　竖线过滤器的输出结果

我们花费一点时间来观察一下，竖线清晰可见，但横线却消失不见了，仅有个别痕迹被遗留下来。

另外，注意过滤器是如何从一侧来捕获竖线的，由于过滤器中左侧有高像素值，右侧有低像素值，输出结果中仅右侧呈现强正值。与此同时，竖线的左侧呈现了负值。这在实践中并不是一个很严重的问题，因为针对不同的直线和方向有多种不同的过滤器。

3.1.2 第二个过滤器

我们使用的竖线过滤器已经有效工作，但是我们也已经注意到需要过滤器来检测图片中的横线，进而识别出数字 7。

水平线过滤器如图 3.4 所示。

使用前面数字 7 的例子，我们可以在图片上滑动水平线过滤器，具体操作方式与竖线过滤器一致，产生结果如图 3.5 所示。

-1	-1	-1
0	0	0
1	1	1

图 3.4　一个水平线过滤器

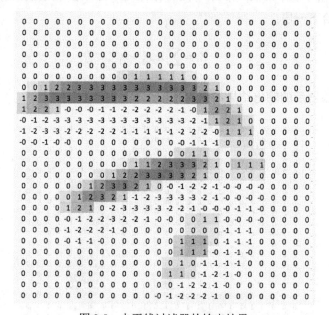

图 3.5　水平线过滤器的输出结果

让我们来看看这个过滤器是如何移除竖线并留下较多横线的。现在的问题是我们向下一层传递什么？我们将两个过滤器的输出结果一个叠置于另一个之上，构建成了一个三维矩阵，如图 3.6 所示。

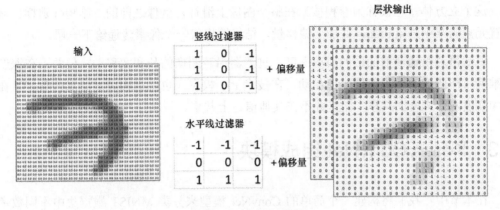

图 3.6　MNIST 卷积

通过增加多个卷积层，ConvNet 能够提取出更加复杂的语义特征。

3.2　彩色图片的过滤技术

当然，我们的过滤技术并不仅限应用于黑白图片。在这节中，我们来看看彩色图片。

大部分彩色图片由 3 层（或称信道）组成，一般是由一个红色信道、一个蓝色信道和一个绿色信道组成。当这 3 个信道彼此叠加的时候，它们整合创造了一个我们所知的传统彩色图片。

基于上面这个概念，那么图片就不是扁平化的，而是一个数据立方体，即一个三维矩阵。将这个思想和我们的目标结合，我们将会对彩色图像应用过滤器，并将过滤器同时应用于 3 个信道之上。因此，我们将会在两个三维矩阵上按照对应元素进行乘法操作。

我们 3×3 滤波器的深度为 3，共有 9 个参数，加上一个偏移量，如图 3.7 所示。

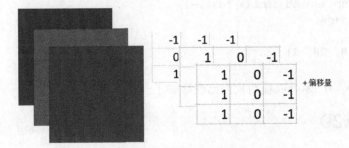

图 3.7　滤波器立方体（或称卷积核）的实例

这个立方体（也被称为卷积核）在整个图像上滑行，就像之前的二维矩阵那样。对应位置元素的乘积结果相加，并加上偏移量，结果输出成一个像素传递给下一层。

过滤器总是捕获前面层的所有深度。过滤器沿着图像的长和宽移动，但并不在深度这个维度（即图像的不同信道）上移动。在技术上，权重（也就是构成过滤器的数字）在宽度和高度两个维度上共享，但是并不在其他信道上共享。

3.3 Keras ConvNet 组成模块

在本节中，我们将构建一个简单的 ConvNet 模型来分类 MNIST 数据集中不同数字；与此同时，我们也学习组成现代 ConvNet 网络的不同组成部分。

我们可以从 Keras 库使用如下代码直接导入 MNIST 数据集：

```
from keras.datasets import mnist
(x_train, y_train), (x_test, y_test) = mnist.load_data()
```

数据集包括 60000 张 28 像素×28 像素的图片。MNIST 数据集是黑白图，因此数据形状并不包括多个信道：

```
x_train.shape
```

(60000, 28, 28)

让我们将在后面详细看彩色信道。但现在，让我们扩展数据维度来展示只有一个颜色的信道。我们可以执行如下代码：

```
import numpy as np
x_train = np.expand_dims(x_train,-1)
x_test = np.expand_dims(x_test,-1)
x_train.shape
```

(60000, 28, 28, 1)

执行上面代码，你可以看到我们已经增加了一个单颜色的信道。

3.3.1 Conv2D

现在，我们来看看 ConvNet 的关键部分：使用 Keras 库的卷积层。Conv2D 实际就是卷积层，包括一个 Conv2D 层和许多过滤器，代码如下所示：

```
from keras.layers import Conv2D
from keras.models import Sequential

model = Sequential()

img_shape = (28,28,1)

model.add(Conv2D(filters=6,
                 kernel_size=3,
                 strides=1,
                 padding='valid',
                 input_shape=img_shape))
```

当我们创建一个新的 Conv2D 层时，必须指定需要使用的过滤器数量和每个过滤器的大小。

(1) 过滤器的大小

过滤器的大小也叫作 kernel_size，因为单个过滤器有的时候也称为核（kernel）。如果我们仅指定一个数字作为过滤器的大小，Keras 将默认过滤器是方形。在本例中，我们的过滤器大小就是 3×3。

然后，我们可能通过向变量 kernel_size 传递二元组来指定非方形的过滤器。例如，我们通过代码 kernel_size = (3,4) 来指定一个 3×4 过滤器。然而，这种情况比较少见。在大部分情况中，过滤器的大小可能是 3×3，也可能是 5×5。根据经验，研究人员发现过滤器大小为 3×3 或 5×5 最容易产生好的性能结果。

(2) 步长大小

参数 strides 指定了步长大小，也就是卷积过滤器每次在图像上滑动的距离，这个图像一般是指特征图。在大多数情况中，过滤器按照像素移动，所以步长设置为 1。然而，有些研究人员广泛使用大步长来减少特征图的空间尺寸。

类似于 kernel_size，如果我们指定一个 strides 值，Keras 默认我们在横向和竖向上使用相同的步长，大部分情况也是这样的。如果我们在水平方向上使用步长为 1，垂直方向上使用步长为 2，我们可以通过向 strides 传递一个二元组来实现，代码如下 strides=(1,2)。和过滤器的情况类似，这种情况并不常见。

(3) 填充

最后，我们需要在卷积层上进行填充（padding）。填充围绕图像添加 0，以防止特征图尺寸缩小。

让我们考虑一个 5×5 特征图和 3×3 的过滤器。过滤器仅匹配特征图 9 次，因此我们输出一个 3×3 的特征图。这将减少我们在下一张特征图中可以获得的信息量大小，且输入特征图的外围像素也对具体任务具有贡献和意义。但过滤从不关注这些外围像素，它只在特征图上滑动一遍。

填充有 3 种方式：不使用填充（no padding）、相同填充（same padding）和有效填充（valid padding）。不填充如图 3.8 所示，相同填充如图 3.9 所示。

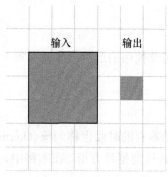

图 3.8　不填充（步长为 1）

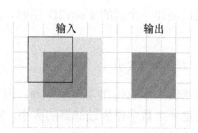

图 3.9　相同填充（步长为 1）

为了确保输出的大小与输入相同，我们可以使用相同的填充技术。然后，Keras 在输入特征图的周围填充足够多的 0 来保证图片的大小。但是，默认的填充设置是 valid，即有效填充，如图 3.10 所示。有效填充技术并不能保持特征图的大小，而是确保过滤器和步长可以适应输入特征图。

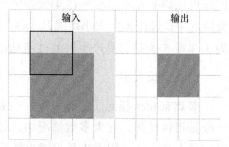

图 3.10　有效填充（步长为 2）

（4）输入形状

Keras 需要我们来指定输入形状，但这个形状仅仅需要在第一层指定。对于随后的层，Keras 将会根据前面的输出结果来推断出后面的输入形状。

（5）简化的 Conv2D 标记

前面层[①]的输入尺寸为 28×28×1，拥有 6 个大小为 2×2 的过滤器在输入图片上进行逐像

---

① 译者注：第一层。

素移动。指定同样层的通常做法是执行如下代码:

```
model.add(Conv2D(6,3,input_shape=img_shape))
```

过滤器的数量(这里是 6)和过滤器的大小(这里是 3)通过位置参数来进行设置,而 strides 和 padding 的默认设置分别为 1 和 valid。如果这个层是网络中比较深的层,我们甚至不需要去指定输入形状。

(6) ReLU 激活函数

卷积层仅做线性运算。组成图像的数字与过滤器按照对应位置相乘,这是一个线性运算。

为了近似更加复杂的函数,我们需要通过激活函数来引入非线性运算。计算机视觉领域最常用的激活函数就是修正线性单元(Rectified Linear Unit,ReLU),如图 3.11 所示。

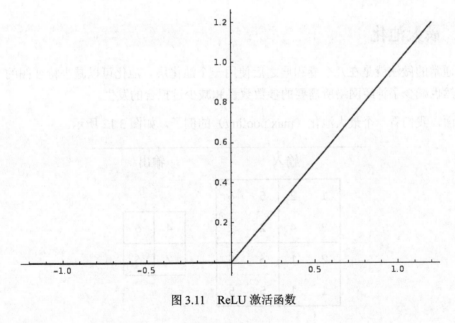

图 3.11　ReLU 激活函数

能够生成图 3.11 所示的 ReLU 函数被定义如下:

$$ReLU(x)=\max(x,0)$$

换句话说,ReLU 激活函数在输入为正数的时候返回输入值,在输入为负数的时候返回 0。这个简单的函数已经被证实非常有用,使梯度下降收敛得非常快。

通常会认为 ReLU 运行非常快，因为对于所有 0 以上的输入值的导数都是 1，它不会像 Sigmoid 和 tanh 激活函数那样在极端值处导数很小。

ReLU 函数在计算开销方面也比 Sigmoid 和 tanh 更小。ReLu 不需要使用哪些计算复杂、开销大的运算：对于输入小于 0 的值就输出 0，剩下的输入就直接输出。不幸的是，ReLU 激活函数有点脆弱且容易失效。

当梯度非常大，且向负方向移动多个权重的时候，那么 ReLU 的微分总是 0，权重不会获得更新。这也意味着一个神经元永远不会再次激活。但是，可以通过设置小的学习速率来缓解这种情况发生。

由于 ReLU 计算快且开销比较小，因此对于很多从业者来说，ReLU 是默认的激活函数。为了在 Keras 中使用 ReLU 激活函数，我们可以通过下面的代码在激活层中直接调用该名字作为期望的激活函数：

```
from keras.layers import Activation
model.add(Activation('relu'))
```

3.3.2 最大池化

最通常的做法就是在几个卷积层之后使用一个池化层。池化可以减少特征图的空间大小，当然也减少了神经网络所需要的参数数量和减少过拟合的发生。

下面，我们看一个最大池化（max pooling）的例子，如图 3.12 所示。

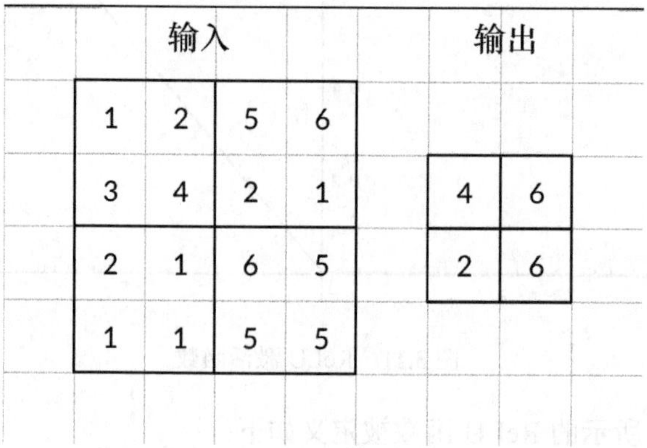

输入				输出	
1	2	5	6		
3	4	2	1	4	6
2	1	6	5	2	6
1	1	5	5		

图 3.12　最大池化

最大池化可以返回一个池中的最大元素。这个与平均池化（average pooling）不同，平均池化可以返回池中所有元素的平均值。一般来看，最大池化的性能要比平均池化要好，因此也是实践者最常用的配置。

最大池化可以通过下面代码实现：

```
from keras.layers import MaxPool2D

model.add(MaxPool2D(pool_size=2,
                    strides=None,
                    padding='valid'))
```

当在 Keras 使用 MaxPooling2D 作为最大池化层的时候，我们需要指定期望的池大小。最经常使用的池大小是 2 像素×2 像素，就像使用 Conv2D 层一样，我们也可以描述步长大小。

这个池化层的默认步长为 None。在这种情况下，Keras 设置步长大小为池子的大小。换句话说，不同池子之间相互毗邻，但是没有交叠。

我们也可以指定填充，valid 为默认选项。但是，对于池化层选择相同填充是非常罕见的，因为池化层往往用于减少特征图的空间大小。

我们的 MaxPooling2D 层采用 2 像素×2 像素的、相互毗邻但却不重叠的池子，这个层返回池子中最大的元素。描述相同层的通常做法就是执行下面的代码：

```
model.add(MaxPool2D(2))
```

在这种情况下，strides 和 padding 都设置成默认值，即分别为 None 和 valid。一般来说，池化层之后没有激活函数，因为池化层并不做线性运算。

3.3.3 Flatten 层

你可能注意到我们的特征图是三维的，而期望的输出是用一维的向量记录 10 个类中每一个类别的概率。那么，我们如何将三维数据降到一维数据？我们使用 Flatten 将特征图扁平化处理。

Keras 的 Flatten 运算类似于 NumPy 库的 flatten 运算，输入一批维度为 (batch_size,height,width,channels) 的特征图，输出一系列向量集，向量的维度为（batch_size,height×width×channels）。

Flatten 并不进行计算而是改变矩阵的形状，因而不需要针对这个操作设置任何超参，如下面代码所示：

```
from keras.layers import Flatten

model.add(Flatten())
```

3.3.4 Dense 层

ConvNet 一般都由特征提取部分、卷积层、分类部分组成。分类部分是由简单的全连接层构成,这部分内容已经在第 1 章和第 2 章中讨论过。

为了区分 plain 层和其他类型的层,我们也将它们称为 Dense 层(Dense layer)。在 Dense 层中,每个输入神经元都链接到一个输出神经元。我们仅需要指定期望的输出神经元数量;在本例中是 10。

可以通过如下代码来实现上述目标:

```
from keras.layers import Dense
model.add(Dense(10))
```

经过 Dense 层的线性运算之后,我们给多分类回归问题添加一个 softmax 激活函数,就像我们前两章所做那样,具体执行如下代码:

```
model.add(Activation('softmax'))
```

3.3.5 训练 MNIST

现在我们综合所有内容,在 MNIST 数据集上训练 ConvNet。

(1) 模型

首先,我们需要指定模型,具体执行下面代码:

```
from keras.layers import Conv2D, Activation, MaxPool2D, Flatten, Dense
from keras.models import Sequential
img_shape = (28,28,1)
model = Sequential()
model.add(Conv2D(6,3,input_shape=img_shape))
model.add(Activation('relu'))
model.add(MaxPool2D(2))
model.add(Conv2D(12,3))
model.add(Activation('relu'))
model.add(MaxPool2D(2))
model.add(Flatten())
model.add(Dense(10))
model.add(Activation('softmax'))
```

在下面的代码中,我们可以看到典型的 ConvNet 的结构:

Conv2D

Pool

Conv2D

Pool

Flatten

Dense

卷积层和池化层一般都是同时使用。有时你甚至可以看到神经网络数十次重复着 Conv2D 和 MaxPool2D 组合。

我们可以通过下面代码获得模型的整体结构:

```
model.summary()
```

产生如下输出结果:

Layer (type)	Output Shape	Param #
conv2d_2 (Conv2D)	(None, 26, 26, 6)	60
activation_3 (Activation)	(None, 26, 26, 6)	0
max_pooling2d_2 (MaxPooling2D)	(None, 13, 13, 6)	0
conv2d_3 (Conv2D)	(None, 11, 11, 12)	660
activation_4 (Activation)	(None, 11, 11, 12)	0
max_pooling2d_3 (MaxPooling2D)	(None, 5, 5, 12)	0
flatten_2 (Flatten)	(None, 300)	0
dense_2 (Dense)	(None, 10)	3010
activation_5 (Activation)	(None, 10)	0

```
Total params: 3,730
Trainable params: 3,730
Non-trainable params: 0
```

在这个结构中,你可以清晰地看到池化层是如何减少特征图的大小的。单独从这个摘要结构并不是特别清晰地看出,但你可以看到第一个 Conv2D 层的输出是 26 像素×26 像素特征图,而输入图片是 28 像素×28 像素图片。

经过有效填充,Conv2D 也减少了特征图的大小,虽然减少的程度有限。同样的事情发生在第二个 Conv2D 层上,它将特征图的大小从 13 像素×13 像素降低到 11 像素×11 像素。

你也可以看到第一个卷积层仅有 60 个参数,而 Dense 层有 3010 个参数,约是卷积层参数的 50 倍。卷积层使用很少的参数却取得了惊人的成绩,这也是为什么卷积神经网络如此流行。网络中参数的总数量可以通过卷积层和池化层大幅的减少。

(2)加载数据

我们所使用的 MNIST 数据集在 Keras 中已预装。在加载数据的时候,如果你想从 Keras 直接使用 MNIST 数据集,要先确保你已经连接互联网,因为 Keras 需要先下载数据。

你可以通过如下代码导入数据集:

```
from keras.datasets import mnist
(x_train, y_train), (x_test, y_test) = mnist.load_data()
```

正如本章开头所述,我们需要改变数据集的形状,让它也有一个信道维度。但是数据集本身并没有这个信道的维度,可以通过如下代码看出:

```
x_train.shape
```

```
(60000, 28, 28)
```

我们使用 NumPy 增加一个信道维度,使用如下代码:

```
import numpy as np

x_train = np.expand_dims(x_train,-1)

x_test = np.expand_dims(x_test,-1)
```

现在,数据已经有了一个信道维度,如下所示:

```
x_train.shape
```

```
(60000, 28, 28,1)
```

（3）编译和训练

在前面的章节中，我们针对多类回归问题使用了 one-hot 编码技术。尽管已经改变了数据集的形状，但目标结果仍然是原来的数据结构。目标数据是一个扁平向量，该向量包含每类手写体数字的数值描述[①]。请记住，我们在 MNIST 数据集中有 60000 个这样的数据：

```
y_train.shape
```

```
(60000,)
```

对目标数据使用 one-hot 编码来进行变形是一个非常高频但却有点烦人的工作，因此 Keras 允许我们通过损失函数来将目标数据即时转变为 one-hot 编码。损失函数被称为 sparse_categorical_crossentropy。

它跟前面章节中使用的分类交叉熵损失函数类似，唯一差别在于这个损失函数使用稀疏（即非 one-hot 编码）的目标数据。

像之前一样，你需要确保自己的网络模型输出的维度与类别数量一致。

现在，我们可以编译模型，通过如下代码实现：

```
model.compile(loss='sparse_categorical_crossentropy',
              optimizer='adam',
              metrics=['acc'])
```

如你所见，我们使用了 Adam 优化器。Adam 的具体工作原理在 3.4 节中会详细讨论。但是现在，你可以将它认为是一个比随机梯度下降更加复杂的函数。

在训练的时候，我们直接指定 Keras 中的一个验证集，具体代码如下：

```
history = model.fit(x_train,
                    y_train,
                    batch_size=32,
                    epochs=5,
                    validation_data=(x_test,y_test)
```

---

① 译者注：就是每类的概率。

上面代码成功运行后，我们获得如下结果：

```
Train on 60000 samples, validate on 10000 samples
Epoch 1/10

60000/60000 [==============================] - 19s 309us/step - loss:
5.3931 - acc: 0.6464 - val_loss: 1.9519 - val_acc: 0.8542
Epoch 2/10

60000/60000 [==============================] - 18s 297us/step - loss:
0.8855 - acc: 0.9136 - val_loss: 0.1279 - val_acc: 0.9635
...
Epoch 10/10

60000/60000 [==============================] - 18s 296us/step - loss:
0.0473 - acc: 0.9854 - val_loss: 0.0663 - val_acc: 0.9814
```

为了更好地了解训练过程中到底发生了什么，我们使用下面的代码画出具体的训练过程：

```
import matplotlib.pyplot as plt

fig, ax = plt.subplots(figsize=(10,6))
gen = ax.plot(history.history['val_acc'], label='Validation Accuracy')
fr = ax.plot(history.history['acc'],dashes=[5, 2], label='Training Accuracy')

legend = ax.legend(loc='lower center', shadow=True)

plt.show()
```

生成结果如图 3.13 所示。模型在验证集上取得了 98% 的准确率，这是一个非常不错的结果。

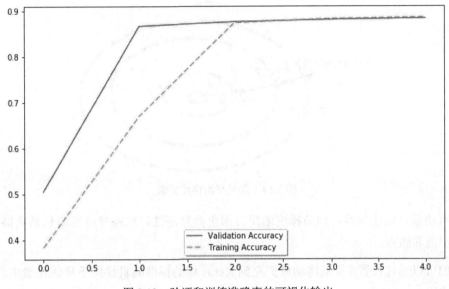

图 3.13 验证和训练准确率的可视化输出

3.4 神经网络的延展

让我们花一点时间来看看神经网络模型中的其他部分。

3.4.1 动量

在前面的章节中,我们已经从下面这个角度来解释梯度下降:一个人沿着下坡方向寻找下山的路。动量可以类比成物理现象来解释:一个球沿同一座山滚下,球在山上的一个小颠簸并不会让其以完全相反的方向滚动。球已经获得一些动量,这意味着它的运动会受之前运动的影响。

我们不直接使用梯度来更新模型的参数,而使用指数加权移动平均来更新模型参数。使用离群梯度来更新参数,然后使用移动平均法来处理,这将平滑离群梯度并捕获梯度的大体方向,如图 3.14 所示。

指数加权移动平均是一个非常聪明的数学技术,它用于在不需要记录前面值的情况下计算移动平均。值 θ 的指数加权平均 V 计算如下:

$$V_t = \beta \cdot V_{t-1} + (1-\beta) \cdot \theta_t$$

β 值为 0.9 意味着 90% 的均值来源于之前的移动平均 V_{t-1},只有 10% 来源于新的值 θ_t。

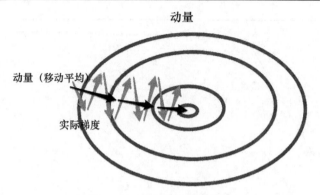

图 3.14 动量平滑梯度更新

使用动量可以让学习在预防梯度陷阱方面更具鲁棒性，这些梯度陷阱包括离群梯度、局部最小值和鞍点。

我们可以通过设置 β 值来将动量扩充到 Keras 库的标准随机梯度下降优化器中。具体执行如下代码：

```
from keras.optimizers import SGD
momentum_optimizer = SGD(lr=0.01, momentum=0.9)
```

这个程序片段创建了一个随机梯度下降优化器，学习速率为 0.01，β 值为 0.9。在我们编译模型的时候可以使用这个优化器，具体执行如下代码：

```
model.compile(optimizer=momentum_optimizer,
              loss='sparse_categorical_crossentropy',
              metrics=['acc'])
```

3.4.2　Adam 优化器

早在 2015 年，Diederik P. Kingma 和 Jimmy Ba 创建了自适应动量估计（Adaptive momentum estimation，Adam）优化器。这是另一种让梯度下降更高效工作的方法。在过去的几年里，这个方法展现了很好的性能，也因此成为众多从业者的默认标准选择。例如，我们就将它运用在 MNIST 数据集上。

首先，Adam 优化器计算梯度的指数加权移动平均，就像动量优化器那样。具体使用下面的公式实现这个目标：

$$V_{dW} = \beta_1 \cdot V_{dW} + (1-\beta_1) \cdot dW$$

然后，计算梯度平方的指数加权移动平均：

$$S_{dW} = \beta_2 \cdot S_{dW} + (1-\beta_2) \cdot dW^2$$

更新模型参数如下：

$$W = W - \alpha \frac{V_{dW}}{\sqrt{S_{dW}} + \varepsilon}$$

其中，ε 是一个避免除数为 0 的小数。

当梯度非常大的时候，除数是 S_{dW} 的算术平方根可以减少更新速度。它可以稳定学习过程，因为学习算法不会受异常值影响从而偏离原来的轨迹。

使用 Adam 优化器，我们有一个新的超参。不仅仅是设置一个动量因子 β，我们有两个 β_1 和 β_2。β_1 和 β_2 的推荐参数分别为 0.9 和 0.999。

我们可以像下面这样使用 Keras 库的 Adam 优化器：

```
from keras.optimizers import adam

adam_optimizer=adam(lr=0.1,
            beta_1=0.9,
            beta_2=0.999,
            epsilon=1e-08)

model.compile(optimizer=adam_optimizer,
            loss='sparse_categorical_crossentropy',
            metrics=['acc'])
```

正如你所见，我们可以传递 adam 字符串作为优化器去编译模型。在这种情况下，Keras 将会为我们创建一个 Adam 优化器并选择推荐值作为参数。

3.4.3 正则化（regularization）

正则化是一项用于避免过拟合的技术。过拟合是模型过度地拟合了训练数据，结果却并没有很好地泛化到实用开发和测试数据。你也可能看到过拟合有时也被称为"高方差"（high variance），同时欠拟合也被称为"高偏移"（high bias），它也在训练、实用开发和测试数据上取得较差的性能。

在传统的统计学习中，大家更关注偏移-方差的权衡问题。争论主要在于，模型对训练数据集拟合得太好容易造成过拟合，我们需要接受某种程度的欠拟合（偏移），进而获得更好的结果。在经典的统计学习中，用于防止过拟合的超参也经常用于防止训练数据集拟合得太好。

神经网络中的正则化主要借鉴于经典学习算法。但是，现在机器学习研究已经开始拥抱并接受"正交性"这个概念。正交性这个概念采用不同的超参来影响偏移和方差。

通过分割这些超参，偏移和方差的权衡问题就得到了解决，我们可以获得既可以很好地泛化、也可以产生预测准确的模型。然而，迄今为止这些努力仅获得了很小的回报，因为低方差和低偏移的模型需要大量的训练数据。

1. L2 正则化

L2 正则化是解决过拟合的流行技术。L2 正则化将权重平方的和加到损失函数中。一个例子如下所示：

$$L_{\text{Regularized}}(W) = L(W) + \frac{\lambda}{2N}\sum W^2$$

其中，N 是训练实例的数量；λ 是正则化的超参，它决定了我们期望正则化的量，这个参数一般设置为 0.01。

将这个正则化加到损失函数意味着高权重增加了损失，算法有动力来减少权重。那些接近于 0 的小权重意味着神经网络并不太依赖于这些权重。

因此，正则化算法不太依赖于每个单独的特征和每个节点的激活，而是具有更加全局化的视角，考虑许多的特征和激活。这将会防止算法发生过拟合。

2. L1 正则化

L1 正则化与 L2 正则化非常相似。但是与 L2 正则化将平方和加到损失函数不同，L1 正则化将绝对值的和加到了损失函数中，如下面所示：

$$L_{\text{Regularized}}(W) = L(W) + \frac{\lambda}{2N}\sum \|W\|$$

在实践中，这两个正则化技术到底哪个效果更好还不太确定，但是它们之间的区别并不是特别大。

3. Keras 中的正则化

在 Keras 库中，那些作用于权重的正则化模块叫作 kernel_regularizer，作用于偏移的正则化模块叫作 bias_regularizer。你也可以使用正则化模块 activity_regularizer 直接作用于每个节点的激活，来防止这些节点被剧烈激活。

从现在开始，我们将 L2 正则化加入到网络模型中。为此，我们需要执行如下代码：

```python
from keras.regularizers import l2
model = Sequential()
model.add(Conv2D(6,3,input_shape=img_shape, kernel_regularizer=l2(0.01)))
model.add(Activation('relu'))
model.add(MaxPool2D(2))
model.add(Conv2D(12,3,activity_regularizer=l2(0.01)))
model.add(Activation('relu'))
model.add(MaxPool2D(2))
model.add(Flatten())
model.add(Dense(10,bias_regularizer=l2(0.01)))
model.add(Activation('softmax'))
```

在 Keras 中第一个卷积层设置 kernel_regularizer，这意味着对权重进行正则化。设置 bias_regularizer 来正则化偏移，设置 activity_regularizer 来正则化某层的激活。

在下面的例子中，正则化模块已经被关闭，实际上正则化对这个网络模型的性能是不利的。正如你从前面训练结果可以看到，我们的网络实际上并没有过拟合，所以设置正则化模块将影响性能，导致模型学习不足。

从下面输出可以看出，这个例子中的模型在验证集上取得了约为 87% 的准确率。

```python
model.compile(loss='sparse_categorical_crossentropy',
              optimizer = 'adam',
              metrics=['acc'])

history = model.fit(x_train,
                    y_train,
                    batch_size=32,
                    epochs=10,
                    validation_data=(x_test,y_test))
```

```
Train on 60000 samples, validate on 10000 samples

Epoch 1/10

60000/60000 [==============================] - 22s 374us/step - loss:
7707.2773 - acc: 0.6556 - val_loss: 55.7280 - val_acc: 0.7322
Epoch 2/10

60000/60000 [==============================] - 21s 344us/step - loss:
20.5613 - acc: 0.7088 - val_loss: 6.1601 - val_acc: 0.6771
...
Epoch 10/10
```

```
60000/60000 [==============================] - 20s 329us/step - loss: 
0.9231 - acc: 0.8650 - val_loss: 0.8309 - val_acc: 0.8749
```

模型在验证集上取得的准确率比在训练集上高,这是欠拟合的典型信号。

3.4.4 失效(dropout)

正如 Srivastava 等人 2014 年发表的论文题目所展示的那样,失效(dropout)是一个非常简单防止神经网络过拟合的方式①。它通过从神经网络中随机删除节点来实现这个目标,如图 3.15 所示。

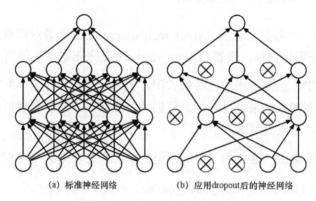

图 3.15 dropout 方法的示意图(源于 Srivastava 等人于 2014 年发表的论文)

在使用 dropout 的情况下,每个节点以小概率将它的激活集设置为 0,这就意味着学习算法不再会严重依赖于某个节点。这非常像 L2 正则化和 L1 正则化技术,dropout 技术也因此具有正则化的效果。

在 Keras 库中,Dropout 是一种新类型的层。Dropout 放置在你想应用在激活层的后面。它用于继续传递激活结果;但有的时候 Dropout 设置激活层为 0,这跟 Dropout 直接在神经元(cell)中设置能取得同样的效果。我们可以通过如下代码看出:

```
from keras.layers import Dropout
model = Sequential()

model.add(Conv2D(6,3,input_shape=img_shape))
model.add(Activation('relu'))
model.add(MaxPool2D(2))

model.add(Dropout(0.2))
```

---

① 译者注:这也是论文的题目,原文为"Dropout is A Simple Way to Prevent Neural Networks from Overfitting"。

3.4 神经网络的延展

```
model.add(Conv2D(12,3))
model.add(Activation('relu'))
model.add(MaxPool2D(2))

model.add(Dropout(0.2))

model.add(Flatten())

model.add(Dense(10,bias_regularizer=l2(0.01)))

model.add(Activation('softmax'))
```

如果过拟合非常严重，那么 Dropout 设置为 0.5 是一个非常不错的选择；但大于 0.5 的值并不是非常有益处，因为神经网络将具有很少的节点去使用。在本例中，我们设置 Dropout 值为 0.2，这就意味着每个神经元（cell）有 20%的可能被设置为 0。

注意 Dropout 需要在池化之后使用：

```
model.compile(loss='sparse_categorical_crossentropy',
              optimizer = 'adam',
              metrics=['acc'])

history = model.fit(x_train,
                    y_train,
                    batch_size=32,
                    epochs=10,
                    validation_data=(x_test,y_test))
```

Train on 60000 samples, validate on 10000 samples

Epoch 1/10

60000/60000 [==============================] - 22s 371us/step - loss: 5.6472 - acc: 0.6039 - val_loss: 0.2495 - val_acc: 0.9265

Epoch 2/10

60000/60000 [==============================] - 21s 356us/step - loss: 0.2920 - acc: 0.9104 - val_loss: 0.1253 - val_acc: 0.9627
...
Epoch 10/10

60000/60000 [==============================] - 21s 344us/step - loss: 0.1064 - acc: 0.9662 - val_loss: 0.0545 - val_acc: 0.9835

较小的 dropout 值给我们带来了很好的结果，神经网络在验证集的结果比在训练集上更好，这也是欠拟合发生的明显信号。注意 dropout 仅发生在训练阶段，当模型用于预测时，dropout 并不起任何作用。

3.4.5　批归一化（BatchNorm）

BatchNorm 是英文"Batch Normalization"的简写，它是将输入数据归一化，并按批输入到层中。每个 batchnorm 计算数据的平均和标准差，并进行变形处理以使输入数据的均值为 0，标准差为 1。

这会使训练更加容易，因为损失函数面更加圆滑。不同的均值标准差和不同的输入维度意味着网络需要学习一个更加复杂的函数。

在 Keras 中，BatchNormalization 也是一个新层，如下面代码所示：

```
from keras.layers import BatchNormalization

model = Sequential()

model.add(Conv2D(6,3,input_shape=img_shape))
model.add(Activation('relu'))
model.add(MaxPool2D(2))

model.add(BatchNormalization())
model.add(Conv2D(12,3))
model.add(Activation('relu'))
model.add(MaxPool2D(2))

model.add(BatchNormalization())

model.add(Flatten())

model.add(Dense(10,bias_regularizer=l2(0.01)))

model.add(Activation('softmax'))
model.compile(loss='sparse_categorical_crossentropy',
              optimizer = 'adam',
              metrics=['acc'])

history = model.fit(x_train,
      y_train,
      batch_size=32,
      epochs=10,
      validation_data=(x_test,y_test))
```

```
Train on 60000 samples, validate on 10000 samples
Epoch 1/10
60000/60000 [==============================] - 25s 420us/step - loss:
0.2229 - acc: 0.9328 - val_loss: 0.0775 - val_acc: 0.9768
Epoch 2/10
60000/60000 [==============================] - 26s 429us/step - loss:
0.0744 - acc: 0.9766 - val_loss: 0.0668 - val_acc: 0.9795
...
Epoch 10/10
60000/60000 [==============================] - 26s 432us/step - loss:
0.0314 - acc: 0.9897 - val_loss: 0.0518 - val_acc: 0.9843
```

BatchNorm 通过让模型更简单来实现加速训练。在图 3.16 中，你可以看到在第 1 轮中准确率得到了快速跳升。

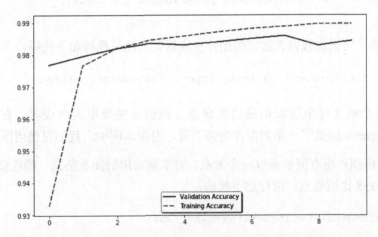

图 3.16 使用 BatchNorm 的 MNIST 分类器在训练集和验证集的准确率

BatchNorm 也起到了适当的正则化的效果。极端值往往被过度拟合，BatchNorm 减少了极端值的产生，类似于主动正则化。所有这些优势让 BatchNorm 成为一个计算机视觉领域非常热门的工具。

3.5 采用大图片数据集

图像一般都是大文件。实际上，你都不能将整个图片数据集放置到内存（RAM）中。

因此，我们需要及时地从磁盘中加载图片，而不是预先加载所有图片。在本节中，我们将要构建一个图片数据生成器，可以在线及时加载图片。

这里将会使用植物种子的数据集，这个数据集是 Thomas Giselsson 等人于 2017 年在所发表的题为"A Public Image Database for Benchmark of Plant Seedeing Classification Algorithms"的论文中所提供的数据集。

你可能疑惑我们为什么使用植物种子数据，毕竟植物分类并不是金融领域会经常遇到的问题。一个简单的答案就是这个数据集可以展现很多计算机视觉通用技术，也允许在开放域授权（open domain license）下使用。因此，这是可我们可用的非常好的训练集。

对于那些期望在更相关数据集上验证自己所学知识的读者可以参考 State Farm Distracted Driver 数据集和 Planet: Understanding the Amazon from Space 数据集。

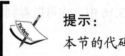

提示：
本节的代码和数据可以在 Kaggle 平台上找到。

Keras 提供了可以加载内存数据的图片生成器。为此，执行如下代码：

```
from keras.preprocessing.image import ImageDataGenerator
```

为获得一个从文件中读取信息的生成器，我们首先要指定生成器。在 Keras 中，ImageDataGenerator 提供了一系列图片增强工具。但在本例中，我们仅使用图片缩放功能。

缩放功能将图片所有值都乘以一个常数。对于最常用的图片格式，颜色值从 0 到 255，我们期望按 1/255 比例缩放。执行如下代码：

```
imgen = ImageDataGenerator(rescale=1/255)
```

然而，这还不是加载图片的生成器。ImageDataGenerator 类提供了一系列生成器，这些生成器可以通过调用函数来创建它们。

为了创建加载文件的生成器，我们需要调用 flow_from_directory。

我们需要指定 Keres 所使用的目录、期望的 batch 值（本例子中为 32）、图片尺寸缩放后的目标大小（本例子中为 150 像素×150 像素）。为了实现上述目标，我们运行下面的代码：

```
train_generator = imgen.flow_from_directory('train',
                                             batch_size=32,
                                             target_size=(150,150))
```

```
validation_generator = imgen.flow_from_directory('validation',
                                                  batch_size=32,
                                                  tar get_size=(150,150))
```

Keras 如何找到图片，如何知道图片到底应该属于哪一类？Keras 生成器期望的文件目录格式如下：

- Root
  - Class 0
    - img
    - img
    - …
  - Class 1
    - img
    - img
    - …
  - Class 2
    - …

我们的数据集已经按照上述方式创建，将图片排序进而匹配生成器期望的格式也很容易做到。

3.6 采用预训练模型

训练大的计算机视觉模型不仅难，而且计算开销较大。因此，人们经常使用那些针对其他用途预先训练好的模型，并精细调整模型来实现新的目标，这也是迁移学习的 例子。

迁移学习的目标是将从一个任务中学习到的知识转移到另一个任务中，人类就非常善于将所学的知识进行迁移。当你看到一只之前并没有见过的狗时，不需要针对这只特定的狗重新学习所有细节。反之，你将学到的新知识迁移到你对狗的已有认知中。每次重新训练一个大网络模型并不经济，因为你总可以看到模型的某些部分可以被复用。

在本节中，我们将微调 VGG16 模型，这个模型原先训练在 ImageNet 数据集。ImageNet

比赛是计算机视觉领域的年度赛事，ImageNet 数据集由数以百计的现实物体的图片组成，从狗到飞机都有涉猎。

在 ImageNet 比赛中，研究人员努力构建更加准确的模型。实际上，ImageNet 已经在过去的时间里驱动了计算机视觉的长足发展；为了参加 ImageNet 比赛而构建的模型是为其他目的而微调模型的基础。

VCG16 是牛津大学视觉几何研究小组开发的模型架构，这个模型由卷积部分和分类部分组成。这里，我们仅使用其卷积部分。此外，我们将增加自己的分类部分来对植物进行分类。

VCG16 可以使用下面代码从 Keras 下载：

```
from keras.applications.vgg16 import VGG16
vgg_model = VGG16(include_top=False,input_shape=(150,150,3))

Downloading data from https://github.com/fchollet/deep-learning-models/releases/download/v0.1/vgg16_weights_tf_dim_ordering_tf_kernels_notop.h5
58892288/58889256 [==============================] - 5s 0us/step
```

当下载数据的时候，需要让 Keras 知道我们不希望使用上面的部分（即分类部分）。还需要让 Keras 知道我们期望的输入形状。如果不指定输入形状，模型将接受任何大小的图片作为输入，但是却不能在上面增加 Dense 层：

```
vgg_model.summary()
```

Layer (type)	Output Shape	Param #
input_1 (InputLayer)	(None, 150, 150, 3)	0
block1_conv1 (Conv2D)	(None, 150, 150, 64)	1792
block1_conv2 (Conv2D)	(None, 150, 150, 64)	36928
block1_pool (MaxPooling2D)	(None, 75, 75, 64)	0
block2_conv1 (Conv2D)	(None, 75, 75, 128)	73856
block2_conv2 (Conv2D)	(None, 75, 75, 128)	147584
block2_pool (MaxPooling2D)	(None, 37, 37, 128)	0
block3_conv1 (Conv2D)	(None, 37, 37, 256)	295168

block3_conv2 (Conv2D)	(None, 37, 37, 256)	590080
block3_conv3 (Conv2D)	(None, 37, 37, 256)	590080
block3_pool (MaxPooling2D)	(None, 18, 18, 256)	0
block4_conv1 (Conv2D)	(None, 18, 18, 512)	1180160
block4_conv2 (Conv2D)	(None, 18, 18, 512)	2359808
block4_conv3 (Conv2D)	(None, 18, 18, 512)	2359808
block4_pool (MaxPooling2D)	(None, 9, 9, 512)	0
block5_conv1 (Conv2D)	(None, 9, 9, 512)	2359808
block5_conv2 (Conv2D)	(None, 9, 9, 512)	2359808
block5_conv3 (Conv2D)	(None, 9, 9, 512)	2359808
block5_pool (MaxPooling2D)	(None, 4, 4, 512)	0

```
=================================================================
Total params: 14,714,688
Trainable params: 14,714,688
Non-trainable params: 0
```

正如你所见，VGG 模型非常大，拥有 1471 万个需要训练的参数，它们由 Conv2D 和 MaxPooling2D 层组成，这些层我们已经在第 3.1 节已经学习过。

从现在开始，我们有两种不同的后续处理方式：

- 增加层来构建一个新的模型；
- 通过预训练的模型来预处理所有图片，然后训练一个新的模型。

3.6.1 修改 VGG16

在本节中，我们将在 VGG16 模型上添加一些层，然后训练一个新的大模型。

我们并不希望重新训练那些已经训练好的所有卷积层，所以，我们必须先冻结 VGG16 中所有层，执行如下代码：

```
for the layer in vgg_model.layers:
```

```
layer.trainable = False
```

Keras 以函数式 API 模型来下载 VGG16。我们将在第 6 章中详细学习函数式 API。但是现在，我们仅需要使用序列 API，序列 API 可以让我们通过 model.add()来叠加层。我们可以使用下面代码来转换函数式 API 模型：

```
finetune = Sequential(layers = vgg_model.layers)
```

上面代码的运行结果是，我们创建了一个新的名为 finetune 的模型，这个模型像普通序列模型一样工作。我们需要记住，如果模型实际上可以用序列 API 来表示的时候，使用序列 API 来转换模型才有效，一些很复杂的模型不能被转换。

我们上面所做的结果就是，在模型上增加了一些层就变得简单了，如下所示：

```
finetune.add(Flatten())
finetune.add(Dense(12))
finetune.add(Activation('softmax'))
```

新增加的层是默认可训练的，但是复用的模型套接字不是可训练的。我们可以在之前定义的数据生成器上训练这个堆积的模型，就像我们训练其他模型一样。具体可以通过如下代码实现：

```
finetune.compile(loss='categorical_crossentropy',
                 optimizer='adam',
                 metrics = ['acc'])

finetune.fit_generator(train_generator,
                       epochs=8,
                       steps_per_epoch= 4606 // 32,
                       validation_data=validation_generator,
                       validation_steps= 144//32)
```

在运行上述代码之后，模型在验证集上取得了约为 75%的准确率。

3.6.2 随机图像增强

机器学习领域一个普遍问题就是无论我们有多少数据，模型都将在有更多的数据时获得更好的性能表现；因为这提升了输出的质量，同时防止了过拟合发生，让模型可以处理各式各样的输入。因此，对图像使用随机增强技术（例如旋转和随机剪裁）是一个非常普遍的做法。

随机增强技术的思想就是从一个图像获得大量不同的图像，因此来减少模型发生过拟合的可能。对于大多数图像增强的目标，我们可仅使用 Keras 的 ImageDataGenerator 类。

更先进的图像增强技术可以使用 OpenCV 库来实现。然而，这已经不是本书讨论的内容。

ImageDataGenerator 图像增强

我们使用增强数据生成器时，应当仅用于训练。验证生成器不应该使用增强特征，因为验证模型时需要测试模型在它没见过的数据、实际的数据和没有增强的数据上的表现。

这不同于基于规则的增强技术。在基于规则的增强技术中，我们创建更容易分类的图片。基于上述原因，我们创建两个 ImageDataGenerateor 实例，一个用于训练，另一个用于验证。具体通过如下代码来实现：

```
train_datagen = ImageDataGenerator(
  rescale = 1/255,
  rotation_range=90,
  width_shift_range=0.2,
  height_shift_range=0.2,
  shear_range=0.2,
  zoom_range=0.1,
  horizontal_flip=True,
  fill_mode='nearest')
```

训练数据生成器使用了一些内置的增强技术。

> **提示：**
> Keras 库中有更多可用的命令。你可以访问 Keras 文档来获得完整的命令列表。

在下面列表中，我们重点强调几个常用的命令。

- rescale：调整图像的值大小。在训练之前、用于模型验证时使用这个命令。
- rotation_range：随机旋转图像的角度范围（0～180°）。
- width_shift_range 和 height_shift_range：沿着水平方向和竖直方向拉伸图片的比例范围，以上值是相对于原图片大小的相对值，本例为 20%。
- shear_range：应用随机裁切图片的范围，也是一个相对值。
- zoom_range：随机缩放图片的范围。

- horizontal_flip：是否随机翻转图片。
- fill_mode：如何填充诸如旋转等造成的空白空间。

我们可以通过多次反复运行于一个图片来查看生成器的功能。

首先，我们需要导入 Keras 图片工具并指定图片路径（这个路径随机选择）。具体通过如下代码来实现：

```
from keras.preprocessing import image
fname = 'train/Charlock/270209308.png'
```

然后，我们需要加载图片并将它们转换成 NumPy 数组，通过如下代码实现：

```
img = image.load_img(fname, target_size=(150, 150))
img = image.img_to_array(img)
```

同之前一样，我们需要给图像增加一个批大小的维度：

```
img = np.expand_dims(img,axis=0)
```

然后，我们使用刚刚创建的 ImageDataGenerator 实例。之所以使用 flow 而不是 flow_from_directory，是因为 flow 可以把数据直接传给生成器。接下来传递一个期望使用的图片，具体代码如下：

```
gen = train_datagen.flow(img, batch_size=1)
```

在 generator 上循环调用 next 函数 4 次：

```
for i in range(4):
    plt.figure(i)
    batch = next(gen)
    imgplot = plt.imshow(image.array_to_img(batch[0]))

plt.show()
```

这将产生如图 3.17 所示的结果。

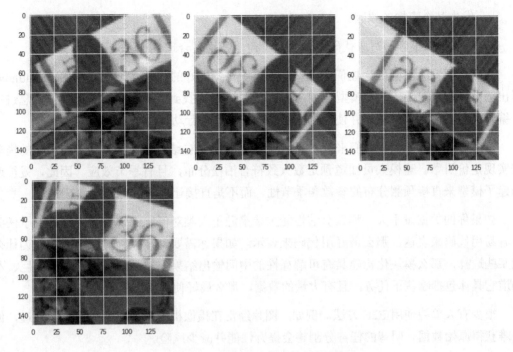

图 3.17　随机修改图片的一些实例

3.7　模块度权衡

本章已经展示了借助基于规则的系统来提升机器学习模型是可行且非常有用的。你也可能已经注意到了数据集中的图像都已经被剪裁至只包括一个植物。

尽管我们已经构建了一个模型来定位和分类植物,但除了可以分类植物,我们还可以构建一个系统以输出应当如何处理这个植物。这就引出一个问题,即我们如何使系统模块化?

E2E 深度学习在过去几年十分流行。如果给学习模型提供充足的数据,深度学习模型将会学到相应的知识,而学习这些知识需要具有很多功能模块的系统花费很长时间。E2E 深度学习存在几个不足。

- E2E 深度学习需要大量的数据。由于模型具有很多的参数,需要提供大量的数据来防止过拟合。
- E2E 深度学习很难调试。如果你使用黑盒子模型来替代整个系统,你将不可能找出发生某个事情的原因。

- 有些知识很容易写成代码但却很难学习,特别是合理性检验规则。

最近,研究人员开始让他们的模型更加模块化。最好的例子就是 Ha 和 Schmidthuber 提出的 World Models,这个模型详细内容可在 Github 上找到。这个模型将可视化信息进行了编码,对未来进行预测,并使用 3 类不同模型来选择行动(action)。

从实际的角度来看,我们来看看爱彼迎(Airbnb),它结合了机器学习和结构化的模型来实现定价引擎。建模人员知道预定数大致符合泊松分布,且有季节效应。因此,爱彼迎构建了模型来直接预测分布的参数和季节性,而不是直接让模型预测预定情况。

如果你的数据量不大,那么算法性能主要来源于人类对问题的理解。如果某些子任务很容易用代码来表达,那么最好用代码来表示。如果你需要解释原因,或希望看到为什么做某些选择,那么模块化构建具有可解释性的中间输出结果。然而,如果任务很艰巨、不知道它具体包括哪些子任务,且有大量的数据,那么最好使用 E2E 方法。

很少有人单纯使用 E2E 方法。例如,图片经常在摄像机芯片中已经进行了预处理,你很难获得原始数据。明智的任务分割将会提升性能并减少风险。

3.8　计算机视觉不止分类

正如我们所见,很多技术可用来提升图片分类的性能。这些技术将会在全书中使用,并不仅仅是针对计算机视觉应用。

在本章的最后,我们讨论一些分类图片之外的技术,这些技术往往需要比本章前面讨论的方法更具创造性地使用神经网络。

为了更充分地学习,你不需要太过考虑技术细节,而只需看看研究人员是如何创造性地使用神经网络的。

3.8.1　人脸识别

人脸识别在零售商中有很多应用。例如,你负责前台业务,并希望自动识别在 ATM 处的用户,或者你希望提供一个基于人脸的安全特征,类似于 iPhone 提供的功能。然而,在后台业务中,你需要遵守"了解你的客户"(Know Your Customer,KYC)原则,需要识别你到底为哪些顾客服务。

表面上看,人脸识别类似于分类任务。你将一个脸部图像输入给计算机,它来预测这到底是谁。问题在于你有数百万客户,但是每个人只有1~2张照片。此外,你还有可能持续获得新的用户,但不能在获得新用户时重新更新模型。如果你有数百万个类,每一个类只有1~2个图片,那么这种简单的分类方法是可不行的。

这个问题的创造性解决思路就是看两个图片是否是相同的脸,而不是使用客户的脸照片来分类。在图3.18中,你可以看到这个思想的可视化描述。

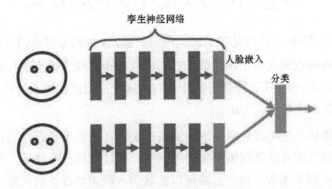

图3.18　孪生神经网络的示意图

为了实现这个目标,你需要先将这两个图片在网络中运行。孪生神经网络是一类神经网络架构,它包括两个以上的相同子网络结构,所有子网络都相同且有同样的参数。在Keras中,通过先定义层,然后在两个网络中使用这些层来创建这个孪生网络。把两个网络输入到一个分类层中,让这个分类层来决定两个图片是否为同一个人脸。

为了避免每次需要识别某个人脸的时候都要使用孪生网络运行数据库中所有用户的图片的情况,通常的方法是保存孪生神经网络的最终输出结果。一个图片的孪生神经网络最终输出的结果称为"人脸嵌入"。当需要识别客户的时候,比较用户脸部图像的嵌入结果和数据库中存储的所有人脸嵌入,可以使用一个分类层来做这项工作。

存储人脸嵌入是一项非常有效的方法,因为它节省了大量计算开销,还考虑了人脸的大量聚集效应。人脸会根据一些年龄、性别和种族等特征来聚集到一起。通过将一个图像和某类的图像进行比较,我们可以节省计算开销,进而实现更快速的人脸识别。

有两种方法来训练孪生神经网络。我们可以通过如下的方法来同时训练孪生神经网络和分类器:创建匹配和非匹配的图像对,然后使用二元交差熵损失来训练整个网络。另一个方法就是训练模型生成人脸嵌入,这个方法在许多方面比第一种方法更好。Schroff、Kalenichenko和Philbin于2015年发表的论文"FaceNet: A Unified Embedding for Face Recognition and Clustering"中详细描述了这个方法。

核心思想就是构建图片的三元组：锚点图片、正图片（与锚点图片显示同一张人脸）和负图像（与锚点图片显示不同的人脸）。triplet loss 损失函数就是让锚点图片的嵌入与正图像的嵌入之间的距离更小，让锚点图像嵌入与负图像的嵌入之间的距离更大。

损失函数如下所述：

$$L = \sum_{i}^{N}[\| f(x_i^a) - f(x_i^p) \|_2^2 - \| f(x_i^a) - f(x_i^n) \|_2^2 + \alpha]$$

其中 x_i^a 是锚点图像，$f(x_i^a)$ 是孪生神经网络的输出，也就是锚点图片的嵌入。triplet loss 损失函数本质就是锚点嵌入和正图像嵌入之间的欧氏距离减去锚点图片嵌入与负图像嵌入的欧氏距离。把常数 α 强加在正图像与负图像对之间的空白区，为了达到 0 损失的目标，两个欧氏距离之间的差值尽可能为 α。

你应该可以理解，使用神经网络来预测两个实例在语意上是否相同，从而绕开大分类问题。你可以通过下面方法来训练孪生神经网络：通过二值分类任务，将输出作为嵌入，并使用 triplet loss 损失函数。这个思路可以扩展到人脸识别以外的问题。如果你想通过比较时间序列来分类事件，可以使用同样的方法。

3.8.2 边框预测

很可能在某个时刻，你会对定位图像中的某些物体感兴趣。例如，你是保险公司的员工，需要去检查所投保的房屋屋顶。让员工爬到房屋屋顶来进行检查需要支付的工费很高，替代的方法就是使用卫星图像。当获得了所需的图片后，你需要在图中定位屋顶，如图 3.19 所示，你可以裁切出屋顶图片并交给专家来进行屋顶检验。

你需要做的是屋顶边框预测，边框预测器输出边框的坐标和对边框内对象的预测结果，有两种方法可以获得这样的边框。

基于区域的卷积神经网络（Region-based Convolutional Neural Network，R-CNN）复用了分类模型，它将图片作为输入并使用分类模型在图片中移动。其结果就是针对图像的不同部分进行分类，并使用这个特征图基于区域生成网络（region proposal network）执行回归任务来标记边框，分类网络针对每个边框会创建不同的分类。

这个方法已经进行了优化，最终呈现在 Ren 等人 2016 年发表的论文 "Faster R-CNN: Towards Real-Time Object Detection with Region Proposal Networks" 中，该论文可以通过 arXiv 获取。但是，分类器在整个图像上移动的基本思想依旧未变。

图 3.19 加州房屋屋顶的边框

另一种方法是"你只需要看一遍"（You Only Look Once，YOLO）。YOLO 使用仅由卷积层构成的单独模型，它将图片分割成网格，并对每个网格内的对象进行预测。对于每个网格单元，它预测几个可能包含物体的边框。

对于每个边框，YOLO 回归出坐标、边框的长和宽，以及边框内包含物体的置信分数。然后，它将删除那些置信分数过低的边框和那些与更大置信分数边框重叠太多的低置信分数边框。

> **提示：**
> 关于 YOLO 更详细的介绍，请阅读 Redmon 和 Farhadi 2016 年发表的论文 "YOLO9000: Better, Faster, Stronger" 和 2018 年发表的论文 "YOLOv3: An Incremental Improvement"。这两篇非正式的论文详细解释了 YOLO 原理。

YOLO 比 R-CNN 有优势的地方在于 YOLO 更快，因为 YOLO 不需要滑动一个大分类模型。然而，R-CNN 模型的主要优势在于它比 YOLO 模型更准确。如果你的任务需要实时处理，应该使用 YOLO。然而，如果你不需要实时的处理速度而是需要更高的准确率，那么 R-CNN 是更好的方法。

边框检测通常是诸多检测步骤之一。在上例中，边框检测将会裁切出所有屋顶。屋顶的图片将会由人类专家进行判断，或者通过另一个单独的深度学习模型来筛选出受损的屋顶。当然，你可以训练一个物体检测器来直接区分受损的屋顶和完整的屋顶。但是在实践中，这并不是一个好方法。

如果你对这个话题比较感兴趣，请参见第 4 章。

3.9 练习

Fashion MNIST 数据集可替代 MNIST 数据集，但它不是针对手写体数字，而是对衣服进行分类。在 Fashion MNIST 数据上试验我们在本章已经使用的技术。它们是如何工作的？用什么提升了性能？你可以在 Kaggle 平台上找到这个数据集。

挑战一下识别鲸鱼这项任务，阅读 Kaggle 上的相关帖子。通过尾鳍来识别鲸鱼的任务就像通过人脸识别人类一样。与孪生神经网络相同，还有很多表现良好的内核可用于识别边框。因为我们并没有介绍解决任务所需要的所有工具，所以不要担心代码的细节，而要关注整体概念。

3.10 本章小结

在本章中，你已经见过构成计算机视觉模型的模块。我们学习了卷积层、ReLU 激活函数和正则化方法，了解了一些创造性使用神经网络的方式，例如使用孪生神经网络和边框预测器。

我们已经在一个简单的基准数据集 MNIST 上成功实现和验证了这些方法，扩大了训练的规模，并使用预训练的 VGG16 模型来分类数百万的植物图片；使用 Keras 生成器加载图片，并定制 VGG16 模型来适应我们的新任务。

我们也了解了在构建计算机视觉模型中图片增强的重要性和模块度均衡问题。卷积、批归一化、失效等已经在计算机视觉及其他领域广泛使用，它们也是计算机视觉之外领域的基础工具。在这里通过学习它们，你已经将自己武装成一位可以发现时间序列和生成模型中各种可能性的人才。

计算机视觉在金融行业有许多应用，特别是应用于后台部门和可替代的阿尔法生成（alpha generation）。计算机视觉是现代机器学习的应用之一，它为很多公司带来了真实的价值。越来越多的公司在决策过程中考虑基于图像的数据源。

在本章中，我们已经见证了一个成功的计算机视觉项目所涉及的整个流程。与研究模型相比，研究管道（pipeline）可能更有意义。

在第 4 章中，我们将会研究金融数据的最符号化和最普通的形式：时间序列。我们将会使用更传统的统计方法（例如差分整合移动平均自回归模型）和现代的神经网络方法来解决 Web 流量预测问题。你也会学习使用自相关和傅里叶变化的特征工程技术。最后，你将比较和分析不同的预测方法，并构建一个高质量的预测系统。

第 4 章
理解时间序列

时间序列是一种拥有时间维度的数据格式,也是最具代表性的金融数据形式。尽管单一的股票报价不是时间序列,但是如果你把每天获得的报价连成线,就会获得一个有意思的时间序列。事实上,与金融相关的所有媒体素材最终都在展示股价相关的信息,不是某个特定时刻的价格列表,而是价格随时间的演变,如图 4.1 所示。

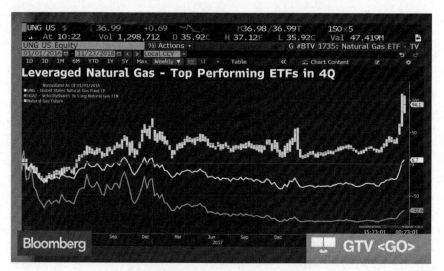

图 4.1 彭博机终端上显示的多个时间序列

你经常听到金融评论员讨论价格的变动,例如苹果公司股价上涨了 5%,但这意味着什么?你很少听到价格的绝对值,例如苹果公司每股的价格是 137.74 美元,这又意味着什么?这意味着市场参与者关心未来事态如何发展,他们试图通过事情过去的发展来推断未来的发展。

许多预测都是通过看过去一段时间发展的方式来判断趋势。时间序列数据集的概念是与预测相关的重要元素。例如，农民在预测农作物产量的时候会观察时间序列数据集。也正因如此，在统计学、计量经济学、工程学中，大量关于使用时间序列的知识和工具被提出和开发。

在本章中，我们将介绍一些经典的工具，这些工具在当下仍然很常用。然后，我们讨论如何用神经网络处理时间序列，如何用深度学习模型表达不确定性。

在我们讨论时间序列之前，需要你对本章有正确的预期。你们大部分人阅读本章是为学习股票市场的预测，但是我需要提醒你们本章不是关于股票市场预测的，本书没有一章是关于股票市场预测的[①]。

经济理论显示，市场在某种程度上是有效的。有效市场假说表明所有公开可用的信息都已经体现在股票价格中。这个理论可以延展到如何处理信息，例如预测算法。

如果本书提供一个算法来预测股票价格并获得超额收益，许多投资者将可能轻松地实现这个算法。由于这些算法在预测到股票价格发生变化的时候都会买入或者卖出，这就立刻改变了股票的当前价格，这也破坏了你使用这个算法所带来的优势。因此，这里展示的算法对于"未来"的读者并不适用。

反之，本章将使用维基百科的流量数据，我们的目标是预测某个特定维基百科页面的流量，大家可以通过 wikipediatrend CRAN 包来获得维基百科流量数据。

我们将使用的数据集是约 145000 个维基百科页面的流量数据，这个数据集由谷歌公司提供，可以通过 Kaggle 获得。

4.1 数据的可视化与 Pandas 准备

正如第 2 章所得到的，在我们开始训练之前先来看看数据的整体结构。你可以通过对从 Kaggle 平台获取的数据运行下面代码来了解整体结构：

```
train = pd.read_csv('../input/train_1.csv').fillna(0)
train.head()
```

运行上述代码后将会得到表 4.1。

[①] 译者注：虽然作者这样说，但本章的方法的确可以应用于股票价格预测。只不过如果想获得更高的准确率，不仅仅需要本章的知识，还需要其他知识。

表 4.1　　　　　　　　　　　　　代码结果

	Page	2015-07-01	2015-07-02	…	2016-12-31
0	2NE1_zh.wikipedia.org_all-access_spider	18.0	11.0	…	20.0
1	2PM_zh.wikipedia.org_all-access_spider	11.0	14.0	…	20.0

Page 列的数据包括页面的名字、维基百科页面的语言、访问设备的类型、访问代理。其他列包含这个页面当日的访问流量。

在上述表格中，第 0 行数据包括 2NE1（一个韩国流行音乐乐队）、中文版本、所有访问方式、仅是那些被认为爬取流量的代理（也就是流量不是来源于人类）的流量数据。尽管大部分时间序列都是关注局部或与时间依赖有关的特征，我们依然可以通过访问全局特性来丰富模型。

因此，我们将页面字符串分割成更小、更有用的特征。可以通过如下代码实现上述目标：

```
def parse_page(page):
    x = page.split('_')
    return ' '.join(x[:-3]), x[-3], x[-2], x[-1]
```

我们通过下划线来分割字符串。由于页面的名字也可能包括下划线，所以我们分隔出最后 3 个域，并将剩下的连接起来构成页面的名字。

通过下面的代码可以看出，倒数第三个元素是子 URL，例如 en.weikpedia.org；倒数第二个元素是访问权限；最后一个元素是代理：

```
parse_page(train.Page[0])
```

```
('2NE1', 'zh.wikipedia.org', 'all-access', 'spider')
```

当训练集中的每个页面数据都应用这个函数的时候，我们就获得了一个多元组列表。然后，我们将这个多元组列表集结成新的 DataFrame。如下面代码所示：

```
l = list(train.Page.apply(parse_page))
df = pd.DataFrame(l)
df.columns = ['Subject','Sub_Page','Access','Agent']
```

最后，在删除原来 Page 列之前，我们需要将新的 DataFrame 添加到原来 DataFrame 中。具体实现代码如下：

```
train = pd.concat([train,df],axis=1)
del train['Page']
```

上述代码的执行结果就是成功地加载了数据集，这也意味着我们可以继续探索这些数据集了。

4.1.1 汇总全局特征统计

完成了上面所有艰巨任务之后，我们可以创建全局特征的汇总统计。

Pandas 库中的 value_counts()函数可以帮我们轻松地画出全局特征的分布。通过运行下面的代码，我们可以获得维基百科数据的柱状图：

```
train.Sub_Page.value_counts().plot(kind='bar')
```

上述代码的运行结果是输出了一个柱状图（图 4.2），柱状图显示了数据集中记录的分布情况。

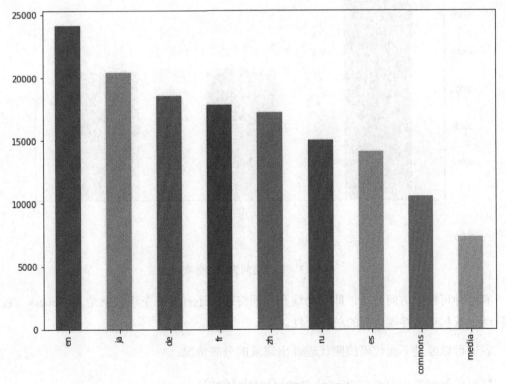

图 4.2　维基百科语言页面的记录分布

图 4.2 显示了每个页面对应时间序列的数量。维基百科对每种不同语言都有不同的子页面。我们可以看到数据集包括来自于英文（en）、日文（ja）、德文（de）、法文（fr）、中文（zh）、俄文（ru）、西班牙文（es）等维基百科页面。

在我们生成的柱状图中，你可能已经注意到了两个特殊站点。commons 和 media 都用于存储图片等媒体文件。

再次运行 value_count 函数，这次我们关注访问类型：

```
train.Access.value_counts().plot(kind='bar')
```

运行上述代码后，我们可以获得图 4.3。

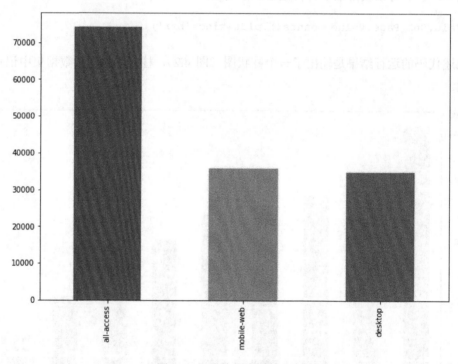

图 4.3　记录访问类型的分布

有两种可能的访问方法，即移动端和桌面终端。还有第三个选项就是 all-access，它包括移动终端和桌面终端访问的统计特性。

我们可以通过下面代码按照代理画出记录的分布情况：

```
train.Agent.value_counts().plot(kind='bar')
```

上述代码输出如图 4.4 所示。

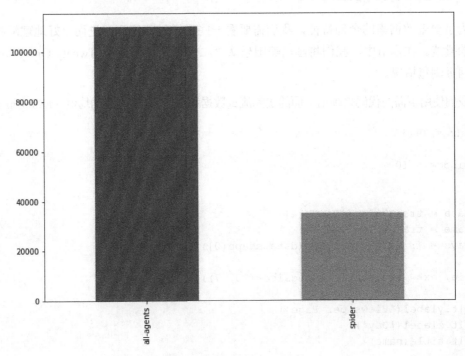

图 4.4　记录代理类型的分布

有些时间序列不仅可以通过爬虫代理获取，其他类型的访问也可以获取。在经典的统计模型中，接下来就是分析每个全局特征的影响，并围绕这些分析结果来构建模型。然而，如果有充足的数据和计算资源的话，这些分析也不是必需的。

若是上述情况，那么神经网络就能够发现全局特征的影响，并基于它们之间的相互作用来构建新的特征。针对全局特征，仅有两个需要解决的现实问题。

- 特征分布是否有偏差？如果是这种情况，那么只有一小部分实例具有全局特征，我们的模型将在这些全局特征上出现过拟合。设想一下，假如数据集中只有很少的中文维基百科文章，算法将会太过依赖特征来进行分类，会对较少的中文页面产生过拟合。我们的数据分布是相对均衡的，不需要去担心这个问题。
- 这些特征容易被编码么？一些全局特征是不能被 one-hot 编码的。设想一下，我们获得了具有时间序列特性的文章全文，就不能直接使用这个特征。为了使用它们，需要进行一些繁重的预处理。在我们的例子中，有一些相对直接的类别可以使用 one-hot 编码。但是文章的题目不能被 one-hot 编码，因为题目太多了。

4.1.2 检查采样时间序列

为了检查数据集的全局特征，我们需要看一些采样时间序列，进而更好地理解我们所面临的挑战。在本节中，我们将画出美国乐队"二十一名飞行员"（Twenty One Pilots）英文版网页浏览情况。

我们使用下面的代码来画出页面的实际流量数据和过去 10 天的滚动均值（rolling mean）：

```
idx = 39457

window = 10


data = train.iloc[idx,0:-4]
name = train.iloc[idx,-4]
days = [r for r in range(data.shape[0])]

fig, ax = plt.subplots(figsize=(10, 7))

plt.ylabel('Views per Page')
plt.xlabel('Day')
plt.title(name)

ax.plot(days,data.values,color='grey')
ax.plot(np.convolve(data,
                    np.ones((window,))/window,
                    mode='valid'),color='black')


ax.set_yscale('log')
```

这个代码片段有很多细节需要解释，值得一步步地来学习。首先，我们定义需要画哪行时间序列。与"二十一名飞行员"乐队有关的文章是在训练集中第 39457 行。接下来，我们定义滚动均值的窗口大小。

我们使用 Pandas 库的 iloc 工具来从整个数据集中分割出页面浏览数据和页面名。iloc 可以让我们通过行和列坐标来索引数据。对日期进行计数而不展示所有日期能让图更容易让人阅读，因此我们将对横轴创建一个日期计算器。

接下来画图并通过设置 figsize 参数来确保输出预期尺寸的图像。我们也定义了坐标轴标签和图表题目，然后画出页面的浏览数据。横轴表示天数，纵轴表示页面浏览量。

为了计算均值,我们将使用卷积(convolve)运算。在第 3 章中,我们已经讨论过卷积运算,因此你对它并不陌生。卷积运算创建了一个向量,这个向量元素的值为 1 除以窗口大小,本例中的窗口大小是 10。卷积运算在页面浏览量上滑动该向量,也就是对 10 天的日浏览量乘以 1/10,然后把这 10 个数据结果进行相加。这个操作就是在计算窗口大小为 10 的滚动均值。在图 4.5 中,我们用黑色线条来画出这个均值。最后,需要说明,图中纵轴使用对数坐标。

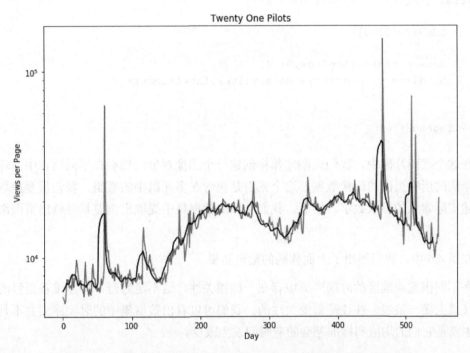

图 4.5 "二十一名飞行员"乐队维基百科页面的访问统计和滚动均值

即使在我们使用对数坐标轴的情况下,你也可以看到在刚刚生成的图像中有一些较大的尖峰跳跃点。在某些日期,浏览量火箭般地增长至前一日的 10 倍左右。也正是因此,我们可以清晰地认识到,好的模型需要有效解决这种阶跃突变峰值。

在我们继续之前,全局趋势已经清晰可见,页面浏览量随着时间而逐渐增长。

为了更好地进行测量,我们画出了对该乐队感兴趣的所有语言的页面情况。具体执行如下代码:

```
fig, ax = plt.subplots(figsize=(10, 7))
plt.ylabel('Views per Page')
plt.xlabel('Day')
```

```
plt.title('Twenty One Pilots Popularity')
ax.set_yscale('log')

for country in ['de','en','es','fr','ru']:
    idx= np.where((train['Subject'] == 'Twenty One Pilots')
                  & (train['Sub_Page'] ==
'{}.wikipedia.org'.format(country)) &
(train['Access'] == 'all-access') &
(train['Agent'] == 'all-agents'))

    idx=idx[0][0]

    data = train.iloc[idx,0:-4]
    handle = ax.plot(days,data.values,label=country)


ax.legend()
```

在这个代码片段中,我们像刚才那样创建一个图像对象。然后在不同语言中循环,找出该乐队的所有页面的流量数据。这个索引是包含在多元组中的数组,我们需要提取出能够描述实际索引的整数数字。然后,我们从训练数据集中提取出浏览量并画出页面浏览量数据。

在图 4.6 中,我们画出了上面代码的输出结果。

在不同国家或地区的时间序列中存在一些相关性,这不足为奇,毕竟维基百科的英文版本(最上面一条线)往往是最受关注的。我们可以看出数据集中的时间序列并不是平稳的,也就是它们的均值和标准差会随着时间发生改变。

平稳过程是指无条件联合概率分布随着时间变化而保持不变。换句话说,时间序列的均值和标准差保持恒定。

然而,正如你所见,在图 4.6 中的第 200~250 天里,页面浏览量的均值变化剧烈。这个结果破坏了之前经典模型所做的假设。金融时间序列很少是平稳的,我们值得花精力去处理这些问题。通过解决这些问题,我们可以熟悉一些非常有用的工具,这些工具可以帮助我们解决非平稳问题。

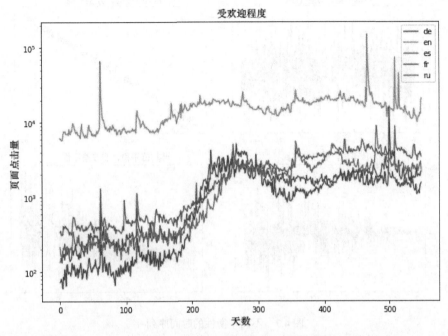

图 4.6 "二十一名飞行员"乐队维基百科页面的访问统计（按照不同语言）

4.1.3 不同平稳特性

平稳性包括不同的方面，我们需要理解手中任务需要满足哪些平稳性。简单来说，我们这里讨论两类平稳性，即均值平稳和方差平稳。图 4.7 显示了 4 个时间序列的不同（非）平稳性。

均值平稳是指时间序列保持不变的级别。个别的数据点可以发生偏离，但是长期的均值应该保持稳定。方差平稳是指均值的方差应该保持稳定。同样的，奇异点或者短期序列的方差可能过高，但是整体的方差应该保持在同一个级别。第三类平稳性是协方差平稳性，因为很难可视化，所以这里没有展示协方差平稳性。协方差平稳性是指不同时间窗口的之间的协方差保持不变。当人们提及协方差平稳性的时候，通常指在特定条件下均值、方差和协方差都是平稳的。许多经济学模型（特别是在风险管理领域）都建立在协方差平稳性假设的基础上。

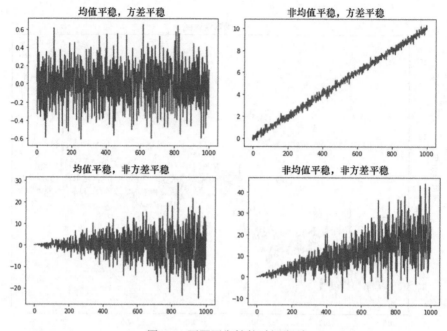

图 4.7 不同平衡性的时间序列

4.1.4 为什么平稳性重要

许多经典经济学方法都假设数据具有某种平稳性。一个关键原因在于当时间序列具有某种平稳性时，可以更好地进行假设检验和推断。完全从预测角度来看的话，平稳性也是很有益的，因为它将某些工作从模型中剥离出来。让我们看看前面图表中的非均值平稳（not mean stationary）时间序列。你可以看到预测时间序列的主要工作就是去识别出时间序列向上增长的事实。如果我们可以从模型之外获得这个事实，那么模型就可以较少地学习这方面的信息，也就可以将模型的能力应用在其他工作上。另一个原因在于它能将输入模型的数据保持在同一区间。在使用神经网络之前需要标准化输入数据，如果股票的价格从 1 美元增长至 1000 美元，我们将因这类非标准的数据而结束，这将会让训练变得更困难。

4.1.5 让时间序列具有平稳性

让金融数据（特别是价格）变成均值平稳的标准方法就是差分，就是指计算价格的收益。在图 4.8 中，你可以看到标普 500 指数数据的原始版本和差分版本。原始的版本由于均值在增长，所以是非均值平稳的，但是差分版本大体上平稳。

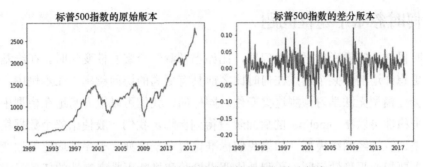

图 4.8 标普 500 指数的原始版本和差分版本

让数据均值平稳的另一种方法是基于线性回归的方法。这里,我们使用线性模型来拟合数据。针对这类经典模型的常用库是 statsmodels,这个库提供了内置的线性回归模型。下面的例子展示了如何使用 statsmodels 模型来从原始数据中移除线性趋势,结果如图 4.9 所示。

```
time = np.linspace(0,10,1000)
series = time
series = series + np.random.randn(1000) *0.2
mdl = sm.OLS(time, series).fit()
trend = mdl.predict(time)
```

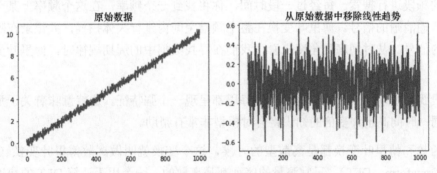

图 4.9 原始数据和移除线性趋势后的数据

需要强调的是,平稳性是模型的一部分,应该仅在训练数据集上进行拟合。在差分方法上这并不是什么大事,但是容易导致丢失线性趋势(linear detrending)。

移除方差的非平稳性更加困难。一个典型的方法是计算滚动方差,并将新值除以计算出来的滚动方差。在训练数据集上,你也可以对数据进行学习。为了完成上述任务,你需要计算每日方差,然后将所有值除以每日方差的平方根。同样,你仅仅可以在训练数据集上处理,因为方差的计算需要知道具体的数值。

4.1.6 何时忽略平稳性问题

有些时候你不需要考虑平稳性问题，比如当预测一个突发性变化时。在维基百科实例中，我们更想知道的是某个站点在何时比之前具有更高的访问频率。在本例中，移除量级上差异将会让模型无法学习预测这类变化。同样的，我们可以很容易地在模型中加入非平稳性，而平稳性可以在 pipeline 的后面阶段得到保障。我们一般使用整个数据集中的小规模子序列来训练神经网络模型。如果我们标准化每个子序列，子序列均值的改变就可以忽略，也不需要担心平稳性问题。预测是比假设检验和推断更具宽容性的任务，当我们的模型可以识别这些非平稳特征时，也许可以摆脱这些非平稳特征。

4.2 快速傅里叶变换

关于时间序列另一个需要计算的、有趣的统计量就是傅里叶变换（Fourier Transform，FT）。这里不过深入讨论数学内容，但傅里叶变换将为我们显示函数中某个频率的震荡量。

你可以把傅里叶变换想象成一个老式调频收音机的调台器。随着你旋转调台器，你将在不同的频段进行搜索。每经过一段时间，你将找到一个频率，在这个频率上某个广播电台给你传输清晰的信号。傅里叶变换在整个频谱空间内进行大体扫描，并记录在哪个频率有很强的信号。从时间序列角度来看，我们在寻找数据中的周期规律时，傅里叶变换非常有用。

假设我们发现一个频率，这个频率每周都呈现一个强特征。这就意味着关于那些流量比上周同一时间高出许多倍的知识将会对模型非常有帮助。

当函数和傅里叶变换都是离散型的时候，这个变换就叫做离散傅里叶变换（Discrete Fourier Transform，DFT），日常测量的序列都是离散的。一个用于计算 DFT 的快速算法就称为快速傅里叶变换（Fast Fourier Transform，FFT），这个算法在科学计算中已经变成了一个非常重要的算法。这个理论于 1805 年被数学家卡尔·高斯所发现，并被美国数学家 James W. Cooley 和 Jony Tukey 于 1965 年所发展。

傅里叶变换的工作原理已经不是本章所讨论的内容，本章只是对傅里叶变换进行简要介绍。设想我们的函数就是一段电线，我们拿起电线并围绕某个点开始缠绕，如果你缠绕电线使围绕某点的卷积与某个信号的频率相匹配，那么所有信号的尖峰都会在某个极值的一侧，这就意味着电线的质点将会远离电线缠绕的点。

在数学中，围绕某个点缠绕一个函数可以通过对函数 $g(n)$ 乘以 $e^{-2\pi i f n}$ 来实现，其中 f 是缠绕的频率，n 是时间序列中数据项的数量，i 是 -1 的虚方根。如果读者对虚数不是很熟悉，可以把虚数看成二维坐标。每个数都有两个维度的坐标，即实部和虚部。

为了计算质点，我们对离散函数中点的坐标求均值。因此 DFT 可以写成：

$$y[f] = \sum_{n=0}^{N-1} e^{-2\pi i \frac{fn}{N}} x[n]$$

其中 $y[f]$ 是变形后序列的第 f 个元素，$x[n]$ 是输入序列 x 的第 n 个元素，N 是输入序列中所有点的数目。注意 $y[f]$ 是一个包括实部和虚部的数据。

为了检测频率，我们仅对 $y[f]$ 的整体大小感兴趣。为了计算 $y[f]$ 的大小，我们需要计算实部和虚部平方和的平方根。在 Python 中，我们不用担心数学运算，可以使用 scikit-learn 的 fft 工具来计算，这个工具内置 FFT 函数计算功能。

执行如下代码：

```
data = train.iloc[:,0:-4]
fft_complex = fft(data)
fft_mag = [np.sqrt(np.real(x)*np.real(x)+
                   np.imag(x)*np.imag(x)) for x in fft_complex]
```

这里，我们首先从训练集中提取没有全局特征的时间序列测量值。然后，使用 FFT 算法，而后最终计算变形后 $y[f]$ 的大小。

在运行上述代码之后，我们获得了所有时间序列数据集的傅里叶变换。为了让我们更好地理解傅里叶变化的一般行为特点，我们执行如下代码来对它们求平均值：

```
arr = np.array(fft_mag)
fft_mean = np.mean(arr,axis=0)
```

第一行在计算平均值之前将 fft_mag 转换成一个 NumPy 数组。我们需要对每个频率计算均值，这里不仅仅是计算所有均值。我们需要指定坐标轴，沿着坐标轴来计算均值。

在这个例子中，时间序列按行存储，按列（轴 0）计算均值将会得到与频率对应的均值。为了更好地呈现这种变换，我们需要创建一个测试频谱列表。频率通过天数除以数据集总天数的形式表示：1/550、2/550、3/550 等。执行如下代码来进行创建列表：

```
fft_xvals = [day / fft_mean.shape[0] for day in
range(fft_mean.shape[0])]
```

在可视化中，我们仅关注一周内的频谱区间，可以删除变换的第二个部分，具体执

行如下代码:

```
npts = len(fft_xvals) // 2 + 1
fft_mean = fft_mean[:npts]
fft_xvals = fft_xvals[:npts]
```

最后,我们呈现上述变换,代码如下:

```
fig, ax = plt.subplots(figsize=(10, 7))
ax.plot(fft_xvals[1:],fft_mean[1:])
plt.axvline(x=1./7,color='red',alpha=0.3)
plt.axvline(x=2./7,color='red',alpha=0.3)
plt.axvline(x=3./7,color='red',alpha=0.3)
```

我们成功地生成了变换的图像,如图 4.10 所示。

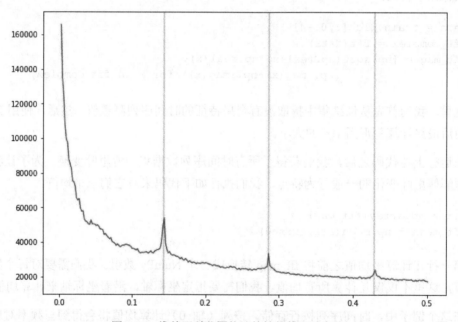

图 4.10　维基百科范围统计特性的傅里叶变化

如图 4.10 所示,在 1/7(0.14)、2/7(0.28)、3/7(0.42)的位置有尖峰。因为每周七天,所以这几个频率也可理解为每周一次、每周两次、每周 3 次。换句话说,页面访问统计数据大体上每周重复,例如某个周六的访问数量与上一个周六的访问是相关的。

4.3 自相关

自相关是一个时间序列中按照某个时间间隔分开的两个元素之间的关联性。直观地来看，我们可以认为最后的时间步（time step）将会帮助预测下一个时间步。但是，两个时间步之前和 100 个时间步之前的信息对预测未来的影响是怎么样的呢？

使用 autocorrelation_plot 工具将会画出序列中不同时间间隔的元素间的自相关性，也将会有助于我们回答之前的那些问题。实际上，pandas 提供了便捷的自相关画图工具。为了使用这些工具，我们需要给它输入一系列数据。在本例中，我们传入某个随机选择的页面的浏览量数据。

我们可以执行如下代码：

```
from pandas.plotting import autocorrelation_plot

autocorrelation_plot(data.iloc[110])
plt.title(' '.join(train.loc[110,['Subject', 'Sub_Page']]))
```

上述代码生成图 4.11 所示的结果。

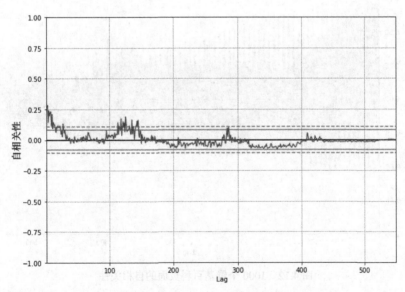

图 4.11 "Oh My Girl" 中文维基百科页面自相关性

图 4.11 展示了维基百科 Oh My Girl（一个韩国女团）的中文页面访问量的相关性。你可以看到，相比于较长时间间隔，1～20 天的短时间间隔呈现出较强的自相关性。类似的，在 120 天和 280 天左右有奇怪的尖峰。很可能是每年、每季度、每月发生的某些事件导致了 Oh My Girl 维基百科中文页面的访问频率增加。

我们通过画出 1000 个自相关图来检查这些频率的通用模式，执行下面代码来实现上述任务：

```
a = np.random.choice(data.shape[0],1000)

for i in a:
    autocorrelation_plot(data.iloc[i])

plt.title('1K Autocorrelations')
```

这个代码片段首先在 0 和数据集时间序列数目之间内随机采样 1000 个数字，本例中的数据集含有约 145000 条记录。我们使用这些作为从数据集中随机采样行数据的行索引，针对上述采样行数据来画出它们的自相关图形，具体如图 4.12 所示。

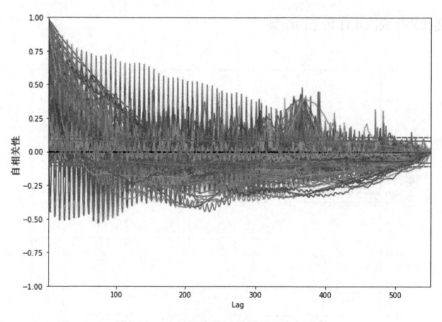

图 4.12　1000 个维基百科页面的自相关性

如你所见，不同序列的自相关性是不同的，图中还有很多的噪声。看似有一个总体趋势是在 350 天附近有很强的自相关性。

因此，将一年前的页面访问量作为时间依赖的特征和将一年间隔的自相关特性作为全局特征融入到模型中，这些也都显得合理。同样地，对于每季度和每半年时间，这些序列看起来有很高的自相关性，甚至有的时候有相当的负相关性，这样的信息也很有价值。

像之前呈现的那些例子，时间序列分析将会有助于工程师获得模型的特征。理论上，复杂的神经网络可以发现数据的所有特征。然而，使用长时间间隔的信息等有助于神经网络获取特征。

4.4 构建训练和测试方案

即使有大量的数据可用，我们还是需要明白如何将数据划分为训练数据、验证数据和测试数据。这个数据集已经包括未来数据的测试集，因此我们不用担心测试数据集；但是对于验证数据集，有两个划分方法：步进划分（walk forward split）和并列划分（side-by-side split），如图 4.13 所示。

图 4.13 可能的测试方案

在步进划分中，我们在所有约 145000 条时间序列记录上进行训练。为了验证模型，我们将从所有序列中使用更多近期的数据。在并行划分中，我们采用一部分序列数据用于训练，其他数据用于验证。

这两种方法各有千秋，步进划分的缺点在于我们不能使用时间序列的所有观察数据来进行预测，并列划分的缺点在于我们不能使用所有的序列来进行训练。

如果我们有相对少的序列，每个序列有很多的观察数据，使用步进划分就更加合适。如果我们有很多的序列，但是每个序列的观察数据较少，那么并列分隔更加合适。

构建一个训练和测试方案需要与预测的问题匹配一致。在并列划分中，模型可能在预测期间内过度拟合全局事件。设想一下，在使用并列划分方法的情况下，维基百科服务在预测时间段内失效一周。这个事件将会减少所有页面的访问量，那么模型将会过拟合这个全局事件。

我们不能在验证集中发现这种过拟合问题，因为预测期也被这个全局事件影响。在本例中，有很多个时间序列，每个序列大约有 550 个观察数据。因此，在对应的特定时间段内，看似没有全局事件可以对所有维基百科页面都产生重大影响。

但是，有一些全局事件会影响特定的一批页面，例如冬季奥林匹克运动会。然而，在这种情况下这是一个合理的风险，因为受全局事件影响的页面数量相对较少。由于我们有充足的时间序列，每个序列只有少数的观察数据，在本例中使用并列划分更加适合。

在本章中，我们关注预测 50 天的浏览量。所以，在分隔出训练和验证集之前，我们必须首先从每个序列中划分出最后 50 天的数据，如下面代码所示：

```
from sklearn.model_selection import train_test_split

X = data.iloc[:,:500]
y = data.iloc[:,500:]

X_train, X_val, y_train, y_val = train_test_split(X.values,
                                                  y.values,
                                                  test_size=0.1,
                                                  random_state=42)
```

当划分的时候，我们使用 X.values 来获得数据，而不是包含数据的 DataFrame。在划分完成后，我们拥有 130556 个序列用于训练 14507 个序列用于验证。

在本例中，我们将会使用均匀绝对百分比误差（Mean Absolute Percentage Error，MAPE）作为损失和评估参数。在 y 为 0 的情况下，MAPE 存在除数为 0 的错误。因此，为了防止除数为 0 的错误发生，我们利用一个较小值 ε（代码中为 eps）：

```
def mape(y_true,y_pred):
    eps = 1
    err = np.mean(np.abs((y_true - y_pred) / (y_true + eps))) *100
    return err
```

4.5 回测

选择训练和验证数据集的这个特性在系统投资和算法交易中格外重要。验证交易算法的主要思路是回测。

回测意味着我们在某个时间段内训练算法，然后使用更早的数据来验证算法的性能。例如，我们使用 2015 年至 2018 年的数据来训练模型，然后使用 1990 年至 2015 年的数据来进行验证。这种方式在测试了模型的准确率的同时，回测的算法还会执行虚拟化交易，评估了算法的盈利能力。由于有大量历史数据可以使用，因此回测是可实现的。

有一种说法是，回测也存在一些严重的偏差问题。让我们看看 4 类重要的偏差问题，这些问题我们需要特别注意。

- 前视偏差：如果未来的数据偶然地出现在仿真中某个节点上，而未来时间点上的数据本不可用，这将引入前视偏差。这个偏差可能由于仿真器的技术缺陷造成，或者源于参数的计算过程等。例如，如果策略使用了两个证券的相关性，且对于所有时间只计算一次相关性，就可以引入前视偏差。同样的事情可能出现在最大值和最小值的计算中。

- 幸存者偏差：如果在仿真时只包含了测试时仍存在的股票，那么将引入幸存者偏差。例如，在 2008 年金融危机中，很多公司都倒闭了。如果在 2018 年构建仿真器的时候排除了这些已经倒闭公司的数据，就可能导致幸存者偏差。毕竟如果真的回到 2008 年，算法可能会做出决策，投资了这些"未来"会消失股票。

- 心理容忍偏差：那些在回测中表现好的策略在现实中并不一定表现好。考虑一个例子：一个算法在回测中有 4 个月里均在亏损，但随后又把钱全部赚回来了。我们可能对这个算法比较满意。然而，如果一个算法在现实中 4 个月里均在亏损，但是我们并不知道未来它是否能赚回来这么多钱，此时你会坚持立场还是立即停止？在回测中，我们知道最终结果，但是在现实中我们并不知道。

- 过拟合：这是一个对所有机器学习算法都存在的问题，但是对于回测，过拟合会是一个持续出现的问题。不仅算法可能存在潜在的过拟合可能，算法的设计者也可能使用过去的认知构建了一个过拟合算法。事后选股票很容易，融入到模型中的知识让模型在回测中看起来符合期待。然而这看起来很脆弱，例如它依赖某些特定的相关性，这些相关性在过去时间里成立，但是也容易在回测评估的模型中引入偏差。

构建好的测试方案是量化投资公司和以预测为主要工作的人群的核心工作。除了回测，测试算法的一个主流策略就是在某些特定数据上测试模型，这些数据在统计上类似于股票数据，但却是人工生成的。我们可以构建一个生成器来生成看似股票数据的非真实数据，以避免那些真实股票市场的知识悄无声息地渗透到我们的模型中。

另一个方案就是低调无声息地部署模型，然后在未来测试这些模型。算法正常运行，但是仅执行虚拟交易，所以如果出现错误，算法也不会带来经济损失。这个方案充分利用未来的数据而不是历史数据。然而，这个方法的副作用就是在算法实际使用之前，需要等待很长时间。

在实际中，经常使用混合方法。统计学家仔细设计方案来看一个算法对不同仿真如何响应。在网页流量预测例子中，我们仅验证不同的页面，最后在未来数据上进行验证。

4.6 中位数预测

中位数预测是一个很好用但经常被低估的完整性检查工具。中位数是一个数值，它位居分布的中间位置，可以区分一半大数和一半小数。中位数的优势在于它可以消除噪声，同时比均值技术在奇异值问题上具有更小的脆弱性。另外，获取分布中间点的方法也可以很容易地计算中位数。

为了预测，我们在训练数据中的回看窗口上计算中位数。在本例中，我们使用窗口大小为 50，你也可以使用其他值来进行实验。接下来就是从 X 值中选择最后 50 个值，并计算它们的中位数。

让我们花点时间来看看 NumPy 中位数函数，我们需要设置 keepdims=True。这样做是为了确保我们使用的是二维矩阵，而不是一个扁平数组。这在计算误差的时候是非常重要的。为了进行预测，我们需要执行如下代码：

```
lookback = 50
lb_data = X_train[:,-lookback:]
med = np.median(lb_data,axis=1,keepdims=True)
err = mape(y_train,med)
```

返回的输出结果显示实现的错误率为 68.1%。考虑到方法的简单性，这样的结果并不算太坏。为了了解中位数算法是如何工作的，我们画出 X 值和真正的 y 值，并对一个随机页面进行预测：

```
idx = 15000
fig, ax = plt.subplots(figsize=(10, 7))
ax.plot(np.arange(500),X_train[idx], label='X')
```

```
ax.plot(np.arange(500,550),y_train[idx],label='True')
ax.plot(np.arange(500,550),np.repeat(med[idx],50),
        label='Forecast')
plt.title(' '.join(train.loc[idx,['Subject', 'Sub_Page']]))
ax.legend()
ax.set_yscale('log')
```

如图 4.14 所示,输出结果图形由 3 条线组成。对于每条线,我们必须描述所对应的 X 值和 y 值。对于 X_train,X 值区间是 0~500,y_train 和预测值的区间是 500~550。然后从训练数据中选择想要画的时间序列。由于我们仅有一个中位数的值,在图中为了画出预测结果,我们对所选择序列的中位数值重复 50 次。

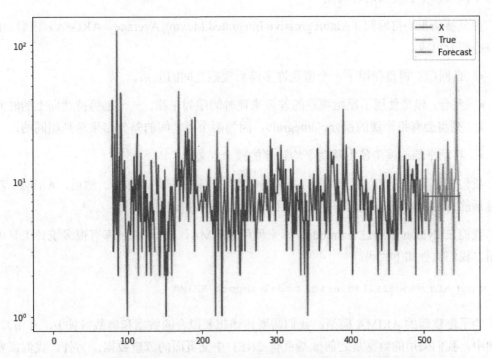

图 4.14 中位数预测和图像文件访问的实际值(真实值是图中右侧的图像,中位数是其中的水平直线)

正如你在图 4.14 中所见,本例中美国演员埃里克·斯托尔兹图像的页面访问数据有很多噪声,中位数穿过了所有这些噪声。当页面的访问不频繁且没有清晰的趋势和模式的时候,中位数预测尤其有用。

这并不是中位数预测的全部。除了我们已经讨论的内容，你还可以对周末使用不同的中位数，或者从多个回看周期中使用中位数的中位数。像中位数预测这种简单的工具可以与特征工程一起展现出良好的性能。因此，值得花费一点时间来实现中位数预测并将它作为基线，并在使用更先进的方法之前使用这个方法来进行合理性检查。

4.7 ARIMA 模型

早在讲解数据分析部分的时候，我们就讨论过季节性和平稳性在预测时间序列中是何等重要的组成部分。事实上，中位数预测在上述两个方面都存在问题。如果时间序列的均值持续改变，那么中位数预测将不会继续这个趋势；如果时间序列展现周期性行为的时候，那么中位数也不会持续这种周期。

差分移动平均自回归（Autoregressive Integrated Moving Average，ARIMA）模型，由 3 个核心部分组成。

- 自回归：模型使用了一个值及许多滞后观察之间的关系。
- 整合：模型使用了原始观察的差分来使时间序列平稳。一个趋势持续向上的时间序列将会有很平缓的积分（integral），因为两个点之间的差分结果总是相同的。
- 移动平均：模型使用移动平均计算的残余误差。

我们需要手动指定自回归项数 p，差分次数 d，移动平均项数 q。然后，ARIMA 对所有包括的自回归项之和在差分序列上的移动平均残差进行线性回归。

我们在 Python 中通过 statmodels 库来使用 ARIMA，statsmodels 库有很多统计工具可供使用。我们执行如下代码：

```
from statsmodels.tsa.arima_model import ARIMA
```

为了创建新的 ARIMA 模型，我们需要传递想要拟合的数据和参数（如 p、d、q）。在本例中，我们采用的数据是之前维基百科 2NE1 中文页面的流量数据。另外，我们需要考虑 5 个自回归项，差分 1 次，移动平均项数为 5。代码如下：

```
model = ARIMA(X_train[0], order=(5,1,5))
```

使用 model.fit() 来拟合模型：

```
model = model.fit()
```

运行 model.summary() 可以输出所有系数并分析重要数据。然而，我们更关心模型在预测方面的性能。为了完成这个目标，我们运行如下代码：

```
residuals = pd.DataFrame(model.resid)
ax.plot(residuals)

plt.title('ARIMA residuals for 2NE1 pageviews')
```

运行上述代码后，我们将输出 2NE1 页面的浏览量，如图 4.15 所示。在图 4.15 中，我们可以看到模型在刚开始表现非常好，但是在 300 天左右开始波动。这是因为页面浏览很难预测，或者因为在那个时间段内页面浏览量更不稳定。

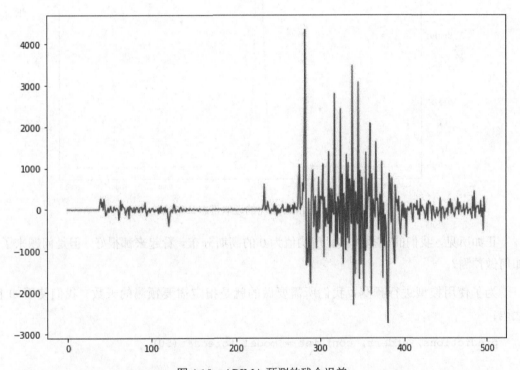

图 4.15　ARIMA 预测的残余误差

为了确保模型是无偏的，我们需要检查残差的分布。为此，我们可用使用核密度估计（kernel density estimator）工具。这是一种在不需要对数据建模的情况下来进行分布估计的数学方法。

我们运行如下代码：

```
residuals.plot(kind='kde',
               figsize=(10,7),
               title='ARIMA residual distribution 2NE1 ARIMA',
               legend = False)
```

上述代码输出如图 4.16 所示。

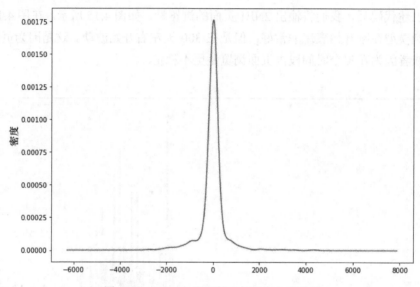

图 4.16　ARIMA 预测的近似正态分布残差

正如所见，我们的模型大体呈现均值为 0 的高斯分布。看起来都很好，但是问题来了：如何做预测？

为了使用模型进行预测，我们所需要做的就是指定需要预测的天数。我们使用如下代码：

```
predictions, stderr, conf_int = model.forecast(50)
```

这个预测不仅呈现了预测结果，还给出了标准差和置信区间（一般默认为 95%）。

我们画出预测的浏览量和实际的浏览量，来看看模型的性能。为了让结果更容易理解，这个图还展示了最近 20 天的浏览量作为预测的基线。具体执行如下代码：

```
fig, ax = plt.subplots(figsize=(10, 7))

ax.plot(np.arange(480,500),basis[480:], label='X')
```

```
ax.plot(np.arange(500,550),y_train[0], label='True')
ax.plot(np.arange(500,550),predictions, label='Forecast')

plt.title('2NE1 ARIMA forecasts')
ax.legend()
ax.set_yscale('log')
```

上述代码生成的结果如图 4.17 所示。你可以看到 ARIMA 非常好地捕获了时间序列的周期性。预测结果在最后有些偏离，但是在开始阶段还是非常准确的。

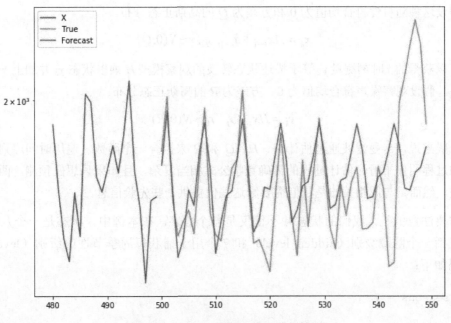

图 4.17　ARIMA 预测和实际访问情况

4.8　卡曼滤波

卡曼滤波是一种从噪声和不完整测量中提取信号的方法，是由匈牙利裔美国工程师 Rudolf Emil Kalman 为满足电子工程需求而发明的。这个技术最早应用于 20 世纪 60 年代的阿波罗空间计划。

卡曼滤波背后基本的思想就是系统有一些隐藏状态，系统的隐藏状态不能直接观察。但是针对这些内部隐藏状态，我们却可以获得它们的一些有噪声的测量。设想一下，你想测量火箭引擎的内部温度。你不能直接在引擎内安装一个温度计，因为里边实在太热了，但是你可以在外边安装一个温度测量设备。

这种测量方法天生就是一个不完美的方法,因为有很多引擎外部因素导致这个测量存在诸多噪声。因此,为了能够测量火箭内部的温度,你需要一个能够解决噪声问题的方法。我们可以将页面预测的内部状态看作对某一页面的感兴趣程度,页面的浏览量只是一个有噪声的测量。

主要思想就是在时间点 k 的内部状态 x_k 是状态转移矩阵 A 乘以之前的内部状态 x_{k-1},并加上一些过程噪声 q_{k-1}。大家对维基百科页面 2NE1 的感兴趣情况在某种程度上是随机的。假设这种随机性符合均值为 0 和方差为 Q 的高斯正态分布。

$$x_k = Ax_{k-1} + q_{k-1},\ q_{k-1} \sim N(0, Q)$$

可以获得的 k 时刻测量 y_k 等于描述状态转换的观察模型 H 乘以状态 x_k 并加上一些观察噪声 r_k。假设观察噪声符合均值为 0、方差为 R 的高斯正态分布:

$$y_k = Hx_k + r_k,\ r_k \sim N(0, R)$$

一般来说,卡曼滤波通过估计 A、H、Q 和 R 来拟合一个函数。遍历时间序列并更新参数的过程叫作平滑。估计过程的精确数学公式相当复杂,且如果只想做预测,两者也并不相关。然而,与此相关的是我们需要给这些值提供一些先验信息。

需要注意的是,我们的状态并不仅仅是一个数字。在本例中,状态是一个八维的向量,包括一个隐藏级别(hidden level)和 7 个用于捕获每周季节性的级别(level)。具体代码如下:

```
n_seasons = 7

state_transition = np.zeros((n_seasons+1, n_seasons+1))

state_transition[0,0] = 1

state_transition[1,1:-1] = [-1.0] * (n_seasons-1)
state_transition[2:,1:-1] = np.eye(n_seasons-1)
```

转移矩阵 A 类似于下表,描述了一个隐藏级别。我们可以把这个表解释成一个真实的兴趣和季节特性的模型:

```
array([[ 1.,  0.,  0.,  0.,  0.,  0.,  0.,  0.],
       [ 0., -1., -1., -1., -1., -1., -1.,  0.],
       [ 0.,  1.,  0.,  0.,  0.,  0.,  0.,  0.],
```

```
       [ 0.,  0.,  1.,  0.,  0.,  0.,  0.,  0.],
       [ 0.,  0.,  0.,  1.,  0.,  0.,  0.,  0.],
       [ 0.,  0.,  0.,  0.,  1.,  0.,  0.,  0.],
       [ 0.,  0.,  0.,  0.,  0.,  1.,  0.,  0.],
       [ 0.,  0.,  0.,  0.,  0.,  0.,  1.,  0.]])
```

观测模型 *H* 将兴趣加上季节性映射成单一的测量：

```
observation_model = [[1,1] + [0]*(n_seasons-1)]
```

观测模型看起来如下：

[[1, 1, 0, 0, 0, 0, 0, 0]]

噪声先验（noise prior）是用估计值乘以平滑因子，这个平滑因子可以控制更新的进程：

```
smoothing_factor = 5.0

level_noise = 0.2 / smoothing_factor
observation_noise = 0.2
season_noise = 1e-3

process_noise_cov = np.diag([level_noise, season_noise] +
[0]*(n_seasons-1))**2
observation_noise_cov = observation_noise**2
```

process_nosie_cov 是一个八维向量，来匹配八维状态向量。observation_nosie_cov 是一个标量，因为我们仅有一个测量。唯一的要求是它们的大小必须符合上面两个公式描述的矩阵乘法。除此之外，我们不用描述自己所看过的转移模型。

数学家 Otto Seiskari 是维基百科流量预测比赛的获奖者，他编写了一个快速的卡曼滤波器库。我们这里将使用这个库，这个库可以实现多个独立时间序列的向量化运算。如果你有 145000 个时间序列需要处理，这将是一个非常方便的库。

你可以使用下面命令来安装这个库：

pip install simdkalman

运行如下代码导入库：

```
import simdkalman
```

尽管 simdkalman 库本身很复杂，但是使用起来很方便。首先，我们来描述一个卡曼滤波器，详见以下代码。

```
kf = simdkalman.KalmanFilter(state_transition = state_transition,
                             process_noise = process_noise_cov,
                             observation_model =observation_model,
                             observation_noise =observation_noise_cov)
```

接下来，我们将用一步来估计参数并计算预测结果：

```
result = kf.compute(X_train[0], 50)
```

再一次，我们预测 2NE1 中文维基百科页面 50 天的流量。需要花一点时间来说明，我们能传递多个时间序列参数（如前 10 个元素 X_train[:10]），并一次性计算它们各自的卡曼滤波器。

计算函数的结果包括从平滑过程中获得的状态和观察的估计，以及预测的内部状态和观察。状态和观察都是高斯分布。为了获得可图形化的数值，我们需要获得它们的均值。

状态是一个八维向量，但是我们仅关心非季节性状态值，因此我们需要对均值进行索引。代码如下所示：

```
fig, ax = plt.subplots(figsize=(10, 7))
ax.plot(np.arange(480,500),X_train[0,480:], label='X')
ax.plot(np.arange(500,550),y_train[0],label='True')

ax.plot(np.arange(500,550),
        result.predicted.observations.mean,
        label='Predicted observations')

ax.plot(np.arange(500,550),
        result.predicted.states.mean[:,0],
        label='predicted states')

ax.plot(np.arange(480,500),
        result.smoothed.observations.mean[480:],
        label='Expected Observations')

ax.plot(np.arange(480,500),
```

```
    result.smoothed.states.mean[480:,0],
    label='States')
```

```
ax.legend()
ax.set_yscale('log')
```

这些代码生成如图 4.18 所示的结果。在图 4.18 中，我们可以很清晰地看到先验模型对预测结果的效果。模型预测结果具有很强的每周震荡特性，这个震荡比我们实际观察的还强。类似地，模型并没有预测任何趋势，因为我们在先验模型中也没有见到任何趋势。

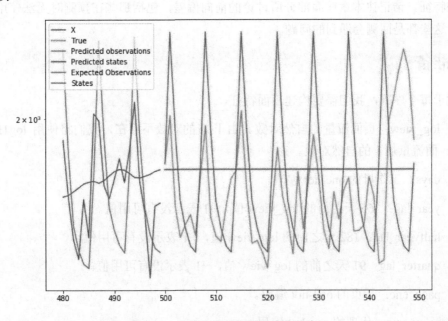

图 4.18　卡曼滤波的预测和内部状态

卡曼滤波是一个非常有用的工具，也在电子工程和金融等诸多领域有着广泛应用。事实上，时至今日，卡曼滤波仍是时间序列建模的首选工具。聪明的建模者能够创建智能的系统，很好地描述时间序列。但是，卡曼滤波的弱点就是它们自身不能独立发现模式，它们需要工程化知识来辅助使其工作。

在本章的后半部分，我们将学习神经网络方法，这种方法可以自动地给时间序列建模，且有更高的准确率。

4.9 神经网络预测

本章的后半部分是关于神经网络的内容。在前半部分，我们构建了一个简单的神经网络来预测下一时刻的情况。由于时间序列中的尖峰非常大，我们将在输入和输出中使用基于对数的页面访问数据。我们通过将预测结果重新输入到网络中的方式实现使用短期预测的神经网络来做长期预测。

在我们开始具体深入和构建预测模型之前，需要做一些预处理和特征工程工作。神经网络的优势在于它可以输入大量的特征和高维度数据；劣势在于我们需要仔细考虑需要输入哪些特征。请记住本章前面部分所讨论的前向偏差，包括那些在预测时无法使用的未来数据，这些都是回测会遇到的问题。

数据准备

对于每个序列，我们需要构建下面特征。

- log_view：页面流量的自然对数。由于 0 的对数不存在，我们将使用 log1P，即页面流量加 1 的自然对数。
- days：工作日的 one-hot 编码。
- year_lag：365 天之前的 log_view 值，−1 表示没有可用值。
- halfyear_lag：182 天之前的 log_view 值，−1 表示没有可用值。
- quarter_lag：91 天之前的 log_view 值，−1 表示没有可用值。
- page_enc：子页的 one-hot 编码。
- agent_enc：代理的 one-hot 编码。
- acc_enc：访问方法的 one-hot 编码。
- year_autocorr：时间序列的 365 天的自相关性。
- halfyr_autocorr：时间序列的 182 天的自相关性。
- quarter_autocorr：时间序列的 91 天的自相关性。
- medians：在回看窗口期间的页面浏览的中位数。

在给定输入数据形状（batch 大小、回看窗口大小，29）之后，为每个时间序列构建上述特征。

工作日

一周中的每天是有意义的。周日可能有不同的访问行为与特性,人们可能在沙发上浏览网页,而周一人们可能寻找工作相关的信息。所以,我们需要对工作日进行编码。简单的 one-hot 编码就可以实现上述目标:

```
import datetime
from sklearn.preprocessing import LabelEncoder
from sklearn.preprocessing import OneHotEncoder

weekdays = [datetime.datetime.strptime(date, '%Y-%m-%d').strftime('%a')
            for date in train.columns.values[:-4]]
```

首先,我们将日期字符串(例如 2017-03-02)改成工作日(周四)。这个任务相对简单,可以通过下面代码来实现:

```
day_one_hot = LabelEncoder().fit_transform(weekdays)
day_one_hot = day_one_hot.reshape(-1, 1)
```

然后,我们将这些工作日编码成一个整数,例如,"周一"为 1,"周二"为 2,等等。我们将结果数组转换成一个秩为 2 的张量,这个张量的形状为(数组长度,1),这样 one-hot 编码可以了解到我们有很多的观察,但是仅有一个特征,而不是很多个:

```
day_one_hot = OneHotEncoder(sparse=False).fit_transform(day_one_hot)
day_one_hot = np.expand_dims(day_one_hot,0)
```

最后,我们使用 one-hot 来编码日期。我们给张量增加一个新的维度,用来表示我们仅使用了一行来表示日期。随后,我们将沿着这个坐标轴来重复这个数组:

```
agent_int = LabelEncoder().fit(train['Agent'])
agent_enc = agent_int.transform(train['Agent'])
agent_enc = agent_enc.reshape(-1, 1)
agent_one_hot = OneHotEncoder(sparse=False).fit(agent_enc)

del agent_enc
```

我们在对每个序列的代理进行编码时,将需要用到代理的编码器。这里,我们先创建一个 LabelEncoder 实例,这个实例可以将代理名字的字符串编码成整数。然后,我们将所有代理都转换成整型字符串,进而创建一个 OneHotEncoder 实例来对代理进行 one-hot 编码。

为了节省内存空间，可以删除已经编码的代理。

我们对子页面和访问方法也做同样的工作，具体代码如下：

```
page_int = LabelEncoder().fit(train['Sub_Page'])
page_enc = page_int.transform(train['Sub_Page'])
page_enc = page_enc.reshape(-1, 1)
page_one_hot = OneHotEncoder(sparse=False).fit(page_enc)

del page_enc

acc_int = LabelEncoder().fit(train['Access'])
acc_enc = acc_int.transform(train['Access'])
acc_enc = acc_enc.reshape(-1, 1)
acc_one_hot = OneHotEncoder(sparse=False).fit(acc_enc)

del acc_enc
```

现在我们开始处理滞后特征。从技术上来看，神经网络可以发现那些与未来预测相关联的历史事件。然后，由于存在梯度消失问题，上述预测变得更加困难。我们将在第 4.13 节讨论更深入的细节内容。现在，我们创建一个简单的函数，按照滞后日期创建数组：

```
def lag_arr(arr, lag, fill):
    filler = np.full((arr.shape[0],lag,1),-1)
    comb = np.concatenate((filler,arr),axis=1)
    result = comb[:,:arr.shape[1]]
    return result
```

这个函数首先创建一个数组，这个数组通过移动来填充空格位置。新数组的行数与原来的数组相同，它所包含的时间序列长度（也就是数组的宽度）是我们希望滞后的日期数。然后，我们将这个数组放到原来数组的前面。最后，从数组的后面开始删除元素，为了得到与之前数组序列的同样长度（也就是宽度），需要告诉模型不同时间间隔的自相关值。为了计算某个单独序列的自相关，我们移动序列，我们希望自相关的间隔进行移动。然后，我们来计算自相关：

$$R(\tau) = \frac{\sum((X_t - \mu_t)(X_{t+\tau} - \mu_{t+\tau}))}{\sigma_t \sigma_{t+\tau}}$$

在上述公式中，τ 是间隔指示器。我们并不是仅仅使用 NumPy 库的函数，因为除数可能为 0。在这种情况下，函数返回为 0：

```
def single_autocorr(series, lag):
    s1 = series[lag:]
    s2 = series[:-lag]
    ms1 = np.mean(s1)
    ms2 = np.mean(s2)
    ds1 = s1 - ms1
    ds2 = s2 - ms2
    divider = np.sqrt(np.sum(ds1 * ds1)) * np.sqrt(np.sum(ds2 * ds2))
    return np.sum(ds1 * ds2) / divider if divider != 0 else 0
```

我们可以使用这个为单个序列创建函数,并构建一批自相关特征,代码如下所示:

```
def batc_autocorr(data,lag,series_length):
    corrs = []
    for i in range(data.shape[0]):
        c = single_autocorr(data, lag)
        corrs.append(c)
    corr = np.array(corrs)
    corr = np.expand_dims(corr,-1)
    corr = np.expand_dims(corr,-1)
    corr = np.repeat(corr,series_length,axis=1)
    return corr
```

首先,我们计算批次中每个序列的自相关,然后将所有的相关值融合到一个NumPy数组中。由于自相关是一个全局的特征,我们需要为序列的长度来构建一个新的维度,为显示这仅是一个特征而创建另一个维度。然后,我们在序列整个长度上重复这个自相关。

函数 get_batch 使用所有工具来为我们提供一批数据,如下面代码所示:

```
def get_batch(train,start=0,lookback = 100):                          #1
    assert((start + lookback) <= (train.shape[1] - 5))                #2
    data = train.iloc[:,start:start + lookback].values                #3
    target = train.iloc[:,start + lookback].values
    target = np.log1p(target)                                         #4
    log_view = np.log1p(data)
    log_view = np.expand_dims(log_view,axis=-1)                       #5
    days = day_one_hot[:,start:start + lookback]
    days = np.repeat(days,repeats=train.shape[0],axis=0)              #6
    year_lag = lag_arr(log_view,365,-1)
```

```
halfyear_lag = lag_arr(log_view,182,-1)
quarter_lag = lag_arr(log_view,91,-1)                           #7
agent_enc = agent_int.transform(train['Agent'])
agent_enc = agent_enc.reshape(-1, 1)
agent_enc = agent_one_hot.transform(agent_enc)
agent_enc = np.expand_dims(agent_enc,1)
agent_enc = np.repeat(agent_enc,lookback,axis=1)                #8
page_enc = page_int.transform(train['Sub_Page'])
page_enc = page_enc.reshape(-1, 1)
page_enc = page_one_hot.transform(page_enc)
page_enc = np.expand_dims(page_enc, 1)
page_enc = np.repeat(page_enc,lookback,axis=1)                  #9
acc_enc = acc_int.transform(train['Access'])
acc_enc = acc_enc.reshape(-1, 1)
acc_enc = acc_one_hot.transform(acc_enc)
acc_enc = np.expand_dims(acc_enc,1)
acc_enc = np.repeat(acc_enc,lookback,axis=1)                    #10
year_autocorr = batc_autocorr(data,lag=365,series_length=lookback)
halfyr_autocorr = batc_autocorr(data,lag=182,series_length=lookback)
quarter_autocorr = batc_autocorr(data,lag=91,series_length=lookback)
                                                                #11
medians = np.median(data,axis=1)
medians = np.expand_dims(medians,-1)
medians = np.expand_dims(medians,-1)
medians = np.repeat(medians,lookback,axis=1)                    #12
batch = np.concatenate((log_view,
                        days,
                        year_lag,
                        halfyear_lag,
                        quarter_lag,
                        page_enc,
                        agent_enc,
                        acc_enc,
                        year_autocorr,
                        halfyr_autocorr,
                        quarter_autocorr,
                        medians),axis=2)

return batch, target
```

上述代码有点多,让我们花时间一步一步地阅读代码,进而更深刻地理解整段代码:

1. 从指定的起点开始,确保有足够的数据来创建回看窗口和目标点;

2. 从训练数据中分离出回看窗口;

3. 分离出目标,然后计算 log1P 对数值①;

4. 计算回看窗口的对数 log1p,然后增加一个特征维度;

5. 从预计算的日期 one-hot 编码中获取日期,按照批量方式对每个序列重复这个过程;

6. 计算间隔为一年、半年和每季度的滞后特征;

7. 使用前面定义的编码器来对全局特征进行编码。接下来第 8 和第 9 步做同样的事情;

8. 重复步骤 7;

9. 重复步骤 7 和步骤 8;

10. 计算年度、半年和季度的自相关性;

11. 计算回看数据的中位数;

12. 将所有的特征融入到一批中。

最后,我们可以使用 get_batch 函数来写一个生成器,这个生成器在所有的原始训练集上进行循环,并将一个子集传递给 get_batch 函数。然后生成批数据。

值得注意的是,为了最大限度地利用数据,我们随机选择起始点:

```
def generate_batches(train,batch_size = 32, lookback = 100):
    num_samples = train.shape[0]
    num_steps = train.shape[1] - 5
    while True:
        for i in range(num_samples // batch_size):
            batch_start = i * batch_size
            batch_end = batch_start + batch_size

            seq_start = np.random.randint(num_steps - lookback)
            X,y = get_batch(train.iloc[batch_start:batch_end],start=seq_start)
            yield X,y
```

我们将依托这个函数来训练和验证。

---

① 译者注:也就是值加 1 后取对数。

4.10　Conv1D

在第 3 章中，我们在检查屋顶和保险的案例中粗略地讲述过卷积神经网络。在计算机视觉中，卷积滤波器在整个图片上以二维的方式来滑动。另一个版本的卷积滤波器能在一个一维的序列上滑动，输出另一个序列，跟用二维卷积输出另一张图片有点类似。关于一维卷积的其他任何事情都跟二维卷积是一样的。

在本章中，我们从构建 ConvNet 开始，ConvNet 接受一个固定输入长度：

```
n_features = 29
max_len = 100

model = Sequential()

model.add(Conv1D(16,5, input_shape=(100,29)))
model.add(Activation('relu'))
model.add(MaxPool1D(5))

model.add(Conv1D(16,5))
model.add(Activation('relu'))
model.add(MaxPool1D(5))
model.add(Flatten())
model.add(Dense(1))
```

值得注意的是，在 Conv1D 和 Activation 之后，网络中还有两层。MaxPool1D 工作原理与我们之前使用的 MaxPooling2D 一样，它输入一个指定长度的序列，返回这个序列中的最大元素，这跟在二维卷积神经网络中返回一个小窗口中最大元素很相似。

注意，最大池化总是返回每个信道的最大值。Flatten 将二维序列张量转换成一个一维的扁平张量。为了组合使用 Flatten 和 Dense，我们需要在输入形状中指定序列的长度。这里，我们使用 max_len 变量来设置它。这样做的主要原因在于 Dense 需要输入一个固定输入形状，Flatten 根据输入形状来返回一个张量。

Flatten 的替代方法是使用 GlobalMaxPool1D，它返回整个序列的最大元素。由于序列是大小固定的，你可以在不需要固定输入长度的情况下使用 Dense 层。

模型的编译如你所期望那样：

```
model.compile(optimizer='adam',
loss='mean_absolute_percentage_error')
```

我们在之前写的生成器上训练模型。为了获得独立的训练数据集和验证集，首先需要划分整体训练集，然后基于这两个数据集来创建两个生成器。运行如下代码：

```
from sklearn.model_selection import train_test_split

batch_size = 128
train_df, val_df = train_test_split(train, test_size=0.1)
train_gen = generate_batches(train_df,batch_size=batch_size)
val_gen = generate_batches(val_df, batch_size=batch_size)

n_train_samples = train_df.shape[0]
n_val_samples = val_df.shape[0]
```

最后，就像在计算机视觉中那样，我们在生成器上训练模型：

```
model.fit_generator(train_gen,
                    epochs=20,
                    steps_per_epoch=n_train_samples // batch_size,
                    validation_data= val_gen,
                    validation_steps=n_val_samples // batch_size)
```

验证集的损失仍然很高，约为 12798928。损失的绝对值并不是判断模型好坏的很好的指标，最好使用其他的指标来判断你的预测是否准确有用。我们将会在本章后面显著地降低损失。

4.11 因果卷积和扩张卷积

正如回测中所讨论的，我们需要确保模型不存在前视偏差，而标准卷积没有考虑卷积的方向，如图 4.19 所示。

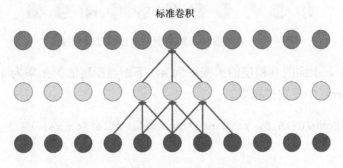

图 4.19　标准的卷积并没有考虑卷积的方向

随着卷积滤波器在数据上进行滑动,它分析未来和过去的信息。因果卷积确保了在 t 时刻的输出仅跟 $t-1$ 时刻的输入有关,如图 4.20 所示。

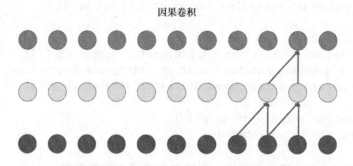

图 4.20　因果卷积按照合适方向来移动滤波器

在 Keras 中,我们所需要做的工作就是把 padding 参数设置为 causal。可以通过如下代码来实现上述目标:

```
model.add(Conv1D(16,5, padding='causal'))
```

另一个非常有用的技术就是扩张卷积网络,扩张意味着滤波器仅访问每组的第 n 个元素,如图 4.21 所示。

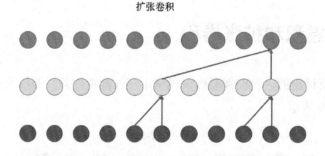

图 4.21　扩张卷积在做卷积的时候跳过某些输入

在图 4.21 中,上面的卷积层的扩张率为 4,下面卷积层的扩张率为 1。我们可以通过下面代码来在 Keras 中设置扩张率。

```
model.add(Conv1D(16,5, padding='causal', dilation_rate=4))
```

4.12 简单的 RNN

在神经网络中让顺序有意义的另一种方法就是让网络具有记忆。迄今为止,我们所有网络都只是前向传递,对之前发生或者之后发生的事情没有任何记忆。现在是时候来改变和实现循环神经网络(Recurrent Neural Network,RNN),如图 4.22 所示。

图 4.22 RNN 机制

RNN 包含循环层。循环层可以记住上次激活并使用它来作为输入。

$$A_t = \text{activation}(WX_{in} + UA_{t-1} + b)$$

循环层将序列作为输入。对于每个元素,它计算矩阵乘法(WX_{in}),就像 Dense 层一样,并通过激活函数(例如 ReLU)对结果进行计算。然后,它保存激活结果。当序列的下一个元素输入的时候,RNN 像之前一样执行矩阵乘法,但是这次它也使用第二个矩阵乘以之前的激活结果(UA_{t-1})。循环层将这两个矩阵相乘的结果相加,并将它再一次传递给激活函数。

在 Keras 中,我们使用简单的 RNN 如下所示:

```
from keras.layers import SimpleRNN

model = Sequential()
model.add(SimpleRNN(16,input_shape=(max_len,n_features)))
model.add(Dense(1))

model.compile(optimizer='adam',
loss='mean_absolute_percentage_error')
```

我们需要指定的参数仅有循环层的大小。这个基本上跟设置 Dense 层大小一样,因为 SimpleRNN 层与 Dense 层非常相似,只是 SimpleRNN 会将输出数据重新传给输入数据。默认情况下,RNN 仅返回序列的最后一个输出。

为了堆叠多个 RNN 网络,我们需要设置 return_sequence 为 True。具体执行如下代码:

```
from keras.layers import SimpleRNN

model = Sequential()
model.add(SimpleRNN(16,return_sequences=True,
input_shape=(max_len,n_features)))
model.add(SimpleRNN(32, return_sequences = True))
model.add(SimpleRNN(64))
model.add(Dense(1))

model.compile(optimizer='adam',
loss='mean_absolute_percentage_error')

You can then fit the model on the generator as before:

model.fit_generator(train_gen,
                    epochs=20,
                    steps_per_epoch=n_train_samples // batch_size,
                    validation_data= val_gen,
                    validation_steps=n_val_samples // batch_size)
```

这段代码的结果就是,这个简单的 RNN 的效果比神经网络效果更好,RNN 的损失约为 1548653。记得之前我们的损失约为 12793928。然而,我们可以使用更加复杂的 RNN 来让性能更好。

4.13 LSTM

在上一节中,我们学习了基本的 RNN 模型。理论上,简单的 RNN 模型可以保持长期的记忆。然而在实践中,这种方法因为梯度消失问题而不符合要求。

经过许多步骤之后,网络很难保留有意义的梯度。尽管这不是本书关注的重点,关于这个问题的更详细分析和讨论可以参考论文 "Learning long-term dependencies with gradient descent is difficult"。这篇论文的作者是 Yoshua Bengio、Patric Simard 和 Paolo Fransconi。读者可以在 IEEE Xplore 上检索这篇论文。

作为对简单 RNN 模型的梯度消失问题最直接的响应,长短期记忆网络(Long Short-Term Memory,LSTM)模型被提出,LSTM 模型在更长时间序列上具有更好的表现。但如果相关的观察包括时间序列中数百个时间步骤,那么即使是 LSTM 也无能为力。这也是为什么我们需要手动包含一些滞后观察。

在讨论细节之前，让我们看看简单 RNN 模型随着时间展开情况，如图 4.23 所示。

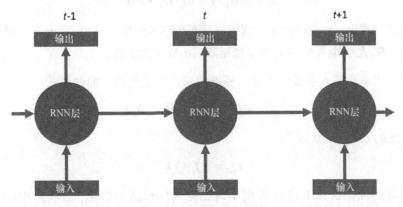

图 4.23　展开的 RNN 模型

如你所见，这个模型跟第 2 章所见的相似，只不过这个模型是随着时间的推移展开结果。

carry

如图 4.24 所示，LSTM 在 RNN 基础增加的主要部分就是 carry，carry 就像运行在 RNN 网络中的传送带。在每个时间点上，carry 被输入到 RNN 模型中。新的 carry 根据输入、RNN 输出、前一时刻的 carry 计算出来，这个新的 carry 计算独立于 RNN 层计算本身。

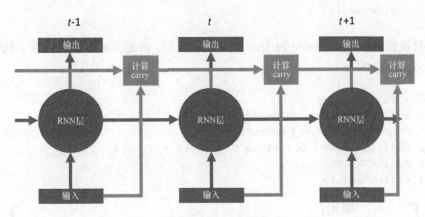

图 4.24　LSTM 方案

为了深入理解 carry 到底是怎么计算的，我们需要确定对输入和状态加上以下内容：

$$i_t = a(U_i \cdot s_t + in_t \cdot W_i + b_i)$$
$$k_t = a(U_k \cdot s_t + in_t \cdot W_k + b_k)$$

在上面的公式中，s_t 是时间 t 的状态（简单的 RNN 层的输出），in_t 是 t 时刻的输入，U_i、W_i、U_k、W_k 是模型需要学习的参数矩阵，a 是激活函数。

为了确定状态和输入中哪些内容需要被遗忘，可以使用下面的公式：

$$f_t = a(U_f \cdot s_t + in_t \cdot W_f + b_f)$$

然后，新的 carry 计算如下：

$$c_{t+1} = c_t f_t + i_t k_t$$

尽管标准的理论认为 LSTM 模型学习如何增加和遗忘信息；在实际中，没人知道到底 LSTM 内部到底发生了什么。然而，LSTM 模型在学习长期记忆方面的确呈现很好的效果。

花点时间来了解 LSTM 层并不需要额外的激活函数，因为它们有立即可用的 tan 激活函数。

LSTM 可以按照类似 SimpleRNN 的方式使用：

```
from keras.layers import LSTM

model = Sequential()
model.add(LSTM(16,input_shape=(max_len,n_features)))
model.add(Dense(1))
```

你需要设置 return_sequence 为 True 来实现堆积层。注意，你可以使用以下代码来结合 LSTM 和 SimpleRNN：

```
model = Sequential()
model.add(LSTM(32,return_sequences=True,
input_shape=(max_len,n_features)))
model.add(SimpleRNN(16, return_sequences = True))
model.add(LSTM(16))
model.add(Dense(1))
```

提示：
如果你使用 Keras 库的 GPU 和 TensorFlow 后端，请使用 CuDNNLSTM 来代替 LSTM。它比 LSTM 具有更高的速度，而工作方式基本一样。

像之前使用的那样,编译和运行模型如下:

```
model.compile(optimizer='adam',
              loss='mean_absolute_percentage_error')

model.fit_generator(train_gen,
                    epochs=20,
                    steps_per_epoch=n_train_samples // batch_size,
                    validation_data= val_gen,
                    validation_steps=n_val_samples // batch_size)
```

现在,模型的损失降低至 88735,比我们初始模型的损失低了几个量级。

4.14 循环 dropout

随着深入阅读本书,你已经遇到过 dropout 概念。dropout 随机移除某个层输入的某些元素。RNN 中一个重要的常用工具就是 recurrent dropout,它不移除不同层之间的输入信息,而是移除不同时间点的输入信息,如图 4.25 所示。

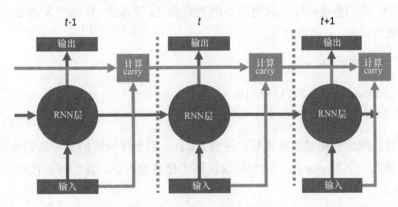

图 4.25 循环 dropout 方案

就像普通的 dropout,循环 dropout 同样具有正则化效果,也可以防止过拟合。在 Keras 中,我们仅需要给 LSTM 和 RNN 模型传递参数就可以使用循环 dropout。

如下面代码所示,循环 dropout 与普通 dropout 不同,它没有自己的层:

```
model = Sequential()
model.add(LSTM(16,
               recurrent_dropout=0.1,
               return_sequences=True,
```

```
            input_shape=(max_len,n_features)))
model.add(LSTM(16,recurrent_dropout=0.1))

model.add(Dense(1))
```

4.15 贝叶斯深度学习

我们现在已经有一系列模型来对时间序列进行预测。但关键点是这些模型给出的估计是合理估计还是随机乱猜？模型的确信度如何？大部分经典的概率建模技术（如卡曼滤波）可以给出预测的置信区间，然而一般的深度学习方法却不能。贝叶斯深度学习结合了贝叶斯方法和深度学习技术，让模型可以表达这种不确定性。

贝叶斯深度学习的关键思想就是模型存在固有的不确定性。有的时候这是因为模型学习的是权重的均值和标准差，而不是权重的一个值。但是，这种方法增加了所需要的参数数量，因此并没有流行。将普通的深度学习变成贝叶斯深度学习的一个简单方法就是在预测时激活dropout，然后做多重预测。

在本节中，我们将使用比之前更简单的数据集。x值是在-5~5之间的20个随机值，y值对上述x值对应的sin函数结果。

我们从下面代码开始：

```
X = np.random.rand(20,1) * 10 - 5
y = np.sin(X)
```

我们的神经网络也相对简单直接。注意，Keras不允许网络的第一层为dropout层，因此我们需要增加一个Dense层，这个层仅仅用于传递输入值。我们可以使用下面代码来实现上述任务：

```
from keras.models import Sequential
from keras.layers import Dense, Dropout, Activation

model = Sequential()

model.add(Dense(1,input_dim = 1))
model.add(Dropout(0.05))

model.add(Dense(20))
model.add(Activation('relu'))
```

```
model.add(Dropout(0.05))

model.add(Dense(20))
model.add(Activation('relu'))
model.add(Dropout(0.05))

model.add(Dense(20))
model.add(Activation('sigmoid'))

model.add(Dense(1))
```

为了拟合这个函数，我们使用相对小的学习速率，导入 Keras vannilla 随机梯度下降优化器来设置学习速率。然后，我们把模型训练 10000 轮（epoch）。由于我们对训练日志不感兴趣，我们设置 verbose 为 0，让模型安静地训练。

具体执行如下代码：

```
from keras.optimizers import SGD
model.compile(loss='mse',optimizer=SGD(lr=0.01))
model.fit(X,y,epochs=10000,batch_size=10,verbose=0)
```

我们需要在更大范围来测试模型，于是创建了 200 个数据的测试集，这个数据集的数据在-10～10，间隔为 0.1。我们可以通过下面代码来模拟测试：

```
X_test = np.arange(-10,10,0.1)
X_test = np.expand_dims(X_test,-1)
```

现在是见证奇迹的时刻！我们使用 Keras.backend 给在后台运行这些程序的 TensorFlow 传递配置参数。我们使用 backend 来设置学习阶段参数为 1。这让 TensorFlow 相信我们在训练，它就可以应用 dropout 技术。然后，我们对测试数据做 100 次预测，这 100 个预测结果就是对于每个实例 x 对应的 y 的概率分布。

> **提示：**
> 为了让这个例子更好地运行，你需要加载 backend，清除 session，在定义和训练模型之前来设置学习阶段，因为训练过程将这些设置保留在 TensorFlow 图中。你也可以保存训练后的模型，清除 session，重新加载模型。参见本节的工程实现代码。

执行下面代码来启动进程：

```
import keras.backend as K
K.clear_session()
K.set_learning_phase(1)
```

通过下面代码获得分布数据:

```
probs = []
for i in range(100):
    out = model.predict(X_test)
    probs.append(out)
```

接下来,我们计算分布的均值和方差:

```
p = np.array(probs)

mean = p.mean(axis=0)
std = p.std(axis=0)
```

最后画出模型的 1 个、2 个和 4 个标准差预测结果(对应不同颜色深度):

```
plt.figure(figsize=(10,7))
plt.plot(X_test,mean,c='blue')

lower_bound = mean - std * 0.5
upper_bound = mean + std * 0.5
plt.fill_between(X_test.flatten(),upper_bound.flatten(),
lower_bound.flatten(),alpha=0.25, facecolor='blue')

lower_bound = mean - std
upper_bound = mean + std
plt.fill_between(X_test.flatten(),upper_bound.flatten(),
lower_bound.flatten(),alpha=0.25, facecolor='blue')

lower_bound = mean - std * 2
upper_bound = mean + std * 2
plt.fill_between(X_test.flatten(),upper_bound.flatten(),
lower_bound.flatten(),alpha=0.25, facecolor='blue')

plt.scatter(X,y,c='black')
```

上述代码输出结果如图 4.26 所示。

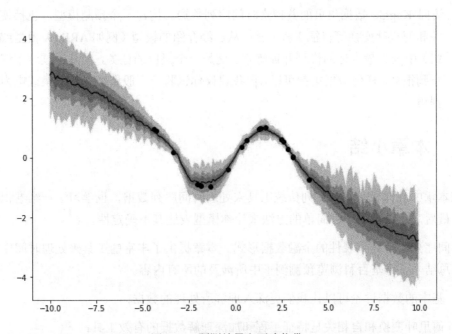

图 4.26　预测结果和不确信带

如你所见，模型在有数据区间内更确信，而在远离数据点的区间内越来越不确信。

从模型中获取不确信的估计将会增加我们能从模型中获得的价值。如果我们可以检测到模型在哪些地方过于确信或者不确信，也可以帮我们改进模型。现在，贝叶斯深度学习还处于起步阶段，我们很确信未来一段时间会有更多的进步。

4.16　练习

在本章的最后，我们来做一些练习。你可以在本章中找到相关的指导来完成这些习题。

- 一个很好的技巧就是在一维卷积上使用 LSTM，因为一维卷积可以用很少的参数遍历很长的序列。实现一个满足如下要求的架构首先要使用较少的卷积层和池化层，然后使用 LSTM 层。在网页流量数据集上试验这个模型，然后试着增加 recurrent dropout，新的模型能够打败之前的 LSTM 模型么？
- 给网页流量预测增加一些不确定性。为了实现这个目标，请在运行模型预测的过程中打开 dropout。你将对每个时间点获得多个预测。请思考其在交易和股票价格上这意味着什么？

- 访问 Kaggle 数据集页面并搜索时间序列数据。构建一个预测模型，包括使用自相关和傅里叶变换等特征工程方法，从已经介绍的模型（例如 ARIMA 模型或神经网络）中选择最合适的模型并训练它。这是一个艰巨的任务，但是通过这个练习你会学到很多。任何数据集都可以，但我建议你试验一下股票市场数据集或电力消费数据集。

4.17 本章小结

在本章中，你学习了一系列传统工具来处理时间序列数据，也学习了一维卷积和循环结构。最后，还学习了一种简单的方法来让你模型表达其不确定性。

时间序列是最具代表性的金融数据形式。本章提供了丰富的工具来处理时间序列。让我们来总结一下维基百科浏览预测例子中所涉及的所有内容。

- 基本的数据讨论可以让我们更深入理解所处理的数据；
- 傅里叶变换和自相关是特征工程和加深理解数据的有效工具；
- 使用简单的中位数预测作为基线和合理性检查；
- 理解和使用经典预测模型 ARIMA 和卡曼滤波；
- 设计特征，包括对所有的时间序列构建数据加载机制；
- 使用一维卷积和变种（包括因果卷积和扩张卷积）；
- 理解使用 RNN 和功能更强大的变种 LSTM 背后的目的和使用方法；
- 试着理解如何使用 dropout 技术来增加预测的不确定性展示，并尝试使用贝叶斯深度学习；

在第 5 章中，我们可以方便地使用这些丰富的时间序列工具，并讨论自然语言处理。语言就是一个单词的序列或者时间序列，这意味着我们将针对自然语言处理问题再度使用时间序列建模中的工具。

在第 5 章中，你将学习如何在文本中找到公司的名字，如何按不同主题聚类文本，如何使用神经网络来翻译文本。

第 5 章
用自然语言处理解析文本数据

文艺复兴科技公司（Renaissance Technologies）是有史以来最成功的量化对冲基金之一，该公司的联合首席执行官 Peter Brown 曾在 IBM 工作。在 IBM 工作期间，他将机器学习技术应用于自然语言处理，这种跨界现象并非偶然。

正如我们在前几章中所讨论的，在当今世界，信息驱动金融行业的发展，而信息的最重要源头就是书面语和口语。询问任何一位金融专业人士，他们到底把时间花在了什么地方。你会发现，他们的大部分时间都花在了阅读上。这个过程涵盖许多事情，从阅读自动收报机的标题，到阅读公司年报（Form 10-K）、金融出版物、各种分析师报告。阅读的内容不胜枚举。自动处理这些信息可以提升交易速度，增加交易所涉猎信息的广度，同时降低交易的整体成本。

自然语言处理（Natural Language Processing，NLP）正被广泛应用于金融领域。例如，保险公司越来越希望自动处理索赔，零售银行则试图提升顾客服务效率并为客户提供更好的产品。文本的理解正日益成为金融领域机器学习的首选应用场景。

过去，NLP 依赖于语言学家们创造的手工规则。如今，神经网络正在取代语言学家的地位，神经网络能够学习复杂的、往往很难编码的语言规则。

在本章中，你将学习如何用 Keras 创建功能强大的自然语言模型，并且学会如何使用 spaCy NLP 库。

本章的重点如下。

- 针对你自己定制化的应用，微调 spaCy 模型。
- 找出句子的部分内容，映射句子的语法结构。
- 使用诸如词袋模型和 TF-IDF 等技术进行分类。

- 理解如何使用 Keras 函数式 API 构建更高级的模型。
- 训练具有注意力机制的模型，使用序列到序列模型（sequence to sequence，seq2seq）来翻译语句。

现在，让我们开始吧！

5.1 spaCy 的入门指南

spaCy 是一个高级 NLP 库。spaCy 库不仅运行相当快，还提供了一系列有用的工具和预先好训练的模型，这些优势使 NLP 更易训练且更加可靠。如果你已经安装了 Kaggle，就不需要下载 spaCy，因为它所有模块都已预先安装好。

想要在本地使用 spaCy，需要分别安装该库并下载预训练好的模型。

如想要安装这个库，我们需要运行以下命令：

```
$ pip install -U spacy
$ python -m spacy download en
```

> **提示：**
> 本章使用英语语言模型，但还有更多可用语言模型。大部分功能在英语、德语、西班牙语、葡萄牙语、法语、意大利语和荷兰语中都可用。通过多语言模型，实体识别在更多语言中可用。

spaCy 核心由 Doc 和 Vocab 类组成。Doc 实例包含一个文档，具体包括文本、标记化版本和可识别的实体；Vocab 类跟踪了文档中所发现的所有通用信息。

spaCy 的管道（pipeline）特点是非常有用的，它的这个特点包括 NLP 所需的很多功能。如果这一切现在看起来有点抽象，不要担心，因为这一节将向你展示如何在各种实际任务中使用 spaCy。

> **注意：**
> 你可以在 Kaggle 上找到该部分的数据和代码。

我们所使用的数据是来自 15 份美国出版物中的 143000 篇文章。数据分布在 3 个文件中，我们将分别加载它们，将它们合并到一个大的 DataFrame 中，然后删除独立的 DataFrame

数据以便节省内存。

为此，我们需要运行如下代码：

```
a1 = pd.read_csv('../input/articles1.csv',index_col=0)
a2 = pd.read_csv('../input/articles2.csv',index_col=0)
a3 = pd.read_csv('../input/articles3.csv',index_col=0)

df = pd.concat([a1,a2,a3])

del a1, a2, a3
```

运行上述代码后，数据如表 5.1 所示。

表 5.1　　　　　　　　　　　　　数据结果

id	title	publication	author	date	year	month	url	content
17283	House Republicans Fret...	New York Times	Carl Hulse	2016-12-31	2016.0	12.0	NaN	WASHINGTON—Congressional Republicans...

基于已处理的数据，我们可以画出版商的分布图，以便了解我们正在处理的是什么样的新闻。

运行如下代码绘制分布图：

```
import matplotlib.pyplot as plt
plt.figure(figsize=(10,7))
df.publication.value_counts().plot(kind='bar')
```

成功运行这段代码后，我们将看到图 5.1 中显示了数据集中新闻来源分布。可以看到，我们提取的数据集不包含任何来自传统金融新闻媒体的文章，而主要是来自主流和政治导向的文章。

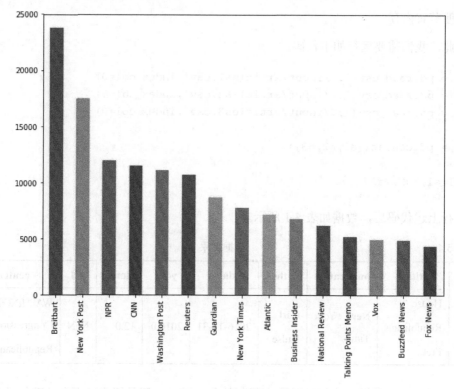

图 5.1 新闻页面分布

5.2 命名实体识别

NLP 中一个常见的任务是命名实体识别（Named Entity Recognition，NER）。命名实体识别就是要找到文本中明确提及的实体。在深入讨论如何进行 NER 之前，让我们直接开始并对数据集中的第一篇文章进行一些手动的 NER。

我们需要做的第一件事情是加载 spaCy 和英语语言处理的模型：

```
import spacy
nlp = spacy.load('en')
```

接下来，我们必须从数据中选择文章的文本内容：

```
text = df.loc[0,'content']
```

最后，我们通过英语语言模型管道（English language model pipeline）运行这段文本。

运行过程中将创建一个 Doc 实例，该文件将包含大量信息，其中包括命名实体：

```
doc = nlp(text)
```

spaCy 的最佳特性之一是它提供了名为 displacy 的便捷可视化工具，我们可以用它来显示文本中的命名实体。为了在文章中的文本上运行这个可视化工具来生成显示结果，我们需要运行以下代码：

```
from spacy import displacy
displacy.render(doc,              #1
                style='ent',      #2
                jupyter=True)     #3
```

执行了这些命令后，我们就已经完成了 3 件重要的事情：

1. 读取文章；
2. 指明要渲染实体；
3. 让 displacy 知道我们正在运行 Jupyter Notebook，这样渲染才能正常工作。

正如你在输出结果中所看到的，出现了一些意外，例如空格被归类为组织，而 "Obama" 被归类为地点。

为什么会这样呢?这是因为标记过程是由神经网络完成的，而神经网络强烈依赖于它们所训练的数据。因此，由于这些缺陷，我们发现需要根据自己的目的对标签模型进行微调。稍后，我们将了解如何进行这项工作。

你还可以在输出中看到，NER 提供了种类广泛的标签，其中一些带有奇怪的缩写。暂时不要担心，因为我们将在本章稍后检查完整的标列表。

现在，让我们回答一个不同的问题：数据集中的新闻是关于哪些组织的？为了使这个实验运行得更快，我们将创建一个新的 pipeline。在这个 pipeline 中，我们将禁用除 NER 之外的其他所有功能。

为了找到这个问题的答案，先运行以下代码：

```
nlp = spacy.load('en',
                 disable=['parser',
                          'tagger',
                          'textcat'])
```

在下一步中，我们将循环遍历数据集中的前 1000 篇文章，可以通过以下代码完成：

```
from tqdm import tqdm_notebook

frames = []
for i in tqdm_notebook(range(1000)):
    doc = df.loc[i,'content']                                    #1
    text_id = df.loc[i,'id']                                     #2
    doc = nlp(doc)                                               #3
    ents = [(e.text, e.start_char, e.end_char, e.label_)         #4
            for e in doc.ents
            if len(e.text.strip(' -–')) > 0]
    frame = pd.DataFrame(ents)                                   #5
    frame['id'] = text_id                                        #6
    frames.append(frame)                                         #7

npf = pd.concat(frames)                                          #8

npf.columns = ['Text','Start','Stop','Type','id']                #9
```

我们刚刚写了9行重要的代码。让我们花点时间研究一下这段代码，来使我们更加有信心理解刚刚写了什么内容。注意，在前面的代码中，符号#指的是在下面的列表中的序号。

1. 获取文章的第 *i* 行的内容。

2. 获取文章的 id。

3. 通过 pipeline 运行这篇文章。

4. 对于找到的所有实体保存文本、第一个和最后一个字符的索引以及标签，只在标记包含不仅有空格和破折号时才这么做。当分类器标记空段或分隔符时，这将消除我们在前面遇到的一些问题。

5. 基于已创建的元组（tuple）数组来构建 pandas DataFrame。

6. 将文章的 id 添加到所有命名实体的记录中。

7. 将包含文档所有标记实体的 DataFrame 添加到列表中。通过这种方式，我们可以在更大量的文章上构建一个标注实体的集合。

8. 将列表中的所有 DataFrame 连接起来，这意味着我们创建了一个包含所有标签的大表格。

9. 为了使用方便，可以为列设定有意义的名字。

现在我们已经完成了上述编码，下一步是绘制自己发现的实体类型的分布。下面代码将生成一个图表：

```
npf.Type.value_counts().plot(kind='bar')
```

代码输出如图 5.2 所示。

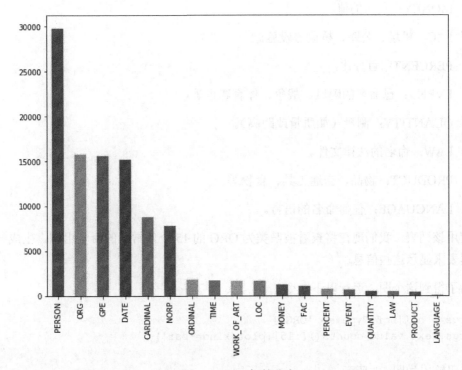

图 5.2　spaCy 标签分布

spaCy 可以识别哪些类别？这些类别来自哪里？spaCy 自带的英语 NER 是一个训练在 OntoNotes 5.0 语料库上的神经网络。这意味着英语 NER 可以识别以下类别。

- PERSON：人（包括虚构的人物）。
- ORG：公司、代理机构、事业单位。
- GPE：包括国家、城市和州等地点。
- DATE：绝对日期（如 2017 年 1 月）或相对日期（如两周）。
- CARDINAL：其他类型没有涵盖的数字。
- NORP：民族、宗教或政治团体。

- ORDINAL:"first""second"等序数词。
- TIME:比一天短的时间(如两小时)。
- WORK_OF_ART:书名、歌曲名等。
- LOC:不是 GPE 的地点(如山脉或溪流)。
- MONEY:货币的值。
- FAC:机场、公路、桥梁等设施。
- PERCENT:百分比。
- EVENT:已命名的飓风、战争、体育赛事等。
- QUANTITY:测量(如质量或距离)。
- LAW:命名的法律文件。
- PRODUCT:物品、交通工具、食物等。
- LANGUAGE:任何命名的语言。

使用该列表,我们现在将查看被归类为 ORG 的 15 个最常用的命名组织,生成一个类似的图表来显示这些信息。

为了得到这个图,运行以下命令:

```
orgs = npf[npf.Type == 'ORG']
orgs.Text.value_counts()[:15].plot(kind='bar')
```

代码输出如图 5.3 所示。

如你所见,像参议院(Senate)这样的政治机构在新闻数据集中经常被提及。同样,一些媒体相当关心的公司(如大众 Volkswagen),也可以在图表中找到。请注意"the White House"和"White House"被列为两个不同的组织,尽管我们知道它们是同一个实体。

根据需要,你可能希望进行一些后期处理,例如从组织名称中删除"the"。Python 提供了一个内置的字符串替换方法,你可以在 pandas 中使用该方法来实现后期处理,在这里我们不会深入讨论这个内容。

另外,请注意"Trump"在这里被认为是组织。然而,如果你看到被标记的文本,就会出现"Trump"被标记为政治组织 NORP 好几次。这是因为 NER 从上下文推断出了标记的类型。因为特朗普(Trump)是美国前总统,所以他的名字经常被用在与政治组织相同的语境中。

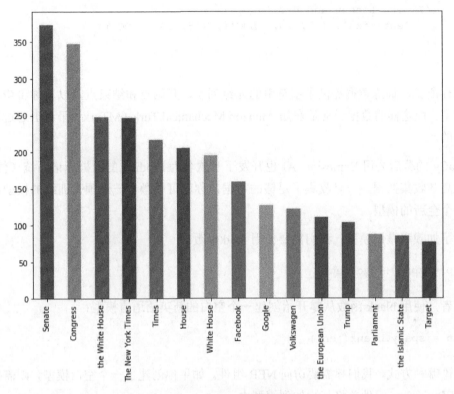

图 5.3 spaCy 组织分布

这个预训练的 NER 为你提供了一个可以解决许多常见的 NLP 任务的强大工具。实际上，从这里开始，你可以进行各种各样的调查了。例如，我们可以翻开笔记本，看看《纽约时报》(*The New York Times*) 是否比《华盛顿邮报》(*Washington Post*) 或布莱巴特 (Breitbart News) 更常被认定为不同的实体。

微调 NER

你可能会发现一个常见的问题：预先训练的 NER 在你希望处理的特定文本类型上表现得不够好。要解决这个问题，需要使用自定义的数据对 NER 模型进行训练，从而对其进行微调。实现这一点将成为本节的重点。

你使用的训练数据应该是这样的格式：

```
TRAIN_DATA = [
    ('Who is Shaka Khan?', {
```

```
        'entities': [(7, 17, 'PERSON')]
    }),
    ('I like London and Berlin.', {
        'entities': [(7, 13, 'LOC'), (18, 24, 'LOC')]
    })
]
```

如你所见,训练数据提供了字符串的元组列表、开始点和结束点,以及你希望标记的实体类型。像这样的数据通常是在如 Amazon Mechanical Turk(MTurk)平台上通过手动标记收集的。

spaCy 的幕后公司 Explosion AI 也开发了一款名为 Prodigy 的数据标记系统(付费),它能够高效收集数据。一旦收集了足够的数据,你就可以微调一个预先训练的模型或者初始化一个全新的模型。

为了加载和微调模型,我们需要使用 load 函数:

```
nlp = spacy.load('en')
```

或者,使用 blank 函数从零开始创建一个空白的新英语语言模型:

```
nlp = spacy.blank('en')
```

无论哪种方式,我们都需要访问 NER 组件。如果你创建了一个空白模型,则需要创建一个 NER pipeline 组件并将其添加到模型中。

如果你已经加载了一个现有模型,就可以通过运行以下代码来访问现有 NER:

```
if 'ner' not in nlp.pipe_names:
    ner = nlp.create_pipe('ner')
    nlp.add_pipe(ner, last=True)
else:
    ner = nlp.get_pipe('ner')
```

下一步是确保 NER 能够识别我们的标签。假设我们的数据包含一类新的命名实体,比如 ANIMAL,可以使用 add_label 函数,向 NER 添加标签类型。

实现这一目标的代码如下所示。如果你现在没法理解,不用担心,我们将详细讲述:

```
for _, annotations in TRAIN_DATA:
    for ent in annotations.get('entities'):
        ner.add_label(ent[2])
import random
```

```
                                                            #1
other_pipes = [pipe for pipe in nlp.pipe_names if pipe != 'ner']

with nlp.disable_pipes(*other_pipes):
    optimizer = nlp._optimizer                              #2
    if not nlp._optimizer:
        optimizer = nlp.begin_training()
    for itn in range(5):                                    #3
        random.shuffle(TRAIN_DATA)                          #4
        losses = {}                                         #5
        for text, annotations in TRAIN_DATA:                #6
            nlp.update(                                     #7
                [text],
                [annotations],
                drop=0.5,                                   #8
                sgd=optimizer,                              #9
                losses=losses)                              #10
        print(losses)
```

刚刚写的代码有 10 个关键部分：

1. 首先获取所有非 NER 的组件列表，然后禁止在训练过程中使用这些组件，从而禁用所有非 NER 的 pipeline 组件。

2. 预先训练的模型有一个优化器。如果你有一个空模型，就需要创建一个新的优化器。注意，这也会重置模型的权重。

3. 训练这个模型几轮。在这个例子中，轮数为 5。

4. 每轮训练开始时，我们使用 Python 内置的 random 模块来洗牌训练集数据。

5. 创建一个空字典来保存损失值。

6. 循环遍历训练数据中的文本和注释。

7. nlp.update 函数执行一次向前和向后传递，并更新神经网络的权重。我们需要提供文本和注释，这样该函数才能够知道如何从数据中训练一个网络。

8. 我们可以手动设定训练过程中使用的 dropout 比率。

9. 我们使用随机梯度下降优化器来执行模型更新。注意，这里不能只传递 Keras 或 TensorFlow 优化器，因为 spaCy 有自己的优化器。

10. 我们还可以使用字典来记录损失函数的值，随后可以打印出来从而监控训练进度。

运行代码后，输出如下：

```
{'ner': 5.0091189558407585}
{'ner': 3.9693684224622108}
{'ner': 3.984836024903589}
{'ner': 3.457960373417813}
{'ner': 2.570318400714134}
```

你看到的是部分 spaCy pipeline 的损失值，在本例中，就是 NER 引擎的损失值。类似于前几章中讨论的交叉熵损失，实际损失值很难解释，也没有表达太多的含义。重要的是，损失值随着时间的推移在减少，且它趋向的值远远小于最初的值。

5.3 词性标记

2017 年 10 月 10 日 9 时 34 分至 9 时 36 分，美国道琼斯指数新闻专线遇到了一个技术错误，导致它发布了一些奇怪的新闻标题。其中一条是"Google to buy Apple."（谷歌收购苹果公司）。这 4 个词让苹果公司股价上涨超过 2%。

显然，算法交易系统未能理解到这样的并购是不可能的，因为苹果当时的市值为 8000 亿美元，而且此举可能不会得到监管部门的批准。

那么，问题来了，为什么交易算法会基于这 4 个英文单词选择购买股票呢？答案是通过词性（Part-Of-Speech，POS）标注。词性标注可以帮助我们理解哪个词在句子中起了什么作用，以及这些词彼此之间如何关联。

spaCy 提供了一个便捷的、预先训练好的 POS 标记器。在本节中，我们将把它应用到谷歌和苹果的新闻中。要启动 POS 标记器，我们需要运行以下代码：

```
import spacy
from spacy import displacy
nlp = spacy.load('en')

doc = 'Google to buy Apple'
doc = nlp(doc)
displacy.render(doc,style='dep',jupyter=True,
options={'distance':120})
```

同样，我们要加载预训练的英语模型，并处理我们的句子。然后使用 displacy 函数，就像在 NER 里面所做的一样。

为了使图形更适合这本书,我们将把 distance 选项设置为比默认值更小的值,在本例中为 1120,这样单词就会显示得更紧密,如图 5.4 所示。

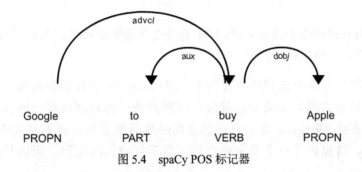

图 5.4　spaCy POS 标记器

如你所见,POS 标记器将 buy 标识为动词,将 Google 和 Apple 标识为句子中的名词。它还确定 Apple 是动作应用的对象,而 Google 正在执行动作。

我们可以通过以下代码获得名词的信息:

```
nlp = spacy.load('en')
doc = 'Google to buy Apple'
doc = nlp(doc)

for chunk in doc.noun_chunks:
    print(chunk.text, chunk.root.text, chunk.root.dep_, chunk.root.head.text)
```

运行上述代码后,我们得到的结果如表 5.2 所示。

表 5.2　　　　　　　　　　　　　　代码结果

Text	Root Text	Root dep	Root Head Text
Google	Google	ROOT	Google
Apple	Apple	dobj	buy

在我们的例子中,Google 是句子的主语,Apple 是句子的宾语,buy 是应用于 Apple 的动词。

这里只是一个硬编码模型,该模型涵盖了并购之下的股票价格和基于事件驱动的交易算法的股票查询表。然而,让这些算法理解上下文和可行性则是另一回事。

5.4 基于规则的匹配

在深度学习和统计模型接管之前，NLP 都是基于规则的技术。当涉及做简单的任务时，它们通常很容易设置且执行得很好。

假设你希望在文本中找到所有提到 Google 的地方，你真的会训练一个基于神经网络的命名实体识别器吗？如果想这样做，你需要通过神经网络运行所有的文本，然后在实体文本中查找 Google。或者，你愿意用经典的搜索算法搜索完全匹配 Google 的文本吗？spaCy 就提供了一个易于使用的、基于规则的匹配器，可以帮助我们实现上述任务。

在开始本节之前，我们首先必须重新加载英语语言模型并导入匹配器。这是一个非常简单的任务，可以通过运行以下代码来完成：

```
import spacy
from spacy.matcher import Matcher

nlp = spacy.load('en')
```

匹配器搜索特定的模式，我们将这些模式编码为字典。按照逐个 token 进行操作，也就是逐词（word）操作，但标点符号和数字除外，因为标点和数字单独被算作 token。

作为初始阶段的例子，让我们搜索短语 "hello, world"。为此，我们将定义如下的模式：

```
pattern = [{'LOWER': 'hello'}, {'IS_PUNCT': True},
{'LOWER': 'world'}]
```

如果第一个标识的小写是 hello，则满足该模式。LOWER 属性用于检查两个单词都转换成小写的情况下是否匹配。这意味着，如果实际的 token 文本是 "Hello" 或 "HELLO"，那么它也将满足要求。第二个标记必须是标点符号（如逗号），因此短语 "hello.world" 或 "hello!world" 都可以，但 "hello world" 不行。

第三个 token 的小写字母必须是 "world"，因此 "WoRlD" 也可以。

令牌可能的属性包括如下。

- ORTH：令牌文本必须完全匹配。
- LOWER：令牌的小写必须匹配。

- LENGTH：令牌文本的长度必须匹配。
- IS_ALPHA、IS_ASCII、IS_DIGIT：令牌文本必须由字母数字字符、ASCII 符号或数字组成。
- IS_LOWER、IS_UPPER、IS_TITLE：令牌文本必须是小写、大写或首字母大写。
- IS_PUNCT、IS_SPACE、IS_STOP：标记文本必须是标点符号、空白或停止词。
- LIKE_NUM、LIKE_URL、LIKE_EMAIL：令牌必须类似于数字、URL 或者电子邮件。
- POS、TAG、DEP、LEMMA、SHAPE：token 的位置、标签、依赖项、词元或形状必须匹配。
- ENT_TYPE：来自 NER token 的实体类型必须匹配。

spaCy 的词形还原（lemmatization）是非常有用的。词元是一个单词的基本版本。例如，"was"是"be"的一个版本，所以"be"既是"was"的词元，也是"is"的词元。spaCy 可以在语境中对单词进行词形还原，这意味着它用周围的单词来确定一个单词的基本版本。

要创建匹配器，我们必须输入匹配器使用的词汇表。在本例中，我们通过运行以下命令来输入英语语言模型的词汇：

```
matcher = Matcher(nlp.vocab)
```

为了向匹配器添加所需的属性，需要调用以下命令：

```
matcher.add('HelloWorld', None, pattern)
```

add 函数需要 3 个参数。第一个是模式的名称，在本例中是"HelloWorld"，这样我们就可以跟踪添加模式。第二个参数是一个函数，它可以处理找到的匹配项，这里我们设置为 None，意味着不使用任何函数，但是我们稍后将使用这个工具。最后，我们输入要搜索的 token 属性列表。

为了使用匹配器，我们可以简单地调用 matcher(doc)，这个函数将返回匹配器找到的所有匹配项。我们可以通过运行以下命令来调用它：

```
doc = nlp(u'Hello, world! Hello world!')
matches = matcher(doc)
```

如果我们打印匹配项，可以看到如下结构：

```
matches
[(15578876784678163569, 0, 3)]
```

匹配器中的第一个元素是找到字符串的哈希值。这是为了描述内部到底发现了什么内容,这里并不使用这项。接下来的两个数字表示匹配器发现的范围,本例是 0 到 3。

我们可以通过索引原始文档得到文本:

```
doc[0:3]
```

Hello, world

5.4.1 在匹配器中添加自定义函数

让我们来看一个更复杂的例子。我们知道 iPhone 是一款产品。然而,基于神经网络的匹配器通常将其归类为一个组织。之所以会出现这种情况,是因为"iPhone"这个词在类似组织的语境中被大量使用,比如"The iPhone offers..."或"The iPhone sold..."。

让我们构建一个基于规则的匹配器,这个匹配器可以一直将"iPhone"分类为产品实体。

首先,我们需要得到 PRODUCT 这个词的哈希值。spaCy 中的单词可以通过它们的哈希唯一地标识,实体类型也通过它们的哈希值来标识。要设置产品类型实体,必须能够提供实体名称的哈希值。

我们可以从语言模型的词汇表中获得名字,运行如下代码:

```
PRODUCT = nlp.vocab.strings['PRODUCT']
```

接下来,我们需要定义 on_match 规则。每当匹配器找到匹配项时将调用 on_match 函数。on_match 规则有 4 个参数。

- matcher:进行匹配的匹配器。
- doc:需要匹配的文档。
- i:匹配的索引。文档第一个匹配项的索引 0,第二个匹配项的索引 1,依此类推。
- matches:所有匹配项的列表。

在 on_match 规则中做了两件事:

```
def add_product_ent(matcher, doc, i, matches):
    match_id, start, end = matches[i]                    #1
```

```
            doc.ents += ((PRODUCT, start, end),)            #2
```

让我们来分析一下具体做了什么。

1．我们为所有的匹配项加上索引方便索引第 i 个位置的内容。每一个匹配项都是包含 match_id、匹配的开始、匹配的结束 3 个元素的元组。

2．我们将一个新实体添加到文档的命名实体中。实体是由实体类型的哈希值（这里是词 PRODUCT 的哈希值）、实体的开始、实体的结束这 3 个元素的元组。要增加一个实体，我们必须将它嵌套在另一个元组中。这个只包含一个值的元组需要在末尾包含逗号，重要的是不要覆盖 doc.ents，否则我们将删除所有已经找到的实体。

现在我们有了 on_match 规则，就可以定义匹配器了。

应该注意的是，匹配器允许添加多个模式，我们可以以为"iPhone"单独添加一个匹配器，也可以为 iPhone 和版本号一起（如"iPhone 5"）添加另一个模式：

```
pattern1 = [{'LOWER': 'iPhone'}]                                #1
pattern2 = [{'ORTH': 'iPhone'}, {'IS_DIGIT': True}]             #2

matcher = Matcher(nlp.vocab)                                    #3
matcher.add('iPhone', add_product_ent,pattern1, pattern2)       #4
```

那么，这些代码起了什么作用呢？

1．定义了第一个模式。

2．定义了第二个模式。

3．创建一个新的空匹配器。

4．将模式添加到匹配器，这些模式都属于名为 iPhone 的规则，都将调用名为 add_product_ent 的 on_match 规则。

现在我们向匹配器输入一篇新闻文章：

```
doc = nlp(df.content.iloc[14])          #1
matches = matcher(doc)                  #2
```

这个代码相对简单，只有两个步骤。

1．运行文本使其通过 pipeline，进而创建带注释的文档。

2．运行文档使其通过匹配器，这将修改前面步骤中创建的文档。我们不太关心匹配项，而更关心 on_match 方法是如何将匹配项作为实体添加到文档中的。

现在匹配器已经设置好了,我们需要将它添加到 pipeline 中,以便 spaCy 能够自动使用它,这是第 5.4.2 节的重点。

5.4.2 匹配器添加到 pipeline 中

单独调用匹配器有点笨。为了将它添加到 pipeline 中,我们必须将它包装成一个函数。可以通过运行以下命令来实现:

```
def matcher_component(doc):
    matches = matcher(doc)
    return doc
```

spaCy pipeline 将 pipeline 组件作为函数调用,并始终期望返回带注释的文档。返回任何其他内容都可能破坏 pipeline。

然后我们将匹配器添加到主 pipeline 中,如下面的代码所示:

```
nlp.add_pipe(matcher_component,last=True)
```

匹配器现在是 pipeline 的最后部分。从现在开始,iPhone 将依据匹配器的规则被标记。

恭喜!所有相关的"iPhone"(与大小写无关)现在都被标记为产品类型命名实体。你可以通过 displacy 函数打印出实体,进而验证上面的结果。具体像下面代码中所做的那样:

```
displacy.render(doc,style='ent',jupyter=True)
```

该代码结果如图 5.5 所示。

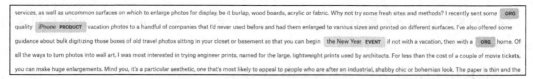

图 5.5 spaCy 现在识别 iPhone 为产品

5.4.3 基于规则和学习相结合的系统

spaCy pipeline 系统的一个特别有趣的地方是它可以比较容易地将不同机制相结合。例如,我们可以将基于神经网络的命名实体识别与基于规则的匹配器相结合,以发现诸如高管薪酬信息之类的内容。

高管薪酬经常在各种媒体上提及,但很难从整体上找到具体信息。一个基于规则的高管薪酬匹配模式可能是这样的：

```
pattern = [{'ENT_TYPE':'PERSON'},
           {'LEMMA':'receive'},
           {'ENT_TYPE':'MONEY'}]
```

寻找这种模式的匹配器能够识别人名的任意组合（例如 John Appleseed 或 Daniel）以及单词 receive 的任何版本（例如 received、receives），后面跟一个表示金额的词，例如 400 万美元。

这个匹配器可以在大型文本语料库上运行，并使用 on_match 规则方便地将找到的片段保存到数据库中。用于命名实体的机器学习方法和基于规则的方法可以无缝地结合在一起。

由于有大量带有姓名和薪资注释的训练集数据可用，但是注释不包括高管的教育情况，所以将 NER 与基于规则的方法结合起来要比训练一个新的 NER 容易得多。

5.5 正则表达式

正则表达式（regular expression，regex）是一种强大的基于规则的匹配形式，正则表达式发明于 20 世纪 50 年代。在很长一段时间里，它们是在文本中找到某些内容的最有效方法。基于很多人认为它们现在依然是最好的方法。

讲述 NLP 的章节不提及正则表达式则是不完整的。尽管如此，本节绝不是一个完整的关于正则表达式的教程。本节的目的是介绍总体思想，并展示如何在 Python、Pandas 和 spaCy 中使用正则表达式。

一个非常简单的正则表达式模式是"a."，这将只找到小写字母 a 后面跟着一个点的实例。但是，正则表达式允许你添加模式的范围。例如，"[a-z]."将查找任何小写字母后面跟着一个点，模式"[xy]."将只查找字母"x"或"y"后面跟着一个点。

正则表达式的模式是对大小写敏感的，所以"[A-Z]"只会识别大写字母。如果我们要搜索拼写形式经常不同的内容时，这就很有用；例如，"seriali[sz]e"模式既适用于英式英语，也适用于该词的美式版本。

数字也是如此，"[0-9]"表示从 0 到 9 的所有数字。要查找重复，可以使用"*"检索 0 次或多次重复，或者使用"+"捕获一次或多次重复。例如，"[0-9]+"可以捕获任意数字序列，这在查找年份时可能很有用；"[A-Z] [a-z] +[0-9]+"可以查找所有以大写字母开头，然后是一个或多个数字的单词,如"March 2018"和"Jaws 2"。

花括号可以用来定义重复的次数。例如,"[0-9] {4}"可以找到恰好有 4 位数字的序列。如你所见,正则表达式不会尝试理解文本中的内容,而是提供了一种查找匹配文本的方法。

金融行业的一个实际用例是在发票中查找公司的增值税编号。在大多数国家,它们遵循一种非常严格的模式,可以很容易地对其进行编码。例如,荷兰的增值税编号遵循这样的正则表达式模式:"NL[0-9]{9}B[0-9]{2}"。

5.5.1　Python 正则表达式

Python 有一个名为 re 的内置正则表达式工具。因为它是 Python 本身的一部分,所以不需要安装。我们可以用以下代码导入该工具:

```
import re
```

假设我们编写一个自动发票处理程序,想要找到某张发票对应的公司增值税编号。为了简单起见,我们将只处理荷兰增值税编号(BTW 号)。如前所述,我们知道荷兰增值税号码的模式如下:

```
pattern = 'NL[0-9]{9}B[0-9]{2}'
```

查找 BTW 号的字符串类似于如下:

```
my_string = 'ING Bank N.V. BTW:NL003028112B01'
```

因此,我们调用 re.findall 函数来查找字符串中出现的所有 BTW 号,而 re.findall 函数将返回匹配模式的所有字符串列表。要调用它,我们只需运行以下代码:

```
re.findall(pattern,my_string)
```

```
['NL003028112B01']
```

re 还允许设置标志使书写正则表达式模式更容易。例如,为了正则表达式匹配时可以忽略字母大小写,我们添加一个 re.IGNORECASE 标志,如下所示:

```
re.findall(pattern,my_string, flags=re.IGNORECASE)
```

通常,我们对更多的匹配项感兴趣。有鉴于此,re 中有一个 match 对象,re.search 在找到的第一个匹配对象时生成 match 对象:

```
match = re.search(pattern,my_string)
```

我们可以从这个对象得到更多信息,如匹配项的位置,只需运行如下代码:

```
match.span()
```

(18, 32)

匹配的跨度(即匹配的开始和结束)是字符 18 到 32。

5.5.2 Pandas 正则表达式

NLP 问题的数据通常使用 Pandas DataFrame 数据结构。幸运的是,Pandas 本身支持正则表达式。例如,如果我们想要找出新闻数据集中是否有文章包含 BTW 号,那么我们可以输入以下代码:

```
df[df.content.str.contains(pattern)]
```

这将生成所有包含 BTW 号的文章,不巧的是数据集中没有任何文章包含 BTW 号。

5.5.3 何时使用正则表达式

正则表达式是一个强大的工具,这篇非常简短的介绍并不能很好地说明问题。事实上,有几本书是纯粹以正则表达式为主题的。然而,从本书的写作目的出发,我们只是给你简单地介绍一下这个主题。

作为一种工具,正则表达式可以很好地处理那些简单且定义清晰的模式。BTW 号是一个完美的例子,电子邮件地址和电话号码也是非常好的例子,这些都是非常典型的正则表达式应用场景。然而,当模式难以定义或只能从上下文推断时,正则表达式就没那么有用了。我们不可能创建一个基于规则的命名实体识别器来识别一个人名,因为名字没有明确的区分模式。

所以,每当你要找的东西很容易被人类区分但难以用规则描述的时候,请使用基于机器学习的解决方法。同样地,当你下一次要查找某些明确编码的内容,例如查找 VAT 号时,请使用正则表达式。

5.6 文本分类任务

常见的 NLP 任务是对文本进行分类。最常见的文本分类是在情感分析中,将文本分为积极的或消极的。在本节中,我们将考虑一个稍微难一些的问题,即对一条推文是否与实际发生的灾难有关进行分类。

今天,投资者已经开发了许多从推特上获取信息的方法。推特用户通常比新闻媒体更快地报道灾难,比如火灾或洪水。在金融方面,这种速度优势可以被利用并转化为事件驱动的交易策略。

然而,并不是所有包含与灾难相关词汇的推文都是关于实际灾难的。像"California forests on fire near San Francisco."(靠近旧金山的加利福尼亚发生森林起火)。这样的推文是应该考虑的,而"California this weekend was on fire, good times in San Francisco."(加利福尼亚本周末激情彭拜,旧金山的好时光!)这样的推文则可以忽略不计。

这里的任务目标是构建一个分类器,将与实际灾难相关的推文与不相关的推文分开。我们使用的数据集由手工标记的推文组成,这些推文是通过在推特上搜索灾难中常见的单词(如"ablaze"或"fire")获得的。

5.7 准备数据

准备数据本身就是一项任务。这是因为在现实世界中,文本通常很混乱,不能通过一些简单的操作来修订。例如,人们在添加不必要的字符后经常会出现拼写错误,因为他们添加了我们无法阅读的文本编码。NLP 本身包含了一些数据清洗的技术。

5.7.1 清理字符

为了存储文本,计算机需要将字符编码为比特位。有几种不同的方法可以做到这一点,且并不是所有的方法都可以处理所有的字符。

让所有文本文件采用同一编码方案(通常是 UTF-8)是一种很好的做法,但这种情况并不常见。文件也可能被破坏,这意味着一些比特位被破坏,于是呈现一些不可读的字符。因此,在做任何其他处理之前,我们需要对输入数据进行清理。

Python 提供了一个有用的 codecs 库,它可以处理不同的编码。我们的数据是基于 UTF-8 编码的,但是其中有一些特殊字符不容易读取。因此,我们必须对这些特殊字符的文本进行清理,可以通过运行以下命令来实现:

```
import codecs
input_file = codecs.open('../input/socialmedia-disaster-tweets-DFE.csv',
'r',', encoding='utf-8', errors='replace')
```

在前面的代码中，codecs.open 函数用于打开标准文件，它返回一个文件对象，稍后我们可以逐行读取它。我们可以指定要读取文件的输入路径、预期的编码方法以及如何处理错误。在本例中，我们将使用特殊的不可读字符标记替换错误。

要写到输出文件中，我们只需使用 Python 的 open()函数。这个函数将在指定的文件路径创建一个文件，我们可以向其写入：

```
output_file = open('clean_socialmedia-disaster.csv', 'w')
```

前面的工作已经完成，我们所要做的就是用 codecs 循环读取输入文件中的每一行，并再次将其保存为常规的 CSV 文件。我们可以通过运行以下代码来实现：

```
for line in input_file:
    out = line
    output_file.write(line)
```

同样，事后关闭文件对象也是一个很好的做法，可以运行如下代码：

```
input_file.close()
output_file.close()
```

现在我们可以用 pandas 读取清理过的 CSV 文件：

```
df = pd.read_csv('clean_socialmedia-disaster.csv')
```

5.7.2 词形还原

词元的概念在本章中已经多次出现。词元在语言学中也称为主词（headword），是指词典中出现的一组相关的词或形式。例如，"was"和"is"源于"be"，"mice"源于"mouse"，等等。通常，单词的特定形式并不重要，因此将所有文本转换为词元形式是一个好主意。

spaCy 提供了一种用词形还原处理文本的简便方法。因此，我们将再次加载 spaCy pipeline。只有在这种情况下，我们不需要标记解析器（tokenizer）以外的任何 pipeline 模块。标记解析器通过空格将文本分割成单独的单词。这些单独的单词或标记，稍后可以用来查找它们的词元，代码如下所示：

```
import spacy
nlp = spacy.load('en',disable=['tagger','parser','ner'])
```

因为词形还原可能很慢，特别是对于大文件，所以很有必要跟踪进度。tqdm 工具允许显示 pandas apply 函数的进度条。我们所要做的就是导入 tqdm 和在工作环境中实现漂亮渲染的 notebook 组件。然后需要告诉 tqdm，我们想在 pandas 里面使用它，可以通过运行以下命令来实现：

```
from tqdm import tqdm, tqdm_notebook
tqdm.pandas(tqdm_notebook)
```

我们现在可以在 DataFrame 上运行 progress_apply 函数，就像使用标准的 apply 方法一样，但是前者有一个进度条。

对于每一行，我们循环遍历 text 列中的单词，并将单词的词元保存到新的 lemmas 列中：

```
df['lemmas'] = df["text"].progress_apply(lambda row:
[w.lemma_ for w in nlp(row)])
```

lemmas 列现在是列表。为了将列表转换回文本，我们将用一个空格作为分隔符来连接列表中的所有元素，如下面的代码所示：

```
df['joint_lemmas'] = df['lemmas'].progress_apply
(lambda row: ' '.join(row))
```

5.7.3 制定目标

这个数据集有几个可能的预测目标。在我们的研究中，研究人员对每条推文进行评级；然后他们有 3 个选项：相关的、不相关的、不确定的。被词形还原的文本如下所示：

```
df.choose_one.unique()
array(['Relevant', 'Not Relevant', "Can't Decide"], dtype=object)
```

那些无法决定它是否与真正的灾难有关的推文，我们并不感兴趣。因此，我们将删除类别"Can't Decide"，用以下代码可以实现：

```
df = df[df.choose_one != "Can't Decide"]
```

我们也只对映射为相关的文本感兴趣。因此我们删除所有其他元数据，只保留这两列。如下所示：

```
df = df[['text','choose_one']]
```

最后，我们要把目标转换成数字。这是一个二值分类任务，因为只有两个类别，所以，我们将"相关的"映射为 1，"无关的"映射为 0：

```
f['relevant'] = df.choose_one.map({'Relevant':1,'Not Relevant':0})
```

5.7.4　准备训练集和测试集

在开始构建模型之前，我们将把数据分训练集和测试集。要做到这一点，只需要运行以下代码：

```
from sklearn.model_selection import train_test_split
X_train, X_test, y_train, y_test = train_test_split(df['joint_lemmas'],
                                                    df['relevant'],
                                                    test_size=0.2,
                                                    random_state=42)
```

5.8　词袋模型

对文本进行分类的一个简单且有效的方法是将文本看作一个词袋，这意味着我们不关心单词在文本中出现的顺序，而是只关心有哪些单词出现在文本中。

词袋分类的一种方法是简单地计算文本中不同单词出现的次数，这是通过所谓的计数向量（count vector）完成的。每个单词都有一个索引，索引处计数向量的值表示该索引对应的单词出现的次数。

具体例子如下所示，文本"I see cats and dogs and elephants"的计数向量如下所示：

i	see	cats	and	dogs	elephants
1	1	1	2	1	1

实际上，计数向量非常稀疏。在我们的文本语料库中大约有 23000 个不同的单词，因此有必要限制我们希望包含在计数向量中的单词数量。这可能意味着排除那些经常是胡言乱语的单词或毫无意义的错别字。作为补充说明，如果我们保留了所有罕见的单词，就可能导致过拟合。

我们使用 sklearn 内置的计数向量器（count vectorzier）。通过设置 max_features，我们可以控制希望在计数向量中考虑的单词数目。在这种情况下，我们只考虑 10000 个常用单词：

```
from sklearn.feature_extraction.text import CountVectorizer
count_vectorizer = CountVectorizer(max_features=10000)
```

计数向量器（count vectorizer）可以把文本转换成计数向量，每个计数向量将有 10000 个维度：

```
X_train_counts = count_vectorizer.fit_transform(X_train)
X_test_counts = count_vectorizer.transform(X_test)
```

一旦获得了计数向量，我们就可以对它们进行简单的逻辑回归。虽然我们可以使用 Keras 进行逻辑回归，就像在本书第 1 章中所做的那样，一般来说使用 scikit-learn 中的逻辑回归类更容易：

```
from sklearn.linear_model import LogisticRegression
clf = LogisticRegression()

clf.fit(X_train_counts, y_train)

y_predicted = clf.predict(X_test_counts)
```

现在我们已经从逻辑回归器中得到了预测结果，可以用 sklearn 来测量预测的准确性：

```
from sklearn.metrics import accuracy_score
accuracy_score(y_test, y_predicted)
```

```
0.8011049723756906
```

如你所见，我们达到了 80% 的准确率，这对于一个简单的方法来说是相当不错的。一个简单的基于计数向量的分类通常是更高级方法的基础，我们将在后面讨论更高级的算法。

TF-IDF

TF-IDF 表示词频逆文档频率（Term Frequency, Inverse Document Frequency）。它旨在解决一个简单的单词计数问题：在某个特定的文本中频繁出现的单词很重要，但是在所有文本中都经常出现的单词往往并不重要。

TF 组件就像一个计数向量，只是 TF 将计数除以文本中的总字数。同时，IDF 分量是整个语料库中文本总数除以包含特定单词的文本数结果的对数。

TF-IDF 是这两个测量值的乘积。TF-IDF 向量类似于计数向量，只不过它们包含的是

TF-IDF 分数而不是计数。很少有词将在 TF-IDF 向量中获得高分。

像创建计数向量一样，我们使用 sklearn 创建 TF-IDF 向量：

```
from sklearn.feature_extraction.text import TfidfVectorizer
tfidf_vectorizer = TfidfVectorizer()

X_train_tfidf = tfidf_vectorizer.fit_transform(X_train)
X_test_tfidf = tfidf_vectorizer.transform(X_test)
```

一旦有了 TF-IDF 向量，就可以对它们进行逻辑回归训练，就像我们对计数向量所做的一样：

```
clf_tfidf = LogisticRegression()
clf_tfidf.fit(X_train_tfidf, y_train)

y_predicted = clf_tfidf.predict(X_test_tfidf)
```

在这种情况下，TF-IDF 比计数向量性能稍微差一些。然而，由于性能差异非常小，这种较差的表现在这种情况下可能是偶然造成的：

```
accuracy_score(y_pred=y_predicted, y_true=y_test)
```

0.7978821362799263

5.9 主题模型

关于单词计数非常有用的应用就是主题模型。给定一组文本，我们能够找到一些主题吗？解决上述问题的方法被称为隐狄利克雷分配（Latent Dirichlet Allocation，LDA）。

提示：
本节的代码和数据可以在 Kaggle 上找到。

虽然这个名字很拗口，但是这个算法非常有用，所以我们将一步一步地研究它。LDA 对文本的书写方式做了如下假设。

1. 首先，选择一个主题分布，比如 70%的机器学习和 30%的金融。
2. 其次，选择每个主题的单词分布。例如，"机器学习"这个主题可能由 20%的单词

"tensor"和10%的单词"gradient"组成,等等。这意味着主题分布是分布的分布,也称为狄利克雷分布。

3. 在编写文本的时候,对每个单词进行两个概率决策过程:第一个决策是从文档中的主题分布中选择一个主题;第二个决策是从文章的单词分布中选择一个单词。

请注意,并不是语料库中的所有文档都具有相同的主题分布,我们需要指定固定数量的主题。在学习过程中,我们首先将语料库中的每个单词随机分配给一个主题。对于每个文档,每个主题 t 被包含在 d 文档中的概率计算如下:

$$p(t|d)$$

对于每个单词,单词 w 属于主题 t 的概率如下:

$$p(w|t)$$

然后我们把这个单词分配给一个新主题 t,按照如下概率分配:

$$p(t|d) \cdot p(w|t)$$

换句话说,我们假设除了当前正在考虑的单词之外,所有的单词都已经正确地分配到一个主题中了。然后,我们尝试将单词分配给主题,使文档的主题分布更加同质化。这样,实际上属于一个主题的单词就会聚集在一起。

scikit-learn 提供了一个便于使用的 LDA 工具来帮助我们实现这一点。为了使用 LDA 工具,我们必须首先创建一个新的 LDA 分析器并指定主题的数量,我们称这些主题为组件。

可以通过运行以下代码来实现上述任务:

```
from sklearn.decomposition import LatentDirichletAllocation
lda = LatentDirichletAllocation(n_components=2)
```

然后创建计数向量,就像我们在词袋分析中所做的那样。对于 LDA,去掉那些没有任何意义的常用词是非常重要的,比如"an"或"the",也就是所谓的停止词。CountVectorizer 带有一个内置的停止词词典,可以自动删除这些单词。为此,我们需要运行以下代码:

```
from sklearn.feature_extraction.text import TfidfVectorizer, CountVectorizer
vectorizer = CountVectorizer(stop_words='english')
tf = vectorizer.fit_transform(df['joint_lemmas'])
```

接下来,我们将 LDA 与计数向量进行拟合:

```
lda.fit(tf)
```

为了检查结果,我们打印出每个主题中最常见的单词。为此,我们首先需要指定每个主题要打印的单词数量,在例中单词数量为 5。我们还需要提取出单词计数索引到单词的映射:

```
n_top_words = 5
tf_feature_names = vectorizer.get_feature_names()
```

现在我们循环遍历 LDA 的主题,以便打印最常见的单词:

```
for topic_idx, topic in enumerate(lda.components_):
        message = "Topic #%d: " % topic_idx
        message += " ".join([tf_feature_names[i]
                            for i in topic.argsort()
                            [:-n_top_words - 1:-1]])
        print(message)
```

Topic #0: http news bomb kill disaster
Topic #1: pron http like just https

正如你所看到的,LDA 似乎在没有给定目标的情况下,自行把推文分成严肃和非严肃两类。

这个方法对新闻文章的分类非常有用。回到金融领域,投资者可能想知道是否有新闻提到了他们面临的风险因素。同样情况也存在于对面向消费者组织的支持请求中,它们也可以按这种方式被聚集分类。

5.10 单词嵌入

文本中单词的顺序很重要,因此,如果我们不只是将文本看作一个整体,而是将它们看作一个序列,那么我们可以期望得到更好的性能。本节将用到前一章讨论的诸多技术,但是,这里我们要添加一个关键的成分,就是单词向量。

单词和单词标记是分类特征。因此,我们不能直接将它们输入神经网络。在此之前,我们将分类数据转换为 one-hot 编码向量。然而,就单词而言,这是不切实际的。因为我们的词汇表有 10000 个单词,所以每个向量包含 10000 个元素,且除了一个是 1,其他都是 0。这是非常低效的,因此,我们将使用单词嵌入。

实际上,嵌入的工作方式类似于查表。对于每个标记,它们存储一个向量。当标记被输入到嵌入层时,它返回标记的向量并将其传递给神经网络。随着神经网络的训练,该嵌入也得到了优化。

记住，神经网络通过计算损失函数相对模型参数（权重）的导数来实现优化。通过反向传播，我们可以计算损失函数相对于模型输入的导数。因此，我们可以优化嵌入来得到理想的输入，进而帮助优化模型。

5.10.1　针对单词向量训练的预处理

在开始训练词嵌入之前，我们需要做一些预处理工作。也就是说，我们需要为每个单词标记分配一个数字，并创建一个序列的 NumPy 数组。

给标记分配数字可以使训练过程更平滑，也可以将分词过程从单词向量中解耦出来。Keras 有 Tokenizer 类，它可以为单词创建数字标记。默认情况下，分词器按空格分割文本。虽然这种方法在英语中很有效，但在其他语言中可能会出现问题。解决这个问题的关键点是最好先用 spaCy 标记文本，就像我们在前面的两个方法中所做的那样，然后再用 Keras 分配数字标记。

Tokenizer 类还可以让我们指定所考虑的单词数量。我们将再次使用 10000 个最常用的单词。我们可以通过运行以下命令来指定：

```
from keras.preprocessing.text import Tokenizer
import numpy as np

max_words = 10000
```

Tokenizer 的使用方式很像 sklearn 的 CountVectorizer。首先，我们创建一个新的 tokenizer 对象，然后拟合 tokenizer，最后，我们可以把文本转换成标记化的序列：

```
tokenizer = Tokenizer(num_words=max_words)
tokenizer.fit_on_texts(df['joint_lemmas'])
sequences = tokenizer.texts_to_sequences(df['joint_lemmas'])
```

sequences 变量将所有文本以数字标记方式保存。我们使用如下代码来从 tokenizer 的单词索引查找单词到数字的映射：

```
word_index = tokenizer.word_index
print('Token for "the"',word_index['the'])
print('Token for "Movie"',word_index['movie'])
Token for "the" 4
Token for "Movie" 333
```

如你所见，像"the"这样的高频单词比像"movie"这样的不太高频单词的标记数值要小。你也可以看到 word_index 是一个字典。如果你在生产环境中使用模型，可以将这个字典保存到磁盘中，以便日后再将单词转换为标记。

最后，需要将序列转换为长度相等的序列。这并不总是必需的，因为一些模型类型可以处理不同长度的序列，但是总的来说这是有意义并且值得做的。在下一节中，我们将研究哪些模型需要等长的序列，下一节还将构建自定义 NLP 模型。

Keras pad_sequences 函数通过剪切序列或在末尾加零把所有的序列变成等长。我们将把所有的推文长度固定在 140 个字符，在很长一段时间内这都是推文的最大长度：

```
from keras.preprocessing.sequence import pad_sequences
maxlen = 140
data = pad_sequences(sequences, maxlen=maxlen)
```

最后，我们将数据分解成训练集和验证集：

```
from sklearn.model_selection import train_test_split
X_train, X_test, y_train, y_test = train_test_split(data,
                            df['relevant'],
                            test_size = 0.2,
                            shuffle=True,
                            random_state = 42)
```

现在我们将开始训练自己的单词向量。

嵌入在 Keras 中有自己类型的层。要使用它，我们必须指定单词向量的大小。选择使用 50 维的单词向量能够捕获很好的嵌入，即使对于非常大的词汇表也是如此。此外，我们还必须指定需要嵌入多少单词以及序列的长度。模型就是一个简单的逻辑回归：

```
from keras.models import Sequential
from keras.layers import Embedding, Flatten, Dense

embedding_dim = 50

model = Sequential()
model.add(Embedding(max_words, embedding_dim,
input_length=maxlen))
model.add(Flatten())
model.add(Dense(1, activation='sigmoid'))
```

注意，我们不必指定输入形状。只有在后面的层需要输入长度信息时，才需要指定输入长度。Dense 层需要知道输入的大小。由于我们直接使用 Dense 层，因此需要在这里指定输入长度。

单词嵌入有许多参数。如果你使用以下代码打印出模型摘要，就可以看到相关信息：

```
model.summary()
```

```
Layer (type)                 Output Shape              Param #
=================================================================
embedding_2 (Embedding)      (None, 140, 50)           500000

flatten_2 (Flatten)          (None, 7000)              0

dense_3 (Dense)              (None, 1)                 7001
=================================================================
Total params: 507,001
Trainable params: 507,001
Non-trainable params: 0
```

如你所见，嵌入层对每个单词有 50 个参数，总共 10000 个单词，因此共有 50 万个参数。这会使训练变慢，并可能增加过拟合的风险。

像往常一样，下一步是编译和训练我们的模型：

```
model.compile(optimizer='adam',
              loss='binary_crossentropy',
              metrics=['acc'])

history = model.fit(X_train, y_train,
                    epochs=10,
                    batch_size=32,
                    validation_data=(X_test, y_test))
```

该模型在测试集上的准确率约为 76%，在训练集上的准确率超过 90%。然而，自定义嵌入的大量参数导致了过拟合。为了避免过度拟合并减少训练时间，通常使用预先训练好的单词嵌入。

5.10.2　加载预先训练的单词向量

与计算机视觉一样，使用其他预训练模型的部分片段对 NLP 是有好处的。在本例中，我们将使用预先训练的 GloVe 向量。GloVe 表示 Global Vectors for word representation，是斯坦福 NLP 研究小组的项目，GloVe 提供了训练在不同文本中的不同向量集。

在本节中，我们将使用在维基百科文本和 Gigaword 数据集上训练的单词嵌入。总的来看，这些向量训练在 60 亿个标记的文本上。

综上所述，除了 GloVe，还有其他选择，如 Word2Vec。GloVe 和 Word2Vec 是比较相似的，它们的训练方法不同。它们都有各自的优点和缺点，在实践中常常值得都去尝试。

GloVe 向量的一个很好的特性是它在向量空间上对单词的含义进行编码，从而使"单词代数"成为可能。例如，"king"的向量减去"man"的向量加上"woman"的向量，得到的向量非常接近"queen"。这意味着"man"和"woman"的向量差与"king"和"queen"的向量差是一样的，因为两者的差异特征几乎是一样的。

同样，描述相似事物的单词（如"frog"和"toad"）在 GloVe 向量空间中是非常接近的。在向量中编码语义为文档相似性和主题建模提供了相当令人兴奋的优势，我们将在本章的后面看到这一点。语义向量对许多 NLP 任务非常有用，比如文本分类问题。

实际的 GloVe 向量是以文本文件存储的。我们将使用在 60 亿个标记上训练的 50 维的嵌入。为此，我们需要打开文件：

```
import os
glove_dir = '../input/glove6b50d'
f = open(os.path.join(glove_dir, 'glove.6B.50d.txt'))
```

然后我们创建一个空字典，用于后面实现从单词到嵌入的映射：

```
embeddings_index = {}
```

在数据集中，每一行表示一个新的单词嵌入。该行以单词开头，然后紧接着就是嵌入值。我们可以这样读出嵌入：

```
for line in f:                                              #1
    values = line.split()                                   #2
    word = values[0]                                        #3
    embedding = np.asarray(values[1:], dtype='float32')     #4
    embeddings_index[word] = embedding dictionary           #5
f.close()                                                   #6
```

上面的代码意味着什么？让我们花点时间分析一下代码的含义，它有 6 个部分：

1. 循环遍历文件中的所有行，每行包含一个单词和嵌入；

2. 用空格分隔行；

3. 每行排在第一位的一定是单词；

4. 将嵌入值转换成 NumPy 数组，并确保它们都是浮点数即小数；

5. 将嵌入向量保存到嵌入字典中；

6. 完成之后，关闭文件。

运行下面这段代码得到从单词到对应嵌入的映射字典：

```
print('Found %s word vectors.' % len(embeddings_index))
```

Found 400000-word vectors.

这个版本的 GloVe 有 400000 个单词的向量，足以覆盖我们遇到的大多数单词。但是，仍然可能有些单词没有向量。对于这些单词，我们将创建随机向量。为了确保这些向量不会相差太大，最好对随机向量使用与训练向量相同的均值和标准差。

为此，我们需要计算 GloVe 向量的均值和标准差。

```
all_embs = np.stack(embeddings_index.values())
emb_mean = all_embs.mean()
emb_std = all_embs.std()
```

嵌入层将是一个矩阵，每个单词对应一行，嵌入的每个元素对应一列。因此，我们需要指定嵌入的维度。我们之前加载的 GloVe 版本有 50 维向量：

```
embedding_dim = 50
```

接下来，我们需要找出实际上有多少单词。虽然我们已经将最大值设置为 10000，但是语料库中的单词可能会更少。在这个问题上，我们还从 tokenizer 中检索单词的索引，并将在后面使用：

```
word_index = tokenizer.word_index
nb_words = min(max_words, len(word_index))
```

要构建嵌入矩阵，我们首先创建一个与嵌入具有相同的均值（mean）和标准差（std）的随机矩阵：

```
embedding_matrix = np.random.normal(emb_mean,
                                    emb_std,
```

```
                        (nb_words, embedding_dim))
```

嵌入向量需要与它们的标记处于相同的位置。带有标记 1 的单词需要位于第 1 行（行号从 0 开始），依次类推。我们现在使用已经训练的嵌入来替换单词的随机嵌入：

```
for word, i in word_index.items():                      #1
    if i >= max_words:                                  #2
        continue
    embedding_vector = embeddings_index.get(word)       #3
    if embedding_vector is None:                        #4
        embedding_matrix[i] = embedding_vector
```

这组代码有 4 个部分组成，我们在继续之前将详细地探讨这些代码。

1. 循环遍历单词索引中的所有单词。

2. 如果超过了我们想用的单词数量，便不做任何处理。

3. 获得单词的嵌入向量。如果这个单词没有嵌入，这个操作可能会返回 none。

4. 如果单词有嵌入向量，则把它放到嵌入矩阵中。

为了使用预先训练好的嵌入，我们只需将嵌入层中的权重设置到刚刚创建的嵌入矩阵中。为了精心确保创建的权重不被破坏，我们将该层设置为不可训练，可以通过运行以下命令来实现：

```
model = Sequential()
model.add(Embedding(max_words,
                    embedding_dim,
                    input_length=maxlen,
                    weights = [embedding_matrix],
                    trainable = False))

model.add(Flatten())
model.add(Dense(1, activation='sigmoid'))
```

这个模型可以像其他 Keras 模型一样被编译和训练。你会注意到，它的训练速度比我们自己训练嵌入模型要快得多，而且发生过拟合的可能性更小。然而，在测试集上的整体性能大致相当。

单词嵌入在减少训练时间和构建更准确的模型方面非常有优势。然而，语义嵌入更进一步。例如，它们可以用来衡量两个文本在语义层面上的相似度，即使它们包含不同的单词。

5.10.3 单词向量的时间序列模型

文本是时间序列。一个单词挨着另一个单词，它们的顺序也很重要。因此，前一章所介绍的所有基于神经网络的技术都可以用于自然语言处理。此外，还有一些在第 4 章中没有介绍过的模块，它们对 NLP 也很有用。

让我们从 LSTM，也就是长短期记忆开始。与上一章的实现相比，你只需要更改网络的第一层为嵌入层。下面的例子使用了 CuDNNLSTM 层，它的训练速度比普通 LSTM 层要快得多。

除此之外，其他层保持不变。如果你没有 GPU，建议还是用 LSTM 来替代 CuDNNLSTM：

```
from keras.layers import CuDNNLSTM
model = Sequential()
model.add(Embedding(max_words,
                    embedding_dim,
                    input_length=maxlen,
                    weights = [embedding_matrix], trainable = False))
model.add(CuDNNLSTM(32))
model.add(Dense(1, activation='sigmoid'))
```

双向 RNN 是一个常用于 NLP 但较少用于时间序列预测的技术。双向 RNN 实际上有两个 RNN，其中一个向前传输序列，另一个向后回溯序列，如图 5.6 所示。

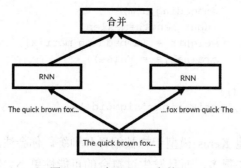

图 5.6　双向 RNN（合并）

在 Keras 中，有一个 Bidirectional 层，我们可以在这层中包装任何的 RNN 网络，比如 LSTM。通过以下代码实现：

```
from keras.layers import Bidirectional
```

```
model = Sequential()
model.add(Embedding(max_words,
                    embedding_dim,
                    input_length=maxlen,
                    weights = [embedding_matrix], trainable = False))
model.add(Bidirectional(CuDNNLSTM(32)))
model.add(Dense(1, activation='sigmoid'))
```

单词嵌入是很好的方法,因为它丰富了神经网络。这是一种空间效率高、功能强大的方法,可以让我们把单词转换成神经网络可以处理的数字。也就是说,将语义编码为向量有很多的优点,比如我们可以对它们执行向量运算!如果我们想测量两个文本之间的相似性,这就很有用。

5.11 具有单词嵌入的文档相似度

单词向量的实际用处是比较文档之间的语义相似度。如果你是零售银行、保险公司或向终端用户销售产品的任何其他公司,则必须处理他人的服务支持。你经常会发现许多客户都有相似的问题,因此通过找出语义上的相似文本,之前服务请求的答案就可以在这个问题上复用,贵公司整体服务的质量也会得到提升。

spaCy 有一个内置的函数来测量两个句子之间的相似度,它还提供了 Word2Vec 模型的预训练向量,这与 GloVe 模型有些类似。该函数对文本中所有单词的嵌入向量求平均值,然后测量平均向量夹角的余弦值。方向大致相同的两个向量相似度较高,反之两个不同方向的向量则具有较低的相似度,如图 5.7 所示。

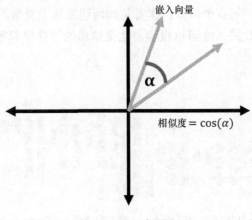

图 5.7 相似度向量

我们可以通过运行以下命令看到两个短语之间的相似度：

```
sup1 = nlp('I would like to open a new checking account')
sup2 = nlp('How do I open a checking account?')
```

如你所见，这两个请求短语非常相似，达到了大约 70% 的相似度：

```
sup1.similarity(sup2)

0.7079433112862716
```

如你所见，它们的相似度评分相当高。这个简单的平均方法很有效，但是，不能捕获诸如负的或单个偏差向量等，这个特殊情况不会对平均值产生太大影响。

例如，"I would like to close a checking account."在语义上与"I would like to open a checking account."有不同的含义。然而，模型却认为它们非常相似。尽管如此，这种方法仍然很有用，并且很好地说明了将语义表示为向量的优点。

5.12　快速浏览 Keras 函数 API

到目前为止，我们已经使用了序列模型。在序列模型中，当我们调用 model.add() 时，一个层会叠在另一个层之上。函数式 API 的优点是它们简单且不易出错，缺点是它只允许我们线性堆叠层。

让我们看看 GoogLeNet 架构，如图 5.8 所示。虽然这个图非常详细，但是我们需要知道的是，这个模型并不是简单的层与层的堆叠。相反，有多个并行的层。在这个模型中，模型有 3 个输出。但是，还有个问题：作者是如何建立这个复杂的模型的？序列 API 不允许他们这样做，但是函数式 API 可以很容易地像串珍珠一样串起各个层并创建像前面这样的体系结构。

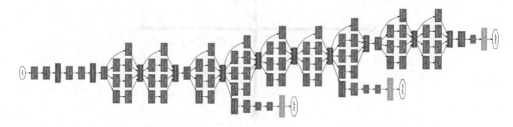

图 5.8　GoogLeNet 架构（来源于 Szegedy 等人的"Going Deeper with Convolutions"）

5.12 快速浏览 Keras 函数 API

对于许多 NLP 应用，我们需要更复杂的模型，例如，两个独立且并行运行的层。在 Keras 函数式 API 中，我们有更多的办法去指定如何连接层。我们可以用它来创建更高级、更复杂的模型。

从现在开始，我们将更多地使用函数式 API。本章的这一部分内容旨在简要概述 Keras 函数式 API。我们将在后面的章节中进行更深入的介绍。首先，让我们看看一个简单的两层网络的序列化和函数式的实现方式：

```
from keras.models import Sequential
from keras.layers import Dense, Activation

model = Sequential()
model.add(Dense(64, input_dim=64))
model.add(Activation('relu'))
model.add(Dense(4))
model.add(Activation('softmax'))
model.summary()
```

```
Layer (type)                 Output Shape              Param #
=================================================================
dense_1 (Dense)              (None, 64)                4160
_____
activation_1 (Activation)    (None, 64)                0
_____
dense_2 (Dense)              (None, 4)                 260
_____
activation_2 (Activation)    (None, 4)                 0
=================================================================
Total params: 4,420
Trainable params: 4,420
Non-trainable params: 0
```

上面的模型是序列 API 实现的简单模型。请注意，在本书中到目前为止，我们一直是这样做的。我们现在用函数式 API 实现相同的模型：

```
from keras.models import Model                                      #1
from keras.layers import Dense, Activation, Input

model_input = Input(shape=(64,))                                    #2
x = Dense(64)(model_input)                                          #3
x = Activation('relu')(x)                                           #4
```

```
x = Dense(4)(x)
model_output = Activation('softmax')(x)

model = Model(model_input, model_output)               #5
model.summary()
```

请注意它和序列 API 的不同之处。

1．不是先用语句 model = Sequential()定义模型，而是先定义计算图，然后使用 Model 类将其转化为一个模型。

2．输入现在是一个单独的层。

3．不再使用 model.add()，而是先定义层，然后传入输入层或上一层的输出张量。

4．通过把链上的各层串连起来创建模型。例如，Dense(64)(model_input) 返回一个张量。把这个张量输入到下一层，就像 Activation('relu')(x)一样。Activation('relu')(x)函数将返回一个新的输出张量，你可以把输出继续传递到下一层，等等。这样，你就创建了一个类似于链条的计算图。

5．要创建一个模型，需要将模型输入层以及计算图的最终输出张量传递到 Model 类中。

函数式 API 模型可以像序列 API 模型一样使用。事实上，从这个模型的输出总结中，你可以看到它与我们刚刚用序列 API 创建的模型非常相似：

```
Layer (type)                 Output Shape              Param #
=================================================================
input_2 (InputLayer)         (None, 64)                0
_____
dense_3 (Dense)              (None, 64)                4160
_____
activation_3 (Activation)    (None, 64)                0
_____
dense_4 (Dense)              (None, 4)                 260
_____
activation_4 (Activation)    (None, 4)                 0
=================================================================
Total params: 4,420
Trainable params: 4,420
Non-trainable params: 0
_____
```

你可以看到，与序列 API 相比，函数式 API 可以通过更高级的方式连接各个层。我们还可以分离创建层和连接层的过程，这能使代码保持干净，并允许我们为不同的目的使用相同的层。

下面代码段将创建与前一段完全相同的模型，但分离了创建层和连接层：

```
model_input = Input(shape=(64,))
dense = Dense(64)
x = dense(model_input)
activation = Activation('relu')
x = activation(x)
dense_2 = Dense(4)
x = dense_2(x)
model_output = Activation('softmax')(x)
model = Model(model_input, model_output)
```

层还可以复用。例如，我们可以在一个计算图中训练一些层，然后将它们用于另一个计算图，就像我们将在第 5.14 节中所做的那样。

在我们继续使用函数式 API 来构建高级模型之前，还需要注意的是，任何层的激活函数可以直接在该层中指定。到目前为止，我们已经使用了一个单独的激活层，它增加了代码的清晰度，但并不是严格要求的。具有 ReLU 激活函数的 Dense 层也可以这样定义：

```
Dense(24, activation='relu')
```

当我们使用函数式 API 时，上面这种方法比添加单独激活函数层更容易。

5.13　注意力机制

你在全神贯注吗？如果是的话，也并不是每个人都同等地投入注意力。在文本中，有些词比其他词更重要。注意力机制是神经网络将注意力集中在序列中的某个元素上的一种方式。对于神经网络来说，聚焦意味着放大重要的事情，如图 5.9 所示。

注意力层是一个全连接层，它输入一个序列并输出这个序列的权重。然后我们将序列与权重相乘：

```
def attention_3d_block(inputs,time_steps,
single_attention_vector = False):
```

```
input_dim = int(inputs.shape[2])                              #1
a = Permute((2, 1),name='Attent_Permute')(inputs)             #2
a = Reshape((input_dim, time_steps),name='Reshape')(a)        #3
a = Dense(time_steps, activation='softmax',
    name='Attent_Dense')(a) # Create attention vector         #4
if single_attention_vector:                                   #5
    a = Lambda(lambda x: K.mean(x, axis=1),
        name='Dim_reduction')(a)                              #6
    a = RepeatVector(input_dim, name='Repeat')(a)             #7
    a_probs = Permute((2, 1), name='Attention_vec')(a)        #8
output_attention_mul = Multiply(name='Attention_mul')
([inputs, a_probs])                                           #9
return output_attention_mul
```

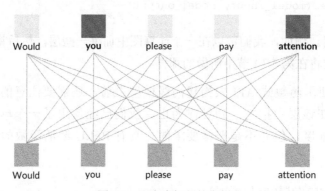

图 5.9　注意力机制的实例

让我们分解一下刚才所写的代码。如你所见，这段代码有 9 个部分。

1．输入（Input）的形状为（batch_size、time_steps、input_dim），其中 time_steps 是序列的长度，input_dim 是输入的维数。如果将这个模型直接应用于使用了嵌入的文本序列，那么 input_dim 将是 50，与嵌入的维数相同。

2．将轴转换（Permute）成 time_steps 和 input_dim，这样张量的形状就是（batch_size、input_dim、time_steps）。

3．如果一切顺利，我们的张量就已经重塑（Reshape）了自己想要它变成的形状。这里添加了一个 Reshape 操作，只为确保形状的确是自己想要的。

4．现在，秘诀来了。把输入数据输入一个有 softmax 激活函数的 Dense 层。这将为序列中的每个元素生成一个权重，就像前面所展示的那样，这个 Dense 层是在注意力模块内训练的。

5. 默认情况下，Dense 层为每个输入维度单独计算注意力。也就是说，对于我们的单词向量，注意力计算出 50 个不同的权重。如果我们使用的是时间序列模型，其中输入维度实际上代表不同的内容，那么这就很有用。在本例中，要将单词作为一个整体进行加权。

6. 为了给每个单词创建一个注意力值，将输入维度上的所有注意力层计算平均值（Mean），新的张量形状为（batch_size, 1, time_steps）。

7. 为了将注意力向量与输入相乘（Multiply），需要在输入维度上复制权重。复制之后，张量的形状为（batch_size、input_dim、time_steps），但是在 input_dim 维上有相同的权重。

8. 为了匹配输入形状，把坐标轴换成 time_steps 和 input_dim back，这样注意力向量的形状就又变成了（time_steps batch_size input_dim）。

9. 最后将注意力向量与输入向量按照对应元素相乘，返回结果张量。

图 5.10 描述了整个过程。

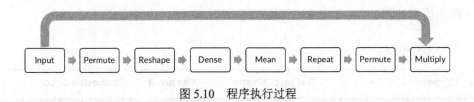

图 5.10　程序执行过程

5.14　注意力模块

注意前面定义的函数是如何将张量作为输入、定义一个图并返回一个张量的。我们现在可以把这个函数看成构建过程的一部分：

```
input_tokens = Input(shape=(maxlen,),name='input')

embedding = Embedding(max_words,
                      embedding_dim,
                      input_length=maxlen,
                      weights = [embedding_matrix],
                      trainable = False,
name='embedding')(input_tokens)
```

```
attention_mul = attention_3d_block(inputs = embedding,
                                    time_steps = maxlen,
                                    single_attention_vector = True)

lstm_out = CuDNNLSTM(32, return_sequences=True, name='lstm')
(attention_mul)


attention_mul = Flatten(name='flatten')(attention_mul)
output = Dense(1, activation='sigmoid',name='output')
(attention_mul)
model = Model(input_tokens, output)
```

在本例中，我们在嵌入之后紧接着使用了注意力模块，这意味着可以放大或缩小特定单词的嵌入。同样，我们可以在 LSTM 之后使用注意力块。在很多情况下，当你建立模型来处理任意类型的序列时，尤其是在 NLP 中，你会发现注意力模块是工具库中强大的工具。

为了更好地理解函数式 API 是如何串起各层的，以及注意力模块是如何重塑张量的，请看下面的模型摘要：

```
model.summary()
```

Layer (type)	Output Shape	Param #	Connected to
input (InputLayer)	(None, 140)	0	
embedding (Embedding)	(None, 140, 50)	500000	input[0][0]
Attent_Permute (Permute)	(None, 50, 140)	0	embedding[0][0]
Reshape (Reshape)	(None, 50, 140)	0	Attent_Permute[0][0]
Attent_Dense (Dense)	(None, 50, 140)	19740	Reshape[0][0]
Dim_reduction (Lambda)	(None, 140)	0	Attent_Dense[0][0]
Repeat (RepeatVector)	(None, 50, 140)	0	Dim_reduction[0][0]
Attention_vec (Permute)	(None, 140, 50)	0	Repeat[0][0]

```
Attention_mul (Multiply)      (None, 140, 50)    0       embedding[0][0]
                                                         Attention_vec[0][0]

flatten (Flatten)             (None, 7000)       0       Attention_mul[0][0]

output (Dense)                (None, 1)          7001    flatten[0][0]
=================================================================
Total params: 526,741
Trainable params: 26,741
Non-trainable params: 500,000
```

这个模型可以像 Keras 模型一样训练，并可以实现验证集上约 80% 的准确率。

5.15 seq2seq 模型

2016 年，谷歌宣布用一个神经网络代替了谷歌翻译的算法。谷歌神经网络翻译系统的特别之处在于它只使用一个模型就实现了 E2E 的多语言翻译，它的工作原理是对句子的语义进行编码，然后将语义解码为所需的输出语言。

这样一个系统让许多语言学家和其他研究人员感到困惑，因为这意味着，机器学习可以创建一个能准确捕捉高级含义和语义的系统，而不需要人类给出任何明确的规则。

这些语义被表示成一个编码向量，虽然我们还不知道如何解释这些向量，但是它们真的有用。从一种语言到另一种语言的翻译是很常见的应用，我们也可以使用类似的方法将一篇报告"翻译"为摘要。文本摘要已经取得了很大的进步，但缺点是它需要大量的计算能力才能得到有意义的结果，所以我们将把重点放在语言翻译上。

5.15.1 seq2seq 架构概述

如果所有短语的长度完全相同，我们可以简单地使用 LSTM（或多个 LSTM）。请记住，LSTM 也可以返回与输入序列长度相同的完整序列。然而，在大多数情况下，输入序列的长度并不相同。

为了处理不同长度的短语，我们需要创建一个可以捕获句子语义的编码器。然后创建一个有两个输入（即编码的语义和已经产生的序列）的解码器，解码器可以预测序列中的下一项。对于字符级翻译器，它的架构如图 5.11 所示。

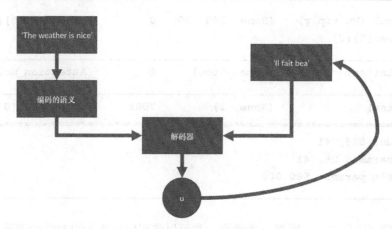

图 5.11 seq2seq 架构概述

注意将解码器的输出再次用作解码器的输入,这个过程只有在解码器产生<STOP>标记时才会停止,<STOP>标记表示该序列已经结束。

> **提示:**
> 此部分的数据和代码可以在 Kaggle 上找到。

5.15.2 数据

我们使用一个包括英语短语及其翻译结果的数据集,这个数据集源于 Tabotea 项目(一个翻译数据库),你可以在 Kaggle 上找到代码和数据。我们在字符级别上实现这个模型,这意味着与以前的模型不同,我们不标记单词,而是字符。这个问题对于我们的网络来说更具挑战,因为模型现在还必须学习如何拼写单词!然而,字符比单词少得多,因此我们可以只使用 one-hot 编码字符,而不必使用嵌入,这也使模型变得更加简单。

首先,我们需要设置一些参数:

```
batch_size = 64                          #1
epochs = 100                             #2
latent_dim = 256                         #3
num_samples = 10000                      #4
data_path = 'fra-eng/fra.txt'            #5
```

我们设置的这些参数都是什么呢?

1. batch_size:训练的 batch 大小。

2. epochs：训练的轮数。

3. latent_dim：编码向量的维数，也就是说用多少个数字来编码句子的含义。

4. num_samples：训练的样本数量。整个数据集大约有 140000 个样本。但是，由于内存和时间的原因，我们只训练更少的样本。

5. data_path：磁盘上数据.txt 文件的路径。

数据文件中的输入语言（英文）和目标语言（法文）以制表符分隔，每一行代表一个新短语，翻译是由制表符（\t）分隔的。我们遍历每行数据，并通过在制表符来分割这些行，读取出输入和目标。

为了构建 tokenizer，我们需要知道哪些字符会出现在数据集中。因此，我们需要检查这些字符是否已经在字符集中，如果没有，则将它们添加到其中。

为此，我们必须首先为文本和字符设置存储变量：

```
input_texts = []
target_texts = []
input_characters = set()
target_characters = set()
```

然后我们循环遍历想要的行数，并提取文本和字符：

```
lines = open(data_path).read().split('\n')
for line in lines[: min(num_samples, len(lines) - 1)]:

    input_text, target_text = line.split('\t')        #1

    target_text = '\t' + target_text + '\n'           #2
    input_texts.append(input_text)
    target_texts.append(target_text)

    for char in input_text:                           #3
        if char not in input_characters:
            input_characters.add(char)

    for char in target_text:                          #4
        if char not in target_characters:
            target_characters.add(char)
```

让我们把这段代码分解一下，这样可以更好地理解代码：

1．输入和目标都由制表符分隔，所以我们通过\n 来分隔行，进而获得输入和目标文本。

2．用制表符作为目标的"开始序列"字符，用\n 作为"结束序列"的字符。这样，我们就知道什么时候停止解码。

3．循环遍历输入文本中的字符，将尚未看到的输入字符添加到输入字符集中。

4．循环遍历输出文本中的字符，将尚未看到的输出字符添加到输出字符集中。

5.15.3 字符编码

我们现在需要创建按照字母排序的输入和输出字符列表，运行以下代码：

```
input_characters = sorted(list(input_characters))
target_characters = sorted(list(target_characters))
```

我们还要统计有多少输入和输出字符。这很重要，因为我们需要知道 one-hot 编码应该有多大的维度。运行以下代码：

```
num_encoder_tokens = len(input_characters)
num_decoder_tokens = len(target_characters)
```

通过以下代码构建从字符映到标记数字的字典，而不是使用 Keras 的 tokenizer：

```
input_token_index = {char: i for i,
char in enumerate(input_characters)}
target_token_index = {char: i for i,
char in enumerate(target_characters)}
```

我们可以打印出一个短句中所有字符的标记数字来了解它是如何工作的：

```
for c in 'the cat sits on the mat':
    print(input_token_index[c], end = ' ')
```

63 51 48 0 46 44 63 0 62 52 63 62 0 58 57 0 63 51 48 0 56 44 63

接下来，我们构建模型的训练数据。记住，我们的模型有两个输入，但只有一个输出。虽然我们的模型可以处理任意长度的序列，使用 NumPy 来准备数据是很方便的，因此需要知道最长的序列有多长：

```
max_encoder_seq_length = max([len(txt) for txt in input_texts])
max_decoder_seq_length = max([len(txt) for txt in target_texts])
```

```
print('Max sequence length for inputs:', max_encoder_seq_length)
print('Max sequence length for outputs:', max_decoder_seq_length)

Max sequence length for inputs: 16
Max sequence length for outputs: 59
```

现在,我们准备模型的输入和输出数据。encoder_input_data 是一个由(num_pair, max_english_sentence_length, num_english_characters)构成的三维数组,它包含英语句子的 one-hot 向量:

```
encoder_input_data = np.zeros((len(input_texts),
max_encoder_seq_length, num_encoder_tokens),dtype='float32')
```

decoder_input_data 是一个由(num_pair, max_french_sentence_ length, num_french_ characters)构成的三维数组,它包含法语句子的 one-hot 编码向量:

```
decoder_input_data = np.zeros((len(input_texts),
max_decoder_seq_length, num_decoder_tokens),dtype='float32')
```

decoder_target_data 与 decoder_input_data 相同,但是它偏移了一个时间步长。decoder_target_data[:,t, :]与 decoder_input_ data[:, t + 1, :]相同。

```
decoder_target_data = np.zeros((len(input_texts),
max_decoder_seq_length, num_decoder_tokens),dtype='float32')
```

你可以看到解码器的输入和输出是相同的,只是输出比输入提前了一个时间步骤。当我们将未完的序列输入解码器并希望它预测下一个字符时,这就显得合理了。我们将使用函数式 API 创建具有两个输入的模型。

你可以看到,解码器也有两个输入:解码器输入和编码的语义。然而,编码的语义不是编码器 LSTM 的直接输出,而是它的状态。在 LSTM 中,状态就是 cell 的隐藏 memory。发生的情况是:解码器的第一个 memory 就是编码的语义。为了给解码器第一个 memory,我们可以使用解码 LSTM 的状态来初始化解码器的 memory。

为了返回状态,我们必须设置 return_state 参数,配置 RNN 层来返回一个列表,列表的第一个元素是输出,下一个元素是 RNN 的内部状态。我们再次使用 CuDNNLSTM。如果你没有 GPU,可以用 LSTM 代替。但是要注意如果不用 GPU 来训练这个模型就需要很长时间。

```
encoder_inputs = Input(shape=(None, num_encoder_tokens),
```

```
                       name = 'encoder_inputs')                    #1
encoder = CuDNNLSTM(latent_dim,
                    return_state=True,
                    name = 'encoder')                              #2
encoder_outputs, state_h, state_c = encoder(encoder_inputs)        #3

encoder_states = [state_h, state_c]                                #4
```

让我们看看上面代码的 4 个关键部分:

1. 为编码器创建一个输入层;

2. 创建 LSTM 编码器;

3. 将 LSTM 编码器链接到输入层并得到输出和状态;

4. 丢弃 encoder_output,只保留状态 encoder_states。

现在我们定义解码器,解码器就可以使用编码器的状态作为其解码 LSTM 的初始状态。

你可以按照下面方式思考:想象一下你是一名翻译,正在将英语翻译为法语。当你在做翻译的时候,你会先听讲英语的人说话,然后在脑子里形成他想要说的内容。然后你用法语组成一个句子来表达这些相同的想法。

重要的是,要理解我们不只是传递了一个变量,而是传递了计算图的一部分。这意味着我们随后可以从解码器反向传播到编码器。在之前的类比中,你可能会认为法语翻译受到了英语句子理解偏差的影响,所以可能会根据法语翻译结果而改变自己的英语理解,例如:

```
decoder_inputs = Input(shape=(None, num_decoder_tokens),
                       name = 'decoder_inputs')                    #1
decoder_lstm = CuDNNLSTM(latent_dim,
                         return_sequences=True,
                         return_state=True,
                         name = 'decoder_lstm')                    #2

decoder_outputs, _, _ = decoder_lstm(decoder_inputs,
                                     initial_state=encoder_states) #3

decoder_dense = Dense(num_decoder_tokens,
                      activation='softmax',
                      name = 'decoder_dense')

decoder_outputs = decoder_dense(decoder_outputs)                   #4
```

上述代码由 4 个主要部分组成。

1．设置解码器输入。

2．设置解码器来返回完整的输出序列，并返回内部状态。我们在训练模型中不使用返回状态，但是我们将使用它们进行推断。

3．将解码器连接到解码器输入并指定内部状态。如前所述，我们不使用解码器的内部状态进行训练。

4．我们需要决定使用哪个字符作为下一个字符。这是一个分类任务，我们使用一个简单的带有 softmax 激活函数的 Dense 层。

我们需要定义具有两个输入和一个输出的模型，代码如下：

```
model = Model([encoder_inputs, decoder_inputs], decoder_outputs)
```

如果你已经安装了 graphviz 库，则可以使用以下代码很好地可视化模型。然而，这段代码不能运行在 Kaggle 上：

```
from IPython.display import SVG
from keras.utils.vis_utils import model_to_dot

SVG(model_to_dot(model).create(prog='dot', format='svg'))
```

如你所见，可视化结果如图 5.12 所示。

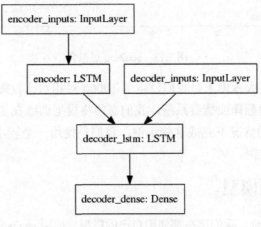

图 5.12　seq2seq 可视化

现在可以编译和训练模型了。由于我们必须在众多可能的字符之间进行选择来输出下

一个字符,这基本上是一个多分类任务。因此,我们将使用分类交叉熵损失:

```
model.compile(optimizer='rmsprop',
loss='categorical_crossentropy')
history = model.fit([encoder_input_data, decoder_input_data],
                    decoder_target_data,
                    batch_size=batch_size,
                    epochs=epochs,
                    validation_split=0.2)
```

在 GPU 上,训练过程大约需要 7 分钟。然而,如果我们绘制模型训练进展,则会看到它产生过拟合了,如图 5.13 所示。

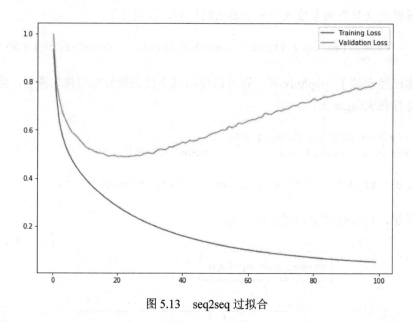

图 5.13　seq2seq 过拟合

过度拟合的原因很大程度上是我们使用了 10000 对相对比较短的句子对。为了得到一个更大的模型、真正的翻译或摘要系统,我们必须将模型训练在更多的采样上。为了能在不具备大量数据中心的情况下完成这些示例,我们只使用一个较小的模型来展示 seq2seq 体系结构能做什么的实例。

5.15.4　构建推断模型

不管是否产生过拟合,我们现在都使用自己的模型。使用 seq2seq 模型进行推断(在本例中是进行翻译)需要我们构建一个单独的推断模型,该模型使用训练模型中的权重,但是路由

（routing）的方式略有不同。更具体地说，我们将把编码器和解码器分开。通过这种方式，我们先创建一次编码，然后将其用于解码，而不是一次又一次地创建编码。

编码器模型实现从编码器的输入映射到编码器的状态：

```
encoder_model = Model(encoder_inputs, encoder_states)
```

然后，解码器模型将编码器的 memory 加上自身最后一个字符的 memory 作为输入。然后它输出一个预测，并加上它自己的 memory 用于下一个字符：

```
#Inputs from the encoder
decoder_state_input_h = Input(shape=(latent_dim,))          #1
decoder_state_input_c = Input(shape=(latent_dim,))

#Create a combined memory to input into the decoder
decoder_states_inputs = [decoder_state_input_h,
decoder_state_input_c]                                      #2

#Decoder
decoder_outputs, state_h, state_c = decoder_lstm(decoder_inputs,
initial_state=decoder_states_inputs)                        #3

decoder_states = [state_h, state_c]                         #4

#Predict next char
decoder_outputs = decoder_dense(decoder_outputs)            #5

decoder_model = Model(
    [decoder_inputs] + decoder_states_inputs,
    [decoder_outputs] + decoder_states)                     #6
```

让我们看看这段代码中的内容。

1. 编码器的 memory 由两种状态组成，我们需要为它们创建两个输入。

2. 我们将这两种状态合并成一个 memory 描述（即 decoder_states_inputes）。

3. 然后我们将之前训练的解码器 LSTM 连接到解码器输入和编码器 memory。

4. 我们将解码器 LSTM 的两种状态合并成一个 memory 表示。

5. 我们重复使用解码器的 Dense 层来预测下一个字符。

6. 最后，我们建立解码器模型，接收字符输入和状态输入，并将其映射到字符输出和状态输出。

5.15.5 翻译

我们现在可以开始使用模型了。要想运行模型,首先需要创建一个将标记映射到字符的索引:

```
reverse_input_char_index = {i: char for char,
i in input_token_index.items()}
reverse_target_char_index = {i: char for char,
i in target_token_index.items()}
```

当我们翻译一个短语时,必须首先对输入进行编码。然后通过循环将解码器状态反馈到解码器输入,直到级别停止信号。在本例中,我们用制表符来表示停止。

target_seq 是一个 NumPy 数组,它表示解码器预测的字符:

```
def decode_sequence(input_seq):

    states_value = encoder_model.predict(input_seq)            #1

    target_seq = np.zeros((1, 1, num_decoder_tokens))          #2

    target_seq[0, 0, target_token_index['\t']] = 1.            #3

    stop_condition = False                                     #4
    decoded_sentence = ''

    while not stop_condition:                                  #5
        output_tokens, h, c = decoder_model.predict(
            [target_seq] + states_value)                       #6

        sampled_token_index = np.argmax(output_tokens[0, -1, :])   #7

        sampled_char = reverse_target_char_index[sampled_token_index]
                                                               #8

        decoded_sentence += sampled_char                       #9

        if (sampled_char == '\n' or                            #10
           len(decoded_sentence) > max_decoder_seq_length):
            stop_condition = True

        target_seq = np.zeros((1, 1, num_decoder_tokens))      #11
        target_seq[0, 0, sampled_token_index] = 1.
```

```
            states_value = [h, c]                                    #12
    return decoded_sentence
```

本章的最后一次拆解分析代码。

1. 将输入编码为状态向量。

2. 生成长度为 1 的空目标序列。

3. 用开始字符填充目标序列的第一个字符。

4. 没有停止标志,解码序列到目前为止是空的。

5. 循环,直到收到停止信号。

6. 获得解码器的输出和内部状态。

7. 获得预测的标记(概率最高的标记)。

8. 获取标记数字对应的字符。

9. 向输出添加一个字符。

10. 退出条件:达到最大长度或遇到停止字符。

11. 更新目标序列(长度为 1)。

12. 更新状态。

现在我们可以把英语翻译成法语了!至少对于某些短语来说,翻译效果还不错,毕竟我们没有为模型提供任何关于法语单词或语法的规则。像谷歌翻译这类的翻译系统,它们使用更大的数据集和模型,但基本原则是相同的。

要翻译文本,我们首先创建一个全是零的占位符数组:

```
my_text = 'Thanks!'
placeholder = np.zeros((1,len(my_text)+10,num_encoder_tokens))
```

然后,我们通过将字符的标记数值对应索引位的元素设置为 1,来实现对文本中的所有字符进行 one-hot 编码:

```
for i, char in enumerate(my_text):
    print(i,char, input_token_index[char])
    placeholder[0,i,input_token_index[char]] = 1
```

这将打印出字符的标记值、字符及其在文本中的位置:

```
0  T  38
1  h  51
2  a  44
3  n  57
4  k  54
5  s  62
6  !  1
```

现在我们把这个占位符输入解码器:

```
decode_sequence(placeholder)
```

我们得到的翻译是:

```
'Merci !\n'
```

seq2seq 模型不仅适用于语言翻译,它们可以被用于训练任何将序列作为输入并输出序列的任务。

还记得上一章的预测任务吗?预测问题的最佳解决方案是 seq2seq 模型,seq2seq 模型也可以被训练来输出一系列的动作,例如一系列的交易,这些交易将最小化大订单的影响。

5.16　练习

现在我们已经学完了这一章,这里总结下学到了什么。我们提供 3 个练习,它们将基于本章所涵盖的内容来提出挑战。

1. 向翻译模型的编码器添加额外一层。如果翻译模型有更强大的能力来学习法语句子的结构,模型可能会表现得更好。再添加一个 LSTM 层可以更好地理解函数式 API。

2. 把注意力机制加到翻译模型的编码器,注意力机制使模型将注意力集中在对翻译真正重要的(英语)单词上。最好把注意力机制作为最后一层,这个任务比前一个稍微难一点,但你将更好地理解注意力机制的原理。

3. 访问 Daily News for Stock Market Prediction(每日新闻的股票市场预测)。这个任务是使用每日新闻作为输入来预测股票价格,已经有一些内核可以帮助你解决这个问题,用你在这一章学到的知识来预测一些股票的价格吧!

5.17 本章小结

在本章中,你学习了 NLP 技术。我们学习了很多内容,下面列举的是本章涉及的内容。现在,你应该很有信心理解它们:

- 找到命名实体;
- 为自定义的应用程序微调 spaCy 的模型;
- 找出部分语言和语法结构映射;
- 使用正则表达式;
- 为分类任务准备文本数据;
- 使用词袋模型和 TF-IDF 等技术进行分类;
- 使用 LDA 对文本中的主题进行建模;
- 使用预先训练好的单词嵌入;
- 使用 Keras 函数式 API 构建高级模型;
- 训练模型让它集中注意力;
- 使用 seq2seq 模型翻译句子。

现在你已经掌握了很多工具,可以用它们来解决 NLP 问题。在本书的其他部分,你将再次看到其中一些技术,用于解决不同的难题。从零售银行到对冲基金投资,这些技术都很有用。虽然在应对机构需要解决的问题时可能需要一些调整,但这些方法都很普适且具有可迁移性。

在第 6 章中,我们将介绍强化学习技术,这个技术自从 DeepMind 击败了人类围棋冠军开始就备受关注。这个技术在金融市场上非常有用,许多量化投资公司已经在开展研究。

第 6 章
生成模型的应用

生成模型可以生成新数据。在某种程度上,这与我们在前几章中讨论的模型完全相反。图像分类器能接受高维的输入(也就是图片),并输出一个低维的输出(如图片的内容),但生成模型会以完全相反的方式处理。例如,它可能会根据内容的描述来绘制图像。

生成模型仍处于其发展过程中的实验阶段,目前主要用于图像。然而,事实证明它们是很重要的模型,已经有一些场景使用了生成模型,生成模型可能会在行业内引起轩然大波。

2017 年,DeepFakes 开始出现在互联网上[①]。在 DeepFakes 中,生成对抗网络(Generative Adversarial Network,GAN)被用于生成名人的视频。本章后面讨论生成网络。2016 年,研究人员展示了一个可以生成视频的系统,系统生成的视频内容是让人说任何指定的话语,包括近乎真实的嘴部运动和面部表情。

这个技术并非是完全负面的,尤其是生成模型的数据稀疏时仍有一些积极的应用。如果是这样的话,生成模型可以生成用于训练其他模型的真实数据。生成模型能够"翻译"图像。一个典型的例子是将卫星图像转换成街道地图,另一个例子是从网站截图生成对应的代码。它们甚至可以用来对抗机器学习模型中的不公平,我们将在第 9 章中看到这一点。

在金融领域,数据常常是稀疏的。回想一下第 2 章中的诈骗案例,我们将诈骗交易从交易元数据中分类出来。我们发现在数据集中并没有太多的诈骗数据,因此模型很难检测到何时发生了诈骗。这种情况下,工程师通常会做出假设并创建人工数据。然而,机器学习模型本身可以做到这一点,在这个过程中,它们甚至可能会找到一些有助于发现诈骗的特性。

在算法交易中,数据经常在仿真器中生成。如果想知道具体的算法在全球抛售时表现如何,就需要模拟相关场景。由于现实中并没有那么多全球性抛售,量化分析公司的工程

---

① 译者注:DeepFakes 是一种基于生成模型的人物图像合成技术,可以用于恶作剧和制作假新闻。

师们花了大量的时间来模拟抛售。这些仿真器往往会因为工程师的经验和他们对抛售的感觉而产生偏差。然而，如果模型能够学习到抛售的本质，并创建无数个描述抛售的数据，那会怎么样？

在这一章中，我们将关注两类生成模型：自动编码器和GAN。首先是自动编码器，其目的是将数据压缩成更低维的表示，然后如实地重建数据。然后是GAN，它的目标是训练一个生成器，这样独立的判别器就不能区分生成器生成图像的真假。

6.1 理解自编码器

从技术上看，自编码器不是生成模型，因为它们不能创建全新类型的数据。然而，变分自编码器（Variational AutoEncoder，VAE）却可以做到这点（即生成全新类型的数据）；它是 vanilla 自编码器的微调版本。因此，我们有理由先去理解自编码器本身，然后再去理解新增的部分。

自编码器本身具有一些有趣的特性，这些特性可以用于检测信用卡诈骗等。自编码器的这些特征对于我们所关注的金融领域非常有用。

给定一个输入 x，一个自编码器学习如何输出 x。它的目标是找到一个函数 f，使以下公式成立：

$$x=f(x)$$

这听起来可能很无聊，但神奇的地方在于自编码器有瓶颈。中间隐层的尺寸小于输入 x 的尺寸。因此，模型必须学习压缩表示，压缩表示以一个更小的向量来捕获 x 的所有重要元素。

图6.1 可以很好地体现上述内容。在图6.1 中，我们可以看到自编码器技术中的压缩表示。

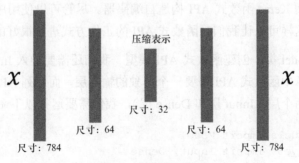

图6.1 自编码器方案

压缩表示的目的是捕获输入的本质,例如,我们可能希望捕捉到诈骗交易与真实交易之间的本质区别。vanilla 自编码器使用类似于标准的主成分分析(Principal Component Analysis,PCA)方法来完成这项工作。这可以减少数据的维度,聚焦在重要的事情上。但与 PCA 不同的是,自编码器可以扩展生成更多特定类型的数据。例如,自编码器可以更好地处理图像或视频数据,因为它们可以利用卷积层来挖掘和使用数据的空间性。

在本节中,我们将构建两个自编码器。第一个自编码器将用于 MNIST 数据集的手写体数字。生成模型更容易调试和理解可视化数据,因为人类更本能地擅长判断两幅图片是否相似,而对抽象数据的判断就不那么擅长了。第二个自编码器用于诈骗交易检测任务,使用与 MNIST 数据集任务类似的方法。

6.1.1 MNIST 的自编码器

让我们从一个应用在 MNIST 手写体数字数据集的简单自编码器开始。MNIST 图像的尺寸为 28 像素×28 像素,可以转换成具有 784 个元素的向量。我们将使用自编码器把这些数据压缩成只有 32 个元素的向量。

在深入研究这里的代码之前,请确保将 MNIST 数据集保存在合适的路径中,导入 NumPy 和 Matplotlib 库,并设置一个随机种子以确保您的实验具有可重复性。

> **提示:**
> 你可以在 Kaggle 中找到 MNIST 自编码器和变分自编码器的代码。

我们现在要设置编码维数超参,以便后续使用:

```
encoding_dim = 32
```

然后,我们使用 Keras 函数式 API 构造自编码器。尽管可以使用序列 API 构造一个简单的自编码器,但这样可以让我们对函数式 API 的工作方式进行很好的复习和回顾。

首先,导入 Model 类,创建函数式 API 模型。我们还需要导入 Input 层和 Dense 层。你应该记得在前几章中函数式 API 需要一个单独的输入层,而序列 API 不需要这个单独的输入层。要导入这两个层(Input 层和 Dense 层),我们需要运行以下命令:

```
from keras.models import Model
from keras.layers import Input, Dense
```

现在，我们将自编码器各层串联起来：先是 Input 层，接着是 Dense 层（将图像编码为一个更小的表示）。

接下来是 Dense 解码层，这个层的目的是重建原始图像：

```
input_img = Input(shape=(784,))
encoded = Dense(encoding_dim, activation='relu')(input_img)
decoded = Dense(784, activation='sigmoid')(encoded)
```

在创建和链接所有层之后，就可以创建一个模型。这个模型可以将输入映射到解码图像：

```
autoencoder = Model(input_img, decoded)
```

为了更好地理解，可以使用以下代码来绘制一个可视化的自编码器模型结果：

```
from keras.utils import plot_model
plot_model(autoencoder, to_file='model.png', show_shapes=True) plt.figure(figsize=(10,10))
plt.imshow(plt.imread('model.png'))
```

自编码器如图 6.2 所示。

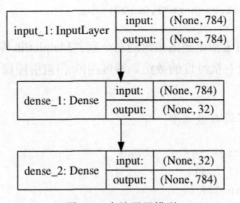

图 6.2　自编码器模型

按照以下方式编译：

```
autoencoder.compile(optimizer='adadelta',
loss='binary_crossentropy')
```

为了训练这个自编码器，我们使用 X 值作为输入和输出：

```
autoencoder.fit(X_train_flat, X_train_flat,
                epochs=50,
                batch_size=256,
                shuffle=True,
                validation_data=(X_test_flat, X_test_flat))
```

训练自编码器通常需要一到两分钟时间。在我们训练这个自编码器之后，我们可以直观地检查它的性能情况。为此，我们首先从测试集中选取一个图像。然后在图像中添加批维度（batch dimension），以便模型可以运行扩展后的图像。具体使用 np.expand_dims：

```
original = np.expand_dims(X_test_flat[0],0)
```

现在我们将通过自编码器运行图像。初始的 MNIST 图像显示数字 7，我们希望自编码器的输出也是 7：

```
seven = autoencoder.predict(original)
```

接下来，我们将自编码器输出和原始图形的状改变为 28 像素×28 像素：

```
seven = seven.reshape(1,28,28)
original = original.reshape(1,28,28)
```

然后，我们将原始图像和重建图像绘制在一起。Matplotlib 库不允许图像具有批维度，因此我们需要输入一个没有批维度的数组。通过用[0,:,:]索引图像，我们只输入批中第一项的所有像素。

此时，第一项现在不再有批维度：

```
fig = plt.figure(figsize=(7, 10))
a=fig.add_subplot(1,2,1)
a.set_title('Original')
imgplot = plt.imshow(original[0,:,:])

b=fig.add_subplot(1,2,2)
b.set_title('Autoencoder')
imgplot = plt.imshow(seven[0,:,:])
```

运行了这段代码后，你将看到，我们的期望已经实现了！如图 6.3 所示，与原始图像（左图）相比，我们的自编码器图像（右图）也显示了一个数字 7。

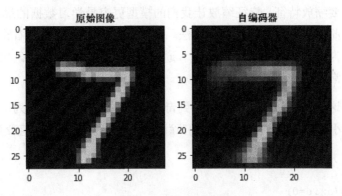

图 6.3　自编码器的结果

正如你在图 6.3 中看到的，因为重建的数字 7 仍然是 7，所以自编码器能够理解 7 的图像本质。尽管它不是完美的，它的边缘有点模糊，特别是在左上角。似乎自编码器不能确定线的长度，但是显然它知道 7 有两条线以及这两条线的走向。

像这样的自编码器执行非线性 PCA 任务，学习表示数字 "7" 的益处不仅可以应用于图像处理，在信用卡诈骗检测中，这样的主成分部件（principal component）将会产生其他分类器能够使用的优质特性。

在第 6.1.2 节中，我们将应用自编码器来解决信用卡诈骗问题。

6.1.2　信用卡自编码器

在本节中，我们将再次解决信用卡诈骗问题。这次，我们将使用与第 2 章不同的数据集。新的数据集包含实际具有匿名特征的信用卡交易记录，然而，它本身并不适合特征工程。因此，我们需要靠端到端的学习方法来建立一个性能良好的诈骗检测器。

与往常一样，我们首先加载数据。Time 属性显示了交易的绝对时间，这给处理数据增加了困难。于是我们将这个属性直接放弃，通过运行下面的代码来实现：

```
df = pd.read_csv('../input/creditcard.csv')
df = df.drop('Time',axis=1)
```

然后，我们分离交易数据中的 X 数据（除去 Class 的数据）和类别数据，并提取构成 Pandas DataFrame 结构的 NumPy 数组：

```
X = df.drop('Class',axis=1).values
y = df['Class'].values
```

现在我们需要缩放特征，特征缩放让我们的模型更容易学习数据的最佳表示。这一次，我们将采用与以前稍微不同的特征缩放方法。我们将把所有的特征都缩放到 0 和 1 之间，而不是实现均值为 0、标准差为 1 的缩放。通过这种方法，我们可以确保数据集中不存在任何非常高或非常低的值。

我们意识到这种方法使结果更容易受到奇异值的影响。对于每一列，我们首先减去最小值，使新的最小值变为 0。接下来，我们除以最大值，使新的最大值变为 1。

指定 axis=0 并按列缩放：

```
X -= X.min(axis=0)
X /= X.max(axis=0)
```

最后分割数据：

```
from sklearn.model_selection import train_test_split
X_train, X_test, y_train,y_test = train_test_split(X,y,test_size=0.1)
```

然后我们创建与之前完全相同的自编码器。这次创建一个不同维度的自编码器，输入有 29 个维度，我们将其压缩为 12 个维度，然后再恢复成原始的 29 维度输出。

虽然 12 维在这里是个有点随意的选择，但它提供了足够的空间来捕获所有相关信息，同时仍然能显著压缩数据：

```
from keras.models import Model
from keras.layers import Input, Dense
```

我们将对编码后的数据使用 sigmoid 激活函数。这是唯一可能的激活函数，因为我们已经将数据缩放为 0 到 1 之间的值。编码层中依然使用 tanh 激活，这只是一种设计选择，tanh 在实验中运行良好，并确保编码的值都在-1 和 1 之间。也就是说，你可以根据自己的需要使用不同的激活函数。

如果你正在处理图像或使用更深层的网络，ReLU 激活函数通常是不错的选择。然而，如果你使用的是浅层网络，那么 tanh 激活效果就很好：

```
data_in = Input(shape=(29,))
encoded = Dense(12,activation='tanh')(data_in)
```

```
decoded = Dense(29,activation='sigmoid')(encoded)
autoencoder = Model(data_in,decoded)
```

在这个例子中,我们使用了均方误差损失。使用均方误差损失和 sigmoid 激活函数似乎是一个不寻常的选择,但这是有意义的。大多数人认为 sigmoid 激活函数应该与交叉熵损失一起使用,但是交叉熵损失倾向于优化值为 0 或 1,这对于分类任务非常有效。这正是本例的情况。

在信用卡示例中,大多数值在 0.5 左右。我们在下面的代码实现中看到的是均方误差更适合处理那些目标值不是二值而是范围的情况。二值交叉熵迫使值接近于 0 和 1,这不总是我们想要的:

```
autoencoder.compile(optimizer='adam',loss='mean_squared_error')
```

经过大约两分钟的训练,自编码器收敛到低损失:

```
autoencoder.fit(X_train,
                X_train,
                epochs = 20,
                batch_size=128,
                validation_data=(X_test,X_test))
```

重建的损失很低,但我们如何知道自编码器是否工作良好?可视化的检查将再一次拯救我们。正如之前所解释的那样,人类非常善于用视觉来判断事物,但却不善于判断抽象的数字。

为了运行可视化检查,必须首先做一些预测。我们用自编码器运行测试集的子集:

```
pred = autoencoder.predict(X_test[0:10])
```

然后绘制单独的样本。下面的代码生成一张能比较原始交易数据和重构交易数据的重叠条形图:

```
import matplotlib.pyplot as plt
import numpy as np

width = 0.8


prediction = pred[9]
```

```
true_value = X_test[9]
indices = np.arange(len(prediction))
fig = plt.figure(figsize=(10,7))
plt.bar(indices, prediction, width=width,
        color='b', label='Predicted Value')
plt.bar([i+0.25*width for i in indices], true_value,
        width=0.5*width, color='r', alpha=0.5, label='True Value')
plt.xticks(indices+width/2.,
           ['V{}'.format(i) for i in range(len(prediction))] )
plt.legend()
plt.show()
```

上述代码将生成图6.4。

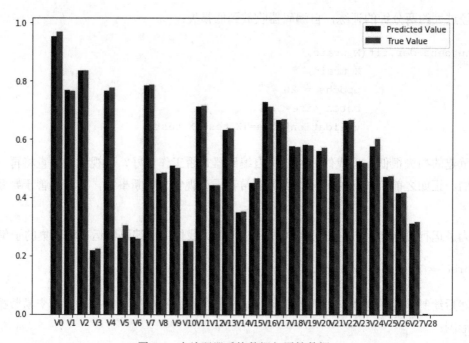

图6.4 自编码器重构数据与原始数据

如你所见，模型在重建原始值时表现很好。重构值通常与真实值基本相同，即使不相同，也只有很小的偏差。正如你所看到的，使用可视化的检查比观察抽象的数字更容易说明问题。

6.2 使用 t-SNE 可视化隐空间

我们现在有一个自编码器，它接收信用卡交易记录，并输出看起来与输入几乎相同的信用卡交易记录。然而，这并不是我们构建自编码器的原因。自编码器的主要优点是，我们可以将交易数据编码为能捕获关于交易的主要特征的更低维度表示。

要创建编码器模型，我们所要做的是定义新的 Keras 模型。该模型可以将输入映射成编码状态：

```
encoder = Model(data_in,encoded)
```

注意，你不需要再训练这个模型了，这些层保留了以前训练的自编码器的权重。

为了对数据进行编码，我们使用编码器模型：

```
enc = encoder.predict(X_test)
```

但是我们如何知道这些编码是否包含关于诈骗的重要信息呢？这时，可视化展示就成了关键。虽然编码维数比输入数据的维数少，但它仍有 12 维。人类不可能去思考一个 12 维的空间，我们需要在一个更低维空间中绘制编码，同时仍保留自己所关心的特征。

在本例中，我们关心的特征是邻近度（proximity）。我们希望在 12 维空间中相互接近的点在二维空间中也比较近。更准确地说，我们关心的是邻近的点，我们希望在高维空间中彼此接近的点在低维空间中也能彼此接近。

保持临近关系很重要，因为我们想要发现诈骗的聚集（cluster）效果。如果我们发现诈骗交易在高维编码中形成了一个聚集，那么就可以简单地检查新交易是否落入这个诈骗聚集中并以此判断新交易是否为诈骗。将高维数据投影到低维图中同时保存邻居关系的方法称为 t-分布式随机邻近嵌入（t-distributed Stochastic Neighbor Embedding，t-SNE）。

简而言之，t-SNE 的目标是真实地表示在所有点的随机采样中两个点相邻的概率。也就是说，它试图找到数据的低维表示。在这个低维表示中，随机采样中的两点距离最近的概率与高维数据中的概率相同。

t-SNE 算法步骤如下：

1. 计算所有点间的高斯相似度。如图 6.5 所示，高斯相似度是通过计算两点之间的欧氏距离，然后计算高斯曲线在该距离处的值来实现的。距离点 i 的所有点 j 的高斯相似度，可以计算如下：

$$p_{i|j} = \frac{\exp(-\|x_i - x_j\|^2 / 2\sigma_i^2)}{\sum_{k \neq i} \exp(-\|x_i - x_k\|^2 / 2\sigma_i^2)}$$

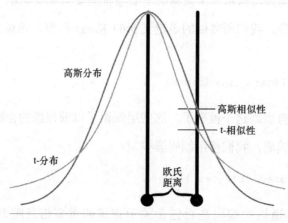

图 6.5　t-SNE 如何度量相似性

在上述公式中，σ_i^2 是高斯分布的方差。我们将在本章后面讨论如何确定这个方差。注意，点 i 和点 j 之间的相似度是需要除以点 i 和所有其他点（用 k 表示）的距离的和。可见，点 i 和 j 之间的相似度 $p_{i|j}$ 不一定跟 j 和 i 之间的相似度 $p_{j|i}$ 相同。因此，我们对这两个相似度进行平均，以获得我们接下来要使用的最终相似度：

$$p_{ij} = \frac{p_{i|j} + p_{j|i}}{2n}$$

其中，n 是数据点个数。

2. 将数据点随机放置在低维空间中。

3. 计算低维空间中所有点的 t-相似性，公式如下：

$$q_{ij} = \frac{(1+\|y_i - y_j\|)^{-1}}{\sum_{k \neq l}(1+\|y_k - y_l\|^2)^{-1}}$$

4. 就像训练神经网络一样，我们将根据损失函数的梯度来优化数据点在低维空间中的位置。在这里，损失函数是高维空间和低维空间的相似度的 Kullback-Leibler 散度（KL 散度）。我们将在第 6.3 节中进一步讨论 KL 散度。现在，就把它看作测量两个分布差别的一种方法。损失函数相对于数据点 i 在低维中的位置 y_i 的导数计算如下：

$$\frac{\mathrm{d}L}{\mathrm{d}y_i} = 4\sum (p_{ij} - q_{ij})(y_i - y_j)(1+\|y_i - y_j\|^2)^{-1}$$

5. 使用梯度下降法调整低维空间中的所有数据点，将高维空间中距离较近的点移动得更加靠近，将高维空间中距离较远的点移动得远离彼此：

$$y^{(t)} = y^{(t-1)} + \frac{\mathrm{d}L}{\mathrm{d}y} + \alpha(t)(y^{(t-1)} - y^{(t-2)})$$

6. 你可以把这个算法看成是带有动量的梯度下降，因为之前的梯度被融入更新后的位置。

使用的 t-分布有一个自由度，这个自由度造就了一个更简单的公式以及一些优良的数值特性。这些使计算速度更快，生成的图表更有用。

高斯分布的标准差会通过困惑度（perplexity）超参而受到用户的影响。困惑度超参可以解释为我们期望一个点拥有的邻居数量。低困惑度值强调局部的接近性，而高困惑度值强调整体的近似度。在数学上，困惑度可以计算如下：

$$\text{Perp}(P_i) = 2^{H(P_i)}$$

其中，P_i 是数据集中所有数据点位置的概率分布，$H(P_i)$ 为该分布的香农（Shanon）熵。$H(P_i)$ 计算如下：

$$H(P_i) = -\sum p_{j|i} \log_2 p_{j|i}$$

尽管这个公式的细节和使用 t-SNE 不十分相关，但重要的是要知道 t-SNE 在标准差 σ 上进行搜索，使 t-SNE 可以发现一个全局分布 P_i，数据在这个分布下的熵是我们期望的困惑度。换句话说，你需要手动指定困惑度，但是困惑度对数据集意味着什么还是取决于数据集本身。

t-SNE 的发明者 Laurens Van Maarten 和 Geoffrey Hinton 报告说，该算法在困惑度为 5～50 时是相对稳定的。大多数库中困惑度的默认值是 30，这对于大多数数据集来说都是一个不错的值。然而，如果可视化结果并不令人满意，那么可能需要先调整困惑度值。

对于所涉及的所有数学问题，使用 t-SNE 是非常简单的。scikit-learn 库有一个便捷的 t-SNE 实现版本，你可以像使用其他函数一样使用 t-SNE。

我们首先导入 TSNE 类，然后创建一个新的 TSNE 实例。我们定义要训练 5000 轮，并使用默认困惑度值 30 和默认学习率 200。我们还指定在训练过程中想要输出什么内容。然后，我们调用 fit_transform 函数。这个函数将我们 12 维编码数据转换成二维投影：

```
from sklearn.manifold import TSNE
tsne = TSNE(verbose=1,n_iter=5000)
res = tsne.fit_transform(enc)
```

提示一下，t-SNE 非常慢，因为它需要计算所有点之间的距离。默认情况下，scikit-learn 使用的是 t-SNE 的更快版本（称为 Barnes Hut 近似）。虽然没有那么精确，但速度快得多。

还有一个关于 t-SNE 的 Python 语言更快的实现，可以作为 scikit-learn 的替代。然而，这个 Python 版并没有很好的文档化，也包含较少的特性。因此我们将不在本书中讨论它。

然后，我们可以用散点图来绘画 t-SNE 的结果。为了便于解释，我们将通过颜色来区分诈骗和非诈骗交易。诈骗用红色标出，非诈骗用蓝色标出。由于 t-SNE 的实际值没有那么重要，我们选择隐藏坐标轴：

```
fig = plt.figure(figsize=(10,7))
scatter =plt.scatter(res[:,0],res[:,1],c=y_test,
cmap='coolwarm', s=0.6)
scatter.axes.get_xaxis().set_visible(False)
scatter.axes.get_yaxis().set_visible(False)
```

输出结果如图 6.6 所示。

为了更易于定位，对于那些阅读印刷版的人来说，含有大部分诈骗的聚集（也就是红色标记，可下载彩图文件）已经被圆圈标记起来。你可以看到，诈骗交易与其他真实交易（蓝色部分，可下载彩图文件）是完全分开的。显然，自编码器已经找到了一种区分诈骗与真实交易的方法。这种方法不需要打标签，这是一种无监督学习。

事实上，普通的自编码器执行的是近似 PCA，这对无监督学习很有用。在输出图表中，你可以看到有一些聚集与其他交易明显分离，但这些聚集并不是诈骗交易。使用自编码器和无监督学习，我们可以用以前从未想过的方式来分离数据并将数据分组。例如，我们可以按购买类型对交易进行聚集。

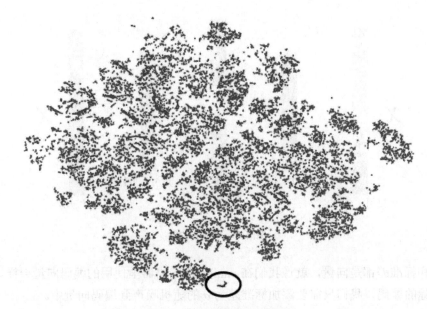

图 6.6 t-SNE 的散点图结果

使用自编码器可以将编码后的信息作为分类器的特性。更妙的是，只需对自编码器稍加修改，我们就可以生成更多具有诈骗交易基本属性同时又具有不同特征的数据。这是用变分自编码器来完成的，这将是第 6.3 节关注的内容。

6.3 变分自编码器

自编码器本质上是对 PCA 的近似。然而，它们可以扩展为生成模型。给定一个输入，变分自编码器（Variational AutoEncoder，VAE）可以构建编码的分布。这意味着对于一个诈骗交易，编码器将生成一个潜在的编码分布，所有这些编码描述了交易的大部分最重要的特征。然后，解码器将所有编码转换回原来的交易。

这很有用，因为它能让我们生成交易数据。我们之前面临的诈骗检测中的问题之一就是没有那么多的诈骗交易数据。因此，通过使用 VAE（见图 6.7），我们可以采样任意数量的交易编码，然后使用更多的诈骗交易数据来训练分类器。

那么 VAE 是怎么做到的呢？不是只有一个压缩表示向量，VAE 有两个向量：一个是均值编码 μ，另一个是标准差编码 σ。

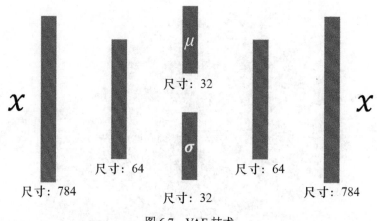

图 6.7 VAE 技术

均值和标准差都是向量,就像我们在 vanilla 自编码器里使用的编码向量一样。然而,要创建实际的编码,我们只需要添加标准差为 σ 的随机噪声到编码向量中。

为了实现更广泛的值分布,我们的网络结合了两个损失来进行训练:重构损失(从 vanilla 自编码器学习到的),以及编码分布和标准差为 1 的标准高斯分布间的 KL 散度损失。

6.3.1 MNIST 实例

现在,我们开始构建第一个 VAE。该 VAE 将使用 MNIST 数据集,让你更好地了解 VAE 是如何工作的。在第 6.4 节中,我们将构建同样适用于信用卡诈骗检测的 VAE。

首先,我们需要导入几个库。简单地运行如下代码:

```
from keras.models import Model
from keras.layers import Input, Dense, Lambda
from keras import backend as K
from keras import metrics
```

注意两个新导入的部分:Lambda 层和 metrics 模块。metrics 模块提供一些指标(例如交叉熵损失),我们使用这些指标来构建自定义的损失函数。同时 Lambda 层允许使用 Python 函数作为层,我们将使用它们从编码分布中采样。稍后我们将了解 Lambda 层是如何工作的。但是首先,我们需要构建神经网络的其余部分。

我们需要做的第一件事是定义几个超参。数据的初始维数是 784,我们把它压缩成一个 32 维的隐向量。我们的网络在输入和隐向量之间有一个 256 维的中间层。我们将训练 50 轮，批大小为 100：

```
batch_size = 100
original_dim = 784
latent_dim = 32
intermediate_dim = 256
epochs = 50
```

经过计算之后，学习标准差的对数比学习标准差本身更容易。为此，我们创建了网络的前半部分，将输入 x 映射到中间层 h。从这一层开始，我们的网络分成 z_mean（表示成 μ）和 z_log_var log（表示成 σ）：

```
x = Input(shape=(original_dim,))
h = Dense(intermediate_dim, activation='relu')(x)
z_mean = Dense(latent_dim)(h)
z_log_var = Dense(latent_dim)(h)
```

6.3.2　使用 Lambda 层

Lambda 层将任意表达式（Python 函数）封装为 Keras 层。然而，想完成这项工作还有几个要求。为了可以反向传播，函数必须是可微的。毕竟，我们需要通过损失的梯度来更新网络的权重。幸运的是，Keras 在它的 backend 模块中提供了许多函数。这些都是可微的、简单的 Python 数学函数，例如 $y = x + 4$。

另外，Lambda 函数只能接受一个输入参数。在我们要创建的层中，输入只是前一层的输出张量。在本例中，我们希望创建一个有两个输入（μ 和 σ）的层。因此，我们将把这两个输入封装到一个元组中，然后可以将其拆开。

采样函数如下所示：

```
def sampling(args):
    z_mean, z_log_var = args                                       #1
    epsilon = K.random_normal(shape=(K.shape(z_mean)[0], latent_dim),
                              mean=0.,
                              stddev=1.0)                          #2
    return z_mean + K.exp(z_log_var / 2) * epsilon                 #3
```

让我们花点时间来讲解这个函数。

1. 我们的输入是一个元组,包括两个输入张量。

2. 我们创建了一个随机正态分布的噪声张量,其均值为 0,标准差为 1。这个张量的形状与我们的输入张量形状相同,即(batch_size, latent_dim)。

3. 最后,将随机噪声与标准差相乘得到学习标准差,并与学习平均值相加。因为我们要学习对数标准差,因此需要将指数函数应用到学习张量上。

所有这些运算都是可微的,因为我们使用的是 Keras backend 模块中的函数。现在,我们可以把这个函数转换成层,并用一行代码把它连接到前两个层:

```
z = Lambda(sampling)([z_mean, z_log_var])
```

我们现在有采样于两个张量所描述的正态分布的自定义层,Keras 可以通过这一层自动反向传播,并训练这层之前的权重。

既然已经对数据进行了编码,也需要对其进行解码,可以使用两个 Dense 层来实现解码:

```
decoder_h = Dense(intermediate_dim, activation='relu')(z)
x_decoded = Dense(original_dim, activation='sigmoid')
decoder_mean(h_decoded)
```

网络现在已经构建完成了。该网络将任意 MNIST 图像编码成一个均值张量和一个标准差张量,然后解码器再重新构造源图像。唯一没有细说的是自定义损失函数。这个损失函数既激励网络重建图像,也激励网络在编码中生成正态高斯分布。

6.3.3 Kullback-Leibler 散度

为了给 VAE 创建自定义损失(loss),我们需要一个自定义的基于 KL 散度的损失函数。

就像交叉熵一样,KL 散度这个指标是机器学习从信息论中继承而来的概念。虽然它经常被使用,但在试图理解这个概念时,可能会遇到许多困难。

KL 散度的核心内容是测量当分布 p 使用分布 q 来近似时信息丢失的程度。

假设你正在处理一个金融模型,并收集了证券投资回报的数据。所有的金融建模工具都假定收益是呈正态分布的。图 6.8 显示了实际的收益分布和使用正态分布模型的近似值。对于这个例子,我们假设只有离散回报。

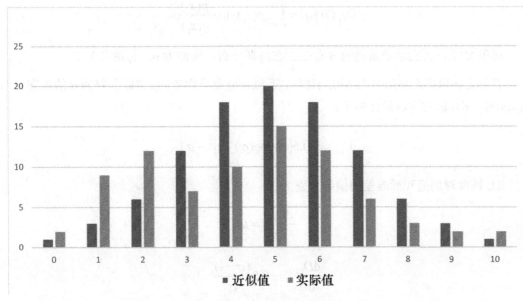

图 6.8 近似值与实际值

当然,数据中的回报并不是完全的正态分布。那么,如果使用了正态分布来近似,你会丢失多少信息?这正是 KL 散度所测量的:

$$D_{KL}(p \| q) = \sum_{i=1}^{N} p(x_i) \cdot (\log p(x_i) - \log q(x_i))$$

其中 $p(x_i)$ 和 $q(x_i)$ 是指收益 x 为值 i 的概率。例如,收益 x 是 $i=5\%$。上面公式准确表达了 p、q 分布的概率对数之间的期望差:

$$D_{KL} = E[\log p(x) - \log q(x)]$$

如果使用 q 分布来近似 p 分布,则对数概率的期望差与平均信息损失是相同的:

$$\log a - \log b = \log \frac{a}{b}$$

KL 散度通常写成如下形式:

$$D_{KL}(p \| q) = \sum_{i=1}^{N} p(x_i) \cdot \log \frac{p(x_i)}{q(x_i)}$$

KL 散度的连续形式也可以写成:

$$D_{KL}(p\|q) = \int_{-\infty}^{+\infty} p(x_i) \cdot \log \frac{p(x_i)}{q(x_i)}$$

对于 VAE，我们希望编码的分布是正态高斯分布，均值为 0，标准差为 1。

当分布 p 用正态高斯分布 $N(0,1)$ 替代，近似 q 分布是均值为 μ 和标准差为 σ 的正态分布 $N(\mu,\sigma)$ 时，KL 散度可以简化如下：

$$D_{KL} = -0.5(1 + \log(\sigma) - \mu^2 - \sigma)$$

KL 散度对均值和标准差的偏导分别为：

$$\frac{dD_{KL}}{d\mu} = \mu$$

$$\frac{dD_{KL}}{d\sigma} = -0.5\frac{(\sigma-1)}{\sigma}$$

你可以看到，如果 μ 是 0，那么对 μ 的导数是 0；如果 σ 是 1，那么对 σ 的导数为 0。这一损失项已经加到重构损失中。

6.3.4 创建自定义损失

VAE 损失是两种损失的组合：重构损失（激励模型对其输入进行重建）和 KL 散度损失（激励模型使用编码来近似正态高斯分布）。要创建这种组合损失，我们必须先单独计算这两个损失部分，然后再将它们组合在一起。

重构损失就是 vanilla 自编码器中的损失函数，二值交叉熵是非常适合 MNIST 重构的损失函数。由于二值交叉熵损失的 Keras 实现版本已经在整批数据上计算平均值（我们希望这个取均值计算在后面进行），我们需要对这个损失进行缩放。于是，我们可以除以输出维度来进行缩放：

```
reconstruction_loss = original_dim *metrics.binary_crossentropy(x, x_decoded)
```

KL 散度损失是 KL 散度的简化版。在前面关于 KL 散度部分中，我们已经讨论过这个公式：

$$D_{KL} = -0.5(1 + \log(\sigma) - \mu^2 - \sigma)$$

KL 散度损失用 Python 代码表示如下所示:

```
kl_loss = - 0.5 * K.sum(1 + z_log_var - K.square(z_mean)
                        - K.exp(z_log_var), axis=-1)
```

最终损失是重构损失和 KL 散度损失之和的均值:

```
vae_loss = K.mean(reconstruction_loss + kl_loss)
```

由于我们使用 Keras backend 模块进行所有的计算,因此损失是自动可微的张量。现在,我们像往常一样创建模型:

```
vae = Model(x, x_decoded)
```

由于我们使用的是自定义损失,因此需要单独处理各部分损失,不能只是把它添加到编译语句:

```
vae.add_loss(vae_loss)
```

现在编译模型,由于模型已经有了一个损失函数,因此需要指定优化器:

```
vae.compile(optimizer='rmsprop')
```

自定义损失函数的另一个副产物是它比较了 VAE 的输出和输入。由于我们想重构原始图片,这个比较是有意义的。因此,我们不需要指定 y 值,只指定输入就足够了:

```
vae.fit(X_train_flat,
        shuffle=True,
        epochs=epochs,
        batch_size=batch_size,
        validation_data=(X_test_flat, None))
```

在下一节中,我们将学习如何使用 VAE 生成数据。

6.3.5 使用 VAE 生成数据

我们已经有了自编码器,但如何生成更多的数据呢?我们取一个输入(比如一张数字 7 的图片),然后多次将它输入自编码器。由于自编码器是从分布中随机采样的,所以每次运行的输出会略有不同。

为了展示这一点,我们从测试数据中选取数字 7 的图片:

```
one_seven = X_test_flat[0]
```

然后,我们添加一个批维度,并在整批中重复数字 7 的图片有 4 次。现在,一批有 4 个相同的 7:

```
one_seven = np.expand_dims(one_seven,0)
one_seven = one_seven.repeat(4,axis=0)
```

然后我们可以对这批数据进行预测。在这种情况下,我们会得到重构的数字 7:

```
s = vae.predict(one_seven)
```

下一步拆分为两部分。首先,我们将所有 7 的数据格式改成图像形式:

```
s= s.reshape(4,28,28)
```

然后,我们把它们画出来:

```
fig=plt.figure(figsize=(8, 8))
columns = 2
rows = 2
for i in range(1, columns*rows +1):
    img = s[i-1]
    fig.add_subplot(rows, columns, i)
    plt.imshow(img)
plt.show()
```

运行上述代码,我们将看到下面的截图。图 6.9 显示了输出的 4 张数字 7 的图片。

如你所见,所有的图像显示的都是数字 7。虽然它们看起来很相似,但如果仔细观察,你会发现它们还是明显的区别。左上的 7 比左下的 7 颜色淡,右下角的 7 有一个可见的弯曲。

我们刚刚见证了 VAE 成功地创建了新数据。虽然与使用全新的真实数据相比,用这些生成的数据训练并不是特别好,但它仍然非常有用。像这样的生成模型从人眼来看效果很好,我们现在讨论如何将这种技术用于信用卡诈骗检测。

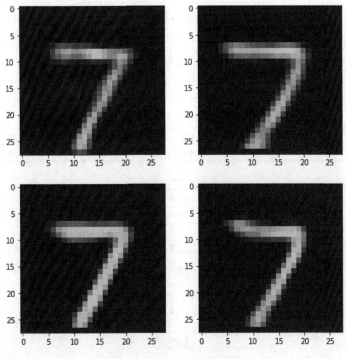

图 6.9 输出 7 的图片集合

6.3.6 针对端到端诈骗检测系统的 VAE

为了将 VAE 应用场景从 MNIST 例子转到真实的诈骗检测问题，我们所要做的就是改变 3 个超参：输入、中间值和信用卡 VAE 的隐层维度。这 3 个超参都小于 MNIST VAE 中对应的值，其他一切都保持不变。

```
original_dim = 29
latent_dim = 6
intermediate_dim = 16
```

图 6.10 显示了最终的 VAE，包括输入和输出形状。有了能够编码和生成信用卡数据的 VAE 后，我们现在可以完成端到端的诈骗检测系统的任务。由于我们可以直接从数据中学习复杂的规则，这可以减少预测中的偏差。

我们使用自编码器的编码部分提取特征，也能为我们生成更多的数据。它具体是如何工作的，将在第 6.6 节中介绍。但现在，让我们拓展一下，看看 VAE 是如何用于时间序列的。

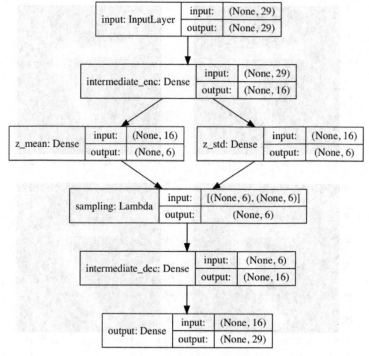

图 6.10 信用卡 VAE 的概览

6.4 时间序列的 VAE

本节将介绍时间序列 VAE 的工作原理和工作方式,并给出一些使用场景的例子。时间序列是金融领域非常重要的话题,我们在第 4 章仔细讨论了这个话题。

自编码器已经被应用到时间序列等多个场景中,因为它们能够将很长时间的序列编码成单一的、可描述的向量,这个向量可以用来有效地比较两个时间序列。这种比较是基于特定的、复杂的、不能通过简单的关联来获取的模式而进行的。

看看 2010 年的"闪电崩盘"吧。2010 年 5 月 6 日凌晨 2 点 32 分开始,美国股市大幅下跌。道琼斯工业股票平均价格指数(Dow Jones Industrial Average)下跌约 9%,相当于约 1 万亿美元的价值在几分钟内蒸发殆尽。36 分钟后,股市崩盘结束了。大部分损失的价值被挽回,人们开始纳闷到底发生了什么。

5 年后,一名为纳温德·辛格·萨劳(Navinder Singh Sarao)的男子被捕,因为他在一定程度上导致了"闪电崩盘",并在这个过程中赚了 4000 万美元。萨劳采用了被称为欺骗

(spoofing)的手法,他使用自动机器人下达大量的股票卖出订单,这些订单在市场上无法实现,但却会压低价格。

在取消订单之前,机器人订单只会在证券交易所的订单簿中停留一小段时间。与此同时,萨劳会以新的低价买入股票。然后在取消订单后,股票价格开始在反弹时获利。尽管萨劳肯定不是唯一对"闪电崩盘"负责的人,但这样的做法是非法的,而纳斯达克(美国)、东京(日本)和孟买(印度)等股票交易所现在必须监控和标记此类事件。

如果回看以前有关高频交易的博客文章,比如彭博(Bloomberg)的"Spoofers Keep Markets Honest",你会发现一些在大公司工作的交易员会公然建议进行欺骗或提前交易大额订单。当然这是上个时代的故事了。

当有人从事诈骗交易时,我们如何检测?一种方法是使用自编码器,通过使用大量订单信息,我们可以训练一个自编码器来重构正常的交易行为。对于那些交易模式严重偏离正常交易的交易者来说,其训练好的自编码器的重构损失会很大。

另一种方法就是在不同类型的模式上训练自编码器,不管这些模式是否非法。然后将模式在隐空间中进行聚集,就像我们对信用卡诈骗交易所做的那样。

在默认情况下,循环神经网络(RNN)输入时间序列并输出单一向量。如果 Keras 的 return_sequences 参数被设置为 True,也可以输出序列。在使用诸如 LSTM 的循环神经网络时,可以使用以下代码构建时间序列的自编码器:

```
from keras.models import Sequential
from keras.layers import LSTM, RepeatVector

model = Sequential()                                                    #1
model.add(LSTM(latent_dim, input_shape=(maxlen, nb_features)))          #2
model.add(RepeatVector(maxlen))                                         #3
model.add(LSTM(nb_features, return_sequences=True))                     #4
```

正如你所见,这段代码有 4 个关键部分。

1. 使用序列 API 构建一个简单的自编码器。

2. 我们先将序列长度 maxlen 以及特性数量 nb_features 输入 LSTM 模型中。LSTM 只返回它的最后输出,即维度为 latent_dim 的向量,这个向量是我们序列的编码。

3. 为了解码这个向量,我们需要在时间序列长度上重复运行这个向量,这个工作是由 RepeatVector 层来完成的。

4. 现在,我们把重复多次的编码序列输入解码 LSTM 中,然后它返回完整的原始序列。

VAE 还可以应用在交易场景中。它们可以通过生成新的、不可见的测试数据来增强回测。同样，我们可以使用 VAE 来生成合同中丢失的数据。

我们有理由假设，因为两个市场交易日看起来只有些许不同，所以有同样的因素在起作用。数学上，我们可以假设市场数据 $\{x_k\}$ 是以一个小的隐变量 h 从概率分布 $p(x)$ 中采样得到的。使用自编码器可以近似求得 $p(h|x)$，即在给定 x 情况下的 h 分布，这让我们可以分析市场中的驱动力 h。

上述思路解决了标准极大似然模型在同样问题中计算不可解的问题。另外两种方法是马尔可夫链蒙特卡罗法和汉密尔顿蒙特卡罗法，这两种方法都不会在这里深入讨论，会在后面的章节中提到。但是，需要知道的是 VAE 以一种计算上可行的方式来解决金融数学中的长期存在的问题。

生成模型还可以解决传统方法无法解决的问题。从本质上来看，金融市场是一个对抗场景。投资者试图获得高于平均水平的回报率，而这对于总体是不可能的任务。仅仅知道一家公司业绩很好是不够的：如果每个人都知道这家公司做得好，那么股价就会高，回报也就会低。关键是要知道一家公司做得很好，而其他人都认为它做得不好。市场是零和博弈的环境，GAN 就用了这些动态信息来生成实际的数据。

6.5 GAN

GAN 的工作原理很像艺术伪造者和博物馆馆长间的博弈。艺术伪造者每天都试图向博物馆出售一些假的艺术品，而馆长每天都要试图分辨某件作品是真还是假。伪造者从他们的失败中吸取教训，通过试图欺骗馆长并寻找导致欺骗成功或失败的原因，他们将成为更擅长伪造的伪造者。当然，馆长也在学习，通过试图用领先于伪造者的方式，他们变成了一名更专业的馆长。随着时间的推移，赝品变得更逼真，辨别的标准也变得更严苛。经过多年的斗争，艺术伪造者可以画得像毕加索一样好，馆长也成了真正的靠着细节就能辨别真伪的专家。

从技术上讲，GAN 由两个神经网络组成：生成器（从随机隐向量中生成数据）和判别器（将来自训练集的数据分类为"真实的"，将来自生成器的数据分类为"虚假的"）。

我们将 GAN 结构进行可视化处理，如图 6.11 所示。

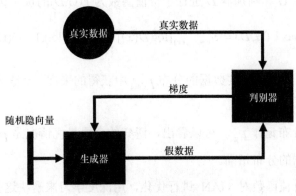

图 6.11 GAN 的架构

同样，使用图像数据可以让我们更容易地理解生成模型。因此在本节中，我们将以图像数据为例子，尽管 GAN 可以使用其他各种数据。

GAN 的训练过程如下。

1. 创建一个包含随机数的隐向量。

2. 隐向量被输入到生成器中，生成器生成图像。

3. 生成器生成一组假图像与来自训练集的一组真图像进行混合，判别器进行真数据和假数据的二分类训练。

4. 判别器经过一段时间的训练后，我们再次输入假图像。这一次，将假图像的标签设置为"真"。在判别器进行反向传播，求得判别器相对于输入的损失梯度。我们不会根据这个信息来更新判别器的权重。

5. 现在我们有了梯度数据，这个梯度数据描述了我们应该如何改变假图像，以便判别器将其归类为真实图像。使用这些梯度来反向传播和训练生成器。

6. 使用新的、改进的生成器，再次创建假图像。将这些假图像与真实图像混合，以便去训练判别器。依此类推，判别器的梯度用于再次训练生成器。

> 提示：
> GAN 的训练与第 3 章中所讨论的网络层可视化非常相似。
> 不过这次我们不只是创建图片来最大化激活函数，我们要
> 创建一个生成网络来最大化另一个网络的激活函数。

数学上，生成器 G 和判别器 D 进行了价值函数为 $V(G,D)$ 的极小极大博弈：

$$\min_G \max_D V(G,D) = \mathbb{E}_{x \sim p_{\text{data}}(x)}[\log D(x)] + \mathbb{E}_{z \sim p_z(z)}[\log(1 - D(G(z)))]$$

在这个公式中，x 是从真实数据的分布 p_{data} 中获得的采样，z 是从隐向量空间 p_z 中抽取的一个隐向量。

生成器的输出分布记作 p_g。可以看出，博弈的全局最优情况是 $p_g = p_{\text{data}}$，即生成数据的分布与真实数据的分布相同。

根据博弈论的价值函数对 GAN 进行优化，用深度学习来解决这类优化问题是一个热门的研究领域，我们将在第 8 章中再次讨论这个领域中的强化学习。深度学习可以解决极小极大博弈（minimax games）问题，这一事实对金融和经济领域来说是令人兴奋的消息，因为这一领域有许多这样的问题。

6.5.1　MNIST GAN

现在让我们实现一个可以生成 MNIST 数字的 GAN 网络。在开始之前，我们需要做一些导入操作。GAN 是大型模型，在本节中，你将看到我们如何组合序列 API 和函数式 API 模型，以便轻松地构建模型：

```
from keras.models import Model, Sequential
```

在这个例子中，我们将使用一些新类型层：

```
from keras.layers import Input, Dense, Dropout, Flatten
from keras.layers import LeakyReLU, Reshape
from keras.layers import Conv2D, UpSampling2D
```

让我们来看看一些关键部分。

- LeakyReLU 类似于 ReLU，只是 LeakyReLu 激活函数允许输出较小的负值，如图 6.12 所示。这可以防止梯度变为零。这个激活函数对 GAN 很有效，我们将在下一节讨论。

- Reshape 和 np.reshape 的功能是一样的，即它将张量变成新的形状。

- UpSampling2D 将 2D 的特征图尺寸放大 2 倍，即把特征图所有数字进行重复操作。

跟往常一样，使用 Adam 优化器：

```
from keras.optimizers import Adam
```

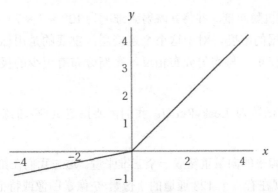

图 6.12 LeakyReLU

神经网络各层进行随机初始化。通常,这些随机数字是从更适合学习的分布中抽样而得。例如对于 GAN 网络,正态高斯分布就是一个非常适合的选择。

```
from keras.initializers import RandomNormal
```

现在我们要建立生成器模型:

```
generator = Sequential()                                              #1
generator.add(Dense(128*7*7, input_dim=latent_dim,
          kernel_initializer=RandomNormal(stddev=0.02)))              #2
generator.add(LeakyReLU(0.2))                                         #3
generator.add(Reshape((128, 7, 7)))                                   #4
generator.add(UpSampling2D(size=(2, 2)))                              #5

generator.add(Conv2D(64,kernel_size=(5, 5),padding='same'))           #6
generator.add(LeakyReLU(0.2))                                         #7
generator.add(UpSampling2D(size=(2, 2)))                              #8

generator.add(Conv2D(1, kernel_size=(5, 5),
                    padding='same',
                    activation='tanh'))                               #9

adam = Adam(lr=0.0002, beta_1=0.5)
generator.compile(loss='binary_crossentropy', optimizer=adam)         #10
```

让我们看看生成器模型的代码,它包含 10 个关键步骤。

1. 使用序列模型来构建一个生成器。

2. 第一层输入随机隐向量,并将其映射到维度为 $128 \times 7 \times 7 = 6272$ 的向量,它已经显著地扩大了生成数据的维度。对于这个全连接层,重要的是用标准差相对较小的正态高斯分布来初始化其权重。与均匀分布相反,高斯分布有更少的极端值,这将使训练更加容易。

3. 第一层的激活函数为 LeakyReLU。我们需要指定负输入的斜率,用本例中的负输入乘以 0.2[①]。

4. 现在,我们把扁平的向量重塑成一个三维张量。这与我们在第 3 章中使用的 Flatten 层是相反操作。我们现在有一个 128 通道的 7 像素×7 像素图像或特征图。

5. 使用 UpSampling2D 将图像放大到 14 像素×14 像素,用 size 参数指定宽度和高度的乘数因子。

6. 现在我们使用标准的 Conv2D 层。与大多数图像分类器的情况相反,我们使用相对较大的 5 像素×5 像素的卷积核。

7. 在 Conv2D 层之后的激活函数是 LeakyReLU。

8. 我们再将图像放大到 28 像素×28 像素,与 MNIST 图像的尺寸相同。

9. 生成器的最后一个卷积层输出仅是单一通道的图像,因为 MNIST 图像只有黑白。注意最后一层的激活函数是 tanh。tanh 将所有值压缩到-1 和 1 之间。这可能是意料之外的,因为图像数据通常不包含任何负值。然而,从经验上看,tanh 激活要比 sigmoid 激活函数在 GAN 中更有效。

10. 最后,我们使用 Adam 优化器进行训练,并编译生成器。其中,Adam 使用非常小的学习率和比通常小的动量。

判别器是一个比较标准的图像分类器,它将图像分为真图像和假图像。只有少数几个针对 GAN 的修改:

```
#Discriminator
discriminator = Sequential()
discriminator.add(Conv2D(64, kernel_size=(5, 5),
                        strides=(2, 2),
                        padding='same',
                        input_shape=(1, 28, 28),
                        kernel_initializer=RandomNormal(stddev=0.02)))
                                                                    #1
```

---

① 译者注:也就是梯度为 0.2。

```
discriminator.add(LeakyReLU(0.2))
discriminator.add(Dropout(0.3))
discriminator.add(Conv2D(128, kernel_size=(5, 5),
                    strides=(2, 2),
                    padding='same'))
discriminator.add(LeakyReLU(0.2))
discriminator.add(Dropout(0.3))                                   #2
discriminator.add(Flatten())
discriminator.add(Dense(1, activation='sigmoid'))
discriminator.compile(loss='binary_crossentropy', optimizer=adam)
```

这里有两个关键部分:

1. 与生成器一样,判别器的第一层也应该由高斯分布来随机初始化。

2. Dropout 在图像分类器中很常用。在 GAN 网络中,它应该被用在最后一层之前。

现在我们有了生成器和判别器。为了训练生成器,我们需要从判别器中获得梯度,并在生成器中反向传播和训练,这就是 Keras 模块化设计发挥力量的地方。

提示:
Keras 模型可以看成是 Keras 层。

下面的代码创建了一个可从判别器梯度训练生成器的 GAN 模型:

```
discriminator.trainable = False                                   #1
ganInput = Input(shape=(latent_dim,))                             #2
x = generator(ganInput)                                           #3
ganOutput = discriminator(x)                                      #4
gan = Model(inputs=ganInput, outputs=ganOutput)                   #5
gan.compile(loss='binary_crossentropy', optimizer=adam)           #6
```

在上面的代码中,有 6 个关键步骤。

1. 在训练生成器时,我们不想训练判别器。当 discriminator.trainable 参数设置为不可训练时,对于编译成不可训练权重的 GAN 模型,其权重就会被冻结。也就是说,我们仍然可以单独训练判别器模型,但是一旦它再次被编译为 GAN 模型的一部分时,它的权重就会被冻结。

2. 为 GAN 创建一个新的输入,GAN 可以接收随机隐向量。

3. 将生成器模型连接到 ganInput 层,该模型可以像函数式 API 的层一样使用。

4. 现在把带有冻结权重的判别器连接到生成器上。同样，我们调用模型的方式与在函数式 API 中使用层的方式相同。

5. 创建一个模型，将 ganInput 输入映射到判别器的输出。

6. 编译 GAN 模型。因为我们在这里调用 compile，所以只要判别器是 GAN 模型的一部分，判别器模型的权值也会被冻结。如果训练期间实际的判别器权重没有被冻结，Keras 将发出警告。

训练 GAN 需要自定义训练过程和一些特定于 GAN 网络的技巧。具体地说，我们必须编写自己的训练循环语句，代码如下：

```
epochs=50
batchSize=128
batchCount = X_train.shape[0] // batchSize                        #1

for e in range(1, epochs+1):                                      #2
    print('-'*15, 'Epoch %d' % e, '-'*15)
    for _ in tqdm(range(batchCount)):                             #3

        noise = np.random.normal(0, 1,
                                 size=[batchSize, latent_dim])    #4
        imageBatch = X_train[np.random.randint(0,
                                               X_train.shape[0],
                                               size=batchSize)]   #5

        generatedImages = generator.predict(noise)                #6
        X = np.concatenate([imageBatch, generatedImages])         #7

        yDis = np.zeros(2*batchSize)                              #8
        yDis[:batchSize] = 0.9
        labelNoise = np.random.random(yDis.shape)                 #9
        yDis += 0.05 * labelNoise + 0.05


        discriminator.trainable = True                            #10
        dloss = discriminator.train_on_batch(X, yDis)             #11


        noise = np.random.normal(0, 1,
                                 size=[batchSize, latent_dim])    #12
        yGen = np.ones(batchSize)                                 #13
        discriminator.trainable = False                           #14
        gloss = gan.train_on_batch(noise, yGen)                   #15
```

```
            dLosses.append(dloss)                                    #16
            gLosses.append(gloss)
```

我们刚写了很多代码。让我们花点时间来看看这 16 个关键步骤。

1. 我们需要写一个自定义循环来遍历这些批。要知道有多少批，我们需要用数据集大小除以批大小然后取整。

2. 在外层循环中，我们进行多轮迭代。

3. 在内层循环中，我们迭代的轮数为每轮中要训练批的数量。tqdm 工具可以帮助我们跟踪记录每批中的进度。

4. 创建一批随机隐向量。

5. 随机采样一批真实的 MNIST 图像。

6. 使用生成器生成一批假的 MNIST 图像。

7. 把真实的和虚假的 MNIST 图片混在一起。

8. 给判别器创建目标。假图像用 1 编码，真实图像用 0.9 编码，这种技术称为软标签。与硬标签（0 和 1）不同，我们使用一些平滑的值，让训练 GAN 的过程不至于太激烈，这项技术已被证明可以使 GAN 训练得更加稳定。

9. 除了使用软标签外，我们还在标签上添加了一些噪声，同样为让训练更加稳定。

10. 确保判别器是可训练的。

11. 用一批真假数据对判别器进行训练。

12. 创建一些随机隐向量来训练生成器。

13. 生成器训练的目标（target）始终是 1。我们希望判别器给生成器提供梯度信息，这个梯度可以让生成器生成的假图像看起来像真实图像。

14. 务必确保将判别器设置为不可训练，这样我们就不会意外地破坏任何东西。

15. 训练 GAN 模型。我们输入一批随机隐向量，训练 GAN 的生成器，目的是使判别器将生成的图像分类为真实图像。

16. 保存训练的损失（loss）。

在图 6.13 中，你可以看到一些生成的 MNIST 数字。

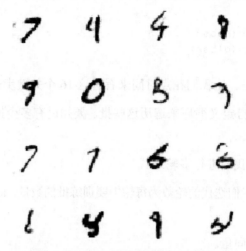

图 6.13 GAN 生成的 MNIST 字符

尽管有些字符（如左下角和右下角的）看起来有点不正常，但这些字符中的大部分还是看着像可识别的数字。

上述代码的输出如图 6.14 所示，显示了随着训练轮数的增加，判别器和生成器的损失情况。

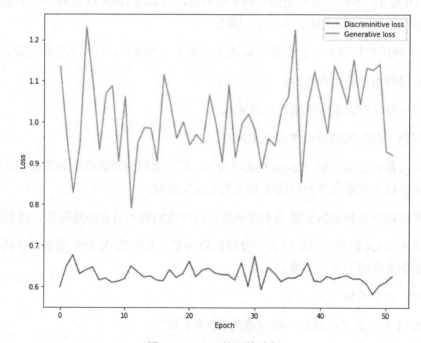

图 6.14 GAN 的训练过程

请注意，GAN 训练过程中的损失不具有可解释性，因为它属于监督学习，GAN 的损失并不会随着模型的训练而减小。

生成器和判别器的损失取决于另一方的表现。如果生成器在欺骗判别器方面做得更好，那么判别器的损失将保持很高。如果其中一方损失为零，就意味着另一方彻底输掉了比赛，不能再欺骗或正确地区别另一个模型。

使 GAN 训练如此困难的原因之一在于 GAN 不收敛于低损失解，而收敛于一种均衡。在这种均衡中，生成器并不能一直欺骗判别器，但是确实可以欺骗判别器很多次。这种平衡并不总是稳定的。在网络本身中添加噪音的部分原因是它们可以增加平衡的稳定性。

GAN 很有用，但它们不稳定且难以训练。随着时间的推移，人们开发了许多让 GAN 训练更加稳定的技巧。了解这些技巧可以帮助你进行 GAN 构建过程，并为你节省大量时间，尽管通常没有理论能说明这些技巧为何有效。

6.5.2 理解 GAN 隐向量

对于自编码器，隐空间是 PCA 相对直接的近似。VAE 创建了隐空间的分布，这虽然很有用，但是很容易被看作 PCA 的一种形式。那么，如果我们只是在训练中随机采样，那么 GAN 的隐空间是什么？事实证明，GAN 自构建了隐空间。利用 GAN 隐空间，你仍然可以根据图像所显示的字符对 MNIST 进行聚类。

研究表明，GAN 的隐空间往往具有一些惊人的特征，如"微笑向量"根据人脸微笑的宽度来排列面部图像。研究人员还发现，GAN 可以用于隐空间代数。在隐空间代数中，对不同对象的隐表示（latent representation）相加可以创建一个真实的新对象。然而，对 GAN 隐空间的研究还处于起步阶段，从隐空间表示来推断世界仍是一个活跃的研究领域。

6.5.3 GAN 训练技巧

GAN 是很难训练的，它们可能会以多种不同的方式崩溃、收敛或失败。研究人员和从业人员已经提出了许多让 GAN 工作得更好的技巧。虽然这看起来很奇怪，我们也不知道为什么这些方法有效，但重要的是它们在实践中真的很有用。

- 归一化输入：GAN 不能很好地处理极端的值，所以要确保总是将输入归一化到-1 和 1 之间，这也是你应该使用 tanh 函数作为生成器的输出的原因。

- 不要使用理论上正确的损失函数：如果你阅读了 GAN 相关的论文，就会发现文章给出的生成器优化目标如下：

$$\min \log(1-D)$$

其中，D 是判别器输出。在实践中，如果生成器的目标是如下形式会更好：

$$\max \log D$$

换句话说，与其最小化判别器输出的负值，不如最大化判别器的输出。原因是在 GAN 训练过程开始时，第一个目标通常具有消失的梯度[①]。

- 从正态高斯分布中采样：采样是正态分布而不是均匀分布有两个原因。首先，GAN 在极端的值条件下不能很好地工作，正态分布的极值比均匀分布少。另外，如果隐向量采样于正态分布，则隐空间就变成了一个球体。与立方体空间中隐向量相比，球体中隐向量的关系更容易描述。

- 使用批归一化处理：我们已经看到 GAN 不能很好地处理极端值，因为它们非常脆弱。减少极端值的另一种方法就是使用批归一化处理，就像我们在第 3 章中讨论的那样。

- 对真实数据和伪造数据使用独立的批处理：在训练过程的开始阶段，真实数据和伪造数据有完全不同的分布。由于批归一化对整批数据进行归一化处理，它使用批数据的均值和标准差，所以最好将真实数据和虚假数据分开。虽然这确实导致了不太准确的梯度估计，但更少的极值中带来的收益却更大。

- 使用软标签和加噪标签：GAN 是脆弱的，软标签的使用减少了梯度值，并防止梯度爆炸。在标签上添加一些随机噪声也有助于稳定系统。

- 使用基础的 GAN：现在有一系列 GAN 模型，一些模型声称性能得到了极大的改善。但实际上，与简单的深度卷积生成对抗网络（Deep Convolutional Generative Adversarial Network，DCGAN）相比，它们的性能并没有提高多少，甚至往往更差。这并不意味着它们没有存在的理由，但是对于大部分任务，基础的 GAN 往往表现得更好。另一个性能很好的 GAN 是对抗性自编码器，它通过用判别器的梯度训练自编码器来将 VAE 和 GAN 结合起来一起使用。

- 避免使用 ReLU 和最大池化：在深度学习中经常使用 ReLU 激活和最大池化层，但它们有产生稀疏梯度的缺点。ReLU 激活对于负值输入没有任何梯度，最大池化层

[①] 译者注：即 min log(1−D) 容易产生梯度消失问题。

对于所有非最大输入都没有任何梯度。由于生成器是训练在梯度之上，稀疏梯度会影响生成器的训练。

- 使用 Adam 优化器：这个优化器已被证明可以很好地应用于 GAN，而许多其他的优化器在 GAN 网络中性能很弱。

- 尽早跟踪故障：GAN 有时可能由于未知原因而失败。仅仅是选择了"错误的"随机种子就可能导致训练失败。通常，可以通过观察输出来判断 GAN 是否完全偏离训练轨道，这些输出应该慢慢变得更像真实的数据。例如，如果生成器完全脱离预期，只生成一堆 0，那么在花费几天 GPU 时间进行毫无意义的训练之前，我们应该能够发现这种现象。

- 不要通过统计学来平衡损失：平衡生成器和判别器是一项微妙的任务。因此，许多实践者试图依赖统计数据让生成器或判别器多训练一点来帮助它们平衡。通常，这种方法并不管用。GAN 非常反直觉，试图用直觉的方法帮助它们通常会使事情变得更糟。这并不是说没有办法帮助 GAN 平衡，而是说要用有理论依据的方法，比如"当生成器损失在 x 以上时，才对生成器进行训练"。

- 有标签就用标签数据：一个稍微复杂的 GAN 判别器不仅可以将数据分为真数据和假数据，还可以对数据进行更细的分类。在 MNIST 例子中，判别器将有 11 个输出：10 个真实数据的输出和一个假数据的输出。这让我们可以创建一个 GAN，它可以显示更具体的图像。这在半监督学习领域很有用，我们将在下一节讨论这方面内容。

- 在输入中添加噪声数据，并随时间递减：噪声数据增加了 GAN 训练的稳定性。因此，噪声数据输入也能帮助训练 GAN 就显得并不奇怪，尤其是在 GAN 训练的早期、不稳定的阶段。然而后期，噪声数据会带来太多的混淆，使 GAN 无法生成真实的图像。随着时间的推移，我们应该减少输入的噪声数据量。

- 在训练和测试阶段在生成器中使用 dropout：一些研究人员发现，在推断时使用 **dropout** 可以更好地生成数据。为什么会这样仍然是一个悬而未决的谜。

- 历史平均：GAN 容易"振荡"，在训练中，它们的权重围绕平均值急剧地波动。历史平均法会惩罚偏离历史平均线太远的权重，并减少振荡。因此，这种方法提高了 GAN 训练的稳定性。

- 重放缓存：重放缓存保留了一些较早期生成的图像，这些图片可以重用于训练判别器。这与历史平均有相似的效果，可以减少振荡，增加稳定性，它还减少了相关性和测试数据。

- **目标网络**：另一个"防振荡"的技巧是使用目标网络。也就是说，创建生成器和判别器的副本，然后用判别器的冻结副本训练生成器，用生成器的冻结副本训练判别器。

- **熵正则化**：熵正则化意味着对网络输出不同的值进行奖励，这可能会防止生成器网络仅仅生成一小部分数据，比如只生成数字 7。这是一种正则化方法，它可以防止过拟合。

- **使用 Dropout 或噪声层**：噪声对 GAN 有好处。Keras 不仅有 Dropout 层，它还具有许多噪声层，这些噪声层为网络的激活函数添加了不同类型的噪声。你可以阅读这些层的文档，来判断它们是否有助于你的特定 GAN 网络应用。

6.6 使用更少的数据——主动学习

无论是 GAN 还是 VAE，生成模型的部分动机是它允许我们生成数据，因此我们可以使用更少的数据来训练。数据天生就是稀少的，尤其是在金融领域。由于我们永远都不会有足够的数据，生成模型似乎就像经济学家警告的免费午餐。然而，最好的 GAN 可以在没有数据的情况下工作。在这一节中，我们将了解在数据尽可能少的情况下训练生成模型的不同方法，这种方法也被称为主动学习或半监督学习。

无监督学习使用无标签数据以不同的方式对数据进行聚类。例如对于自编码器，图像可以转换成学习到的隐向量，然后在没有标签来描述图像的情况下对图像进行聚类。

监督学习使用带标签的数据，例如在第 3 章中构建的图像分类器，或者本书中构建的大多数模型。

半监督学习的目标通常是完成监督模型的任务，但使用更少的训练数据，使用非监督或生成方法。有 3 种方式完成上述任务：第一，更聪明地利用人类本身；第二，更好地利用没有标记的数据，第三，使用生成模型。

6.6.1 高效使用标签预算

对于人工智能取代人类的讨论而言，仍需要大量地训练 AI 系统。尽管具体数字还不清楚，但可以肯定的是亚马逊 MTurk 服务平台上注册有 50 万～75 万名"土耳其机器人"。

根据网站介绍，MTurk 是亚马逊旗下网站，"通过 API 来提供人类智能"。实际中，这意味着公司和研究人员会发布一些简单的工作。比如，填写一份调查问卷，或对一幅图像进行分类。而当世界各地的人们执行这些问卷任务时，每项任务只赚取几美分。若要让 AI 学习，人类需要提供有标签的数据。如果任务规模大，那么许多公司会雇佣 MTurk 用户，让人类打标签。如果是一个小任务，你会发现公司会让自己的员工标记数据。

令人惊讶的是，很少有人去思考打什么标签，并不是所有的标签都同样有用。图 6.15 显示了一个线性分类器。如你所见，靠近这两个类别边界的边界点决定了决策边界的位置，而后面的点则不那么相关。

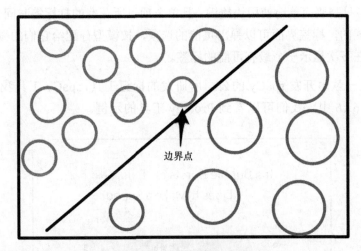

图 6.15　边界点更有价值

因此，边界点比远离决策边界的点更有价值。你可以通过以下方法来使用更少的数据进行训练。

1. 只标记很少一部分图像。
2. 训练一个性能较弱的模型。
3. 让这个弱模型预测一些未打标签的图像。
4. 对模型置信度最低的图像打标签，并将它们添加到训练集中。
5. 重复上述过程。

这种给数据打标签的过程比随机标记数据更有效，可以让你事半功倍。

6.6.2 采用机器来为人类打标签

在打标签方面,许多公司依赖于微软的 Excel。他们让人工标记人员浏览要标记的东西,比如图像或文本,然后这些人将标签输入到 Excel 电子表格中。虽然这是非常低效且容易出错的方法,但却是常见的做法。一些稍微高级的标记操作包括搭建一些简单的 Web 应用,让用户看到要标记的内容并直接单击该项目的标签或按快捷键,这可以大大加速打标签的过程。然而,如果有大量的标签分类,它仍然不是最优的方法。

另一种方法是给一小部分图片打标签和预训练一个性能弱的模型。在打标签时,计算机给打标签人员显示了打标签的数据和对应的标签。打标签者只需要决定所打的标签是否正确。这个任务只需要简单地使用快捷键,且单个项目所花费的打标签时间也会急剧下降。如果标签是错误的,标签界面可以弹出可能的选项,按模型分配给它们的概率排序,或者把图片压栈并在下次显示一个最有可能的标签。

Prodigy 是一款由开发 spaCy 的公司所研发的标记工具,spaCy 工具我们在第 5 章中了解过。在图 6.16 中,我们可以看到 Prodigy 工具的示例。

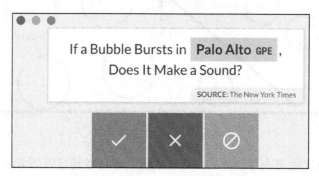

图 6.16 Prodigy 标签工具的截图

Prodigy 是一款使用机器来打标签的工具,你可以通过阅读它的官方文档了解更多信息。

提示:
更好的用户界面设计和弱模型的智能实现可以大大加快打标签的速度和质量。

6.6.3 未打标签数据的伪标签

通常有大量可用的未标记数据,但只有少量已标记的数据。未标记的数据仍然可以使用。首先,根据已有的标记数据训练模型。然后让该模型对未标记的数据进行预测。你将这些预测视为它们的真实标签,并在整个伪标签数据集上训练模型。但是,使用的真实标签数据应该比伪标签多。

伪标签的准确采样率可以根据不同的情况而变化,这在错误随机的情况下是有效的。如果错误有偏差,你的模型也会有偏差。这个简单的方法非常有效,可以大大减少打标签的功夫。

6.6.4 使用生成模型

事实证明,GAN 可以很自然地扩展到半监督学习。给判别器两个输出,我们也可以把它训练成一个分类器。

判别器的第一个输出只将数据分类为真或假,就像之前在 GAN 中所做的那样。第二个输出根据数据的类别(例如图像所代表的数字和额外的"is fake"类)对数据进行分类。在 MNIST 实例中,分类输出将包含 11 个类——10 个数字加上"is fake"类。技巧是生成器是一个模型,只有判别器的输出(即最后一层)是不同的,这迫使"真或假"的分类与"哪个数字"的分类共享权重。

其思想是为了确定一张图像是真还是假,分类器必须弄清楚是否可以将这张图像分为某一类,这种方法被称为半监督生成式对抗网络(Semi-supervised Generative Adversarial Network,SGAN)。与标准监督学习相比,它可以生成更真实的数据,并在有限的数据上提供更好的结果。当然,GAN 不仅仅可以应用于图像任务。

在下一节中,我们将把 GAN 应用到诈骗检测任务中。

6.7 用于诈骗检测的 SGAN

作为本章的最后一个应用项目,我们再来探讨信用卡诈骗问题。在本节中,我们将创建一个如图 6.17 所示的 SGAN 架构。

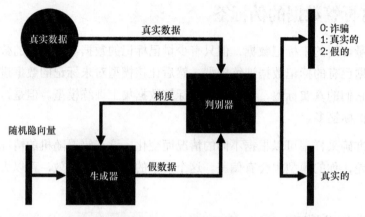

图 6.17　SGAN 架构

我们将在近 1000 笔交易记录中训练这个模型,并仍然可获得一个性能不错的诈骗检测器。

在本例中,我们的数据有 29 个维度。我们把隐向量设为 10 个维度:

```
latent_dim=10
data_dim=29
```

生成器模型构建成一个全连接的网络,使用 LeakyReLU 激活函数和批归一化。输出的激活函数是 tanh:

```
model = Sequential()
model.add(Dense(16, input_dim=latent_dim))
model.add(LeakyReLU(alpha=0.2))
model.add(BatchNormalization(momentum=0.8))
model.add(Dense(32, input_dim=latent_dim))
model.add(LeakyReLU(alpha=0.2))
model.add(BatchNormalization(momentum=0.8))
model.add(Dense(data_dim,activation='tanh'))
```

为了更好地使用生成器模型,我们将创建的模型封装到一个函数式 API 模型中,这个模型将噪声向量映射到生成的交易记录。由于大多数 GAN 参考文献都是关于图像的,"交易记录"有点拗口,所以我们就把交易记录命名为"图像":

```
noise = Input(shape=(latent_dim,))
img = model(noise)

generator = Model(noise, img)
```

正如你对生成器所做的那样，我们用序列 API 构建判别器。判别器有两个输出：一个是类别，另一个是真伪。我们首先构建模型的基础部分：

```
model = Sequential()
model.add(Dense(31,input_dim=data_dim))
model.add(LeakyReLU(alpha=0.2))
model.add(BatchNormalization(momentum=0.8))
model.add(Dropout(0.25))
model.add(Dense(16,input_dim=data_dim))
model.add(LeakyReLU(alpha=0.2))
```

现在，我们用函数式 API 把判别器的输入映射到它的两个头部（head）上：

```
img = Input(shape=(data_dim,))                                  #1
features = model(img)                                           #2
valid = Dense(1, activation="sigmoid")(features)                #3
label = Dense(num_classes+1, activation="softmax")(features)    #4

discriminator = Model(img, [valid, label])                      #5
```

让我们用一分钟来看看上述代码的 5 个关键方面：

1. 为噪声向量创建一个输入占位符；

2. 从判别器基础模型中得到特征张量；

3. 创建第一个用于将交易分类为真交易或假交易的 Dense 层，并将交易映射到特征向量；

4. 创建第二个 Dense 层，用于将交易分为真交易和假交易；

5. 创建一个能将输入映射到两个头部的模型；

要编译两个头部的判别器，我们需要使用一些高级的模型编译技巧：

```
optimizer = Adam(0.0002, 0.5)                                   #1
discriminator.compile(loss=['binary_crossentropy',
                            'categorical_crossentropy'],        #2
                      loss_weights=[0.5, 0.5],                  #3
                      optimizer=optimizer,                      #4
                      metrics=['accuracy'])                     #5
```

分解这些代码，可以看到 5 个关键元素：

1. 我们定义了 Adam 优化器，其学习率为 0.0002，动量为 0.5。

2. 由于我们有两个模型头部，因此要指定两个损失。对于"是否为真"，头部是二值分类器，因此使用 binary_crossentropy 函数作为损失函数。分类头部是一个多类分类器，所以使用 categorical_crossentropy 作为其损失函数。

3. 指定如何对这两种不同的损失进行加权。在本例中，我们给每个损失函数 50% 的权重。

4. 优化预先定义的 Adam 优化器。

5. 只要不使用软标签，我们就可以使用准确率指标来跟踪训练过程。

最后，创建组合的 GAN 模型：

```
noise = Input(shape=(latent_dim,))              #1
img = generator(noise)                           #2
discriminator.trainable = False                  #3
valid,_ = discriminator(img)                     #4
combined = Model(noise , valid)                  #5
combined.compile(loss=['binary_crossentropy'], optimizer=optimizer)
```

看看上述代码，你可以看到以下关键点。

1. 为噪声向量的输入创建了占位符。

2. 获得一个描述生成图片的张量，这个张量是通过将生成器映射到噪声占位符来获取的。

3. 把判别器设置为不可训练以确保它不被破坏。

4. 只希望判别器相信生成的交易是真实的，故而抛弃了分类输出的张量。

5. 将噪声输入映射成判别器的"真假"输出。

我们定义了 train 函数，该函数为我们处理所有训练事务：

```
def train(X_train,y_train,
          X_test,y_test,
          generator,discriminator,
          combined,
          num_classes,
          epochs,
          batch_size=128):

    f1_progress = []                                         #1
    half_batch = int(batch_size / 2)                         #2
```

```
cw1 = {0: 1, 1: 1}                                                  #3
cw2 = {i: num_classes / half_batch for i in range(num_classes)}
cw2[num_classes] = 1 / half_batch

for epoch in range(epochs):

    idx = np.random.randint(0, X_train.shape[0], half_batch)        #4
    imgs = X_train[idx]

    noise = np.random.normal(0, 1, (half_batch, 10))                #5
    gen_imgs = generator.predict(noise)

    valid = np.ones((half_batch, 1))                                #6
    fake = np.zeros((half_batch, 1))

    labels = to_categorical(y_train[idx], num_classes=num_classes+1)
                                                                    #7
    fake_labels = np.full((half_batch, 1),num_classes)              #8
    fake_labels = to_categorical(fake_labels, num_classes=num_classes+1)
    d_loss_real = discriminator.train_on_batch(imgs,
                                    [valid, labels],
                                    class_weight=[cw1, cw2])        #9
    d_loss_fake = discriminator.train_on_batch(gen_imgs,
                                    [fake, fake_labels],
                                    class_weight=[cw1, cw2])        #10
    d_loss = 0.5 * np.add(d_loss_real, d_loss_fake)                 #11

    noise = np.random.normal(0, 1, (batch_size, 10))                #12
    validity = np.ones((batch_size, 1))
    g_loss = combined.train_on_batch(noise,
                                    validity,
                                    class_weight=[cw1, cw2])        #13

    print ("%d [D loss: %f] [G loss: %f]" % (epoch, g_loss))        #14

    if epoch % 10 == 0:                                             #15
        _,y_pred = discriminator.predict(X_test,
                batch_size=batch_size)
        y_pred = np.argmax(y_pred[:,:-1],axis=1)

        f1 = f1_score(y_test,y_pred)
        print('Epoch: {}, F1: {:.5f}'.format(epoch,f1))
```

```
            f1_progress.append(f1)
```

```
return f1_progress
```

这是一个非常长且复杂的函数。在总结这一章之前，让我们看看这段代码的 15 个关键部分。

1. 创建一个空数组来监测判别器在测试集上的 F_1 得分。

2. 我们对真实数据和假数据分别独立使用批训练，对每个训练步骤都有效地使用了半批数据。

3. 判别器的分类头部有"this is fake"类标签。由于一半的图像是假的，我们想给这个类更高的权重。

4. 随机抽取真实数据样本。

5. 生成随机噪声向量，并使用生成器创建一些假数据。

6. 对于"是否假"，我们创建标签。所有的真图像都打标签 1（real），而所有的假图像都打标签 0（fake）。

7. 对真实数据的标签进行 one-hot 编码。通过指定比实际数据所拥有类别多一个类，我们则为"is fake"类预留出了空间。

8. 我们的假数据都打上了"is fake"标签。创建一个标签的向量，并且对它们进行 one-hot 编码。

9. 在真实数据上训练判别器。

10. 用假数据训练判别器。

11. 在这轮中，判别器的总损失是真实数据和假数据损失的平均值。

12. 现在训练生成器，生成了一批噪声向量和一批"真实交易"的标签。

13. 用手上的数据来训练生成器。

14. 为了跟踪记录训练过程，我们打印出训练进度。记住，我们不是希望损失下降，而是希望它们大致保持相当。如果生成器或判别器其中之一开始的表现比另一个好得多，那么平衡就被打破。

15. 最后，计算并输出在使用判别器作为诈骗检测分类器的 F_1 分数。这一次，我们只关心分类数据，放弃"真还是假"这个头部。根据分类器的最高值对交易进行分类，这个最高值并不是分类器的"is real"类值,而是具体类别的值。

现在一切都准备就绪,接下来对 SGAN 训练 5000 轮。使用 GPU 训练将用时大约 5 分钟;但如果你没有 GPU 可能需要更长的时间:

```
f1_p = train(X_res,y_res,
             X_test,y_test,
             generator,discriminator,
             combined,
             num_classes=2,
             epochs=5000,
             batch_size=128)
```

最后,我们绘制半监督诈骗分类器随时间变化的 F_1 分数图:

```
fig = plt.figure(figsize=(10,7))
plt.plot(f1_p)
plt.xlabel('10 Epochs')
plt.ylabel('F1 Score Validation')
```

绘制结果如图 6.18 所示。

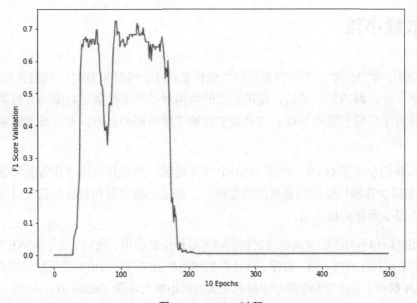

图 6.18 SGAN 过程

正如你所看到的,模型一开始学得很快,但是然后它就崩溃了,F_1 分数为零,这是典型的 GAN 崩溃的教科书案例。如前所述，GAN 是不稳定的。如果生成器和判别器之间的微妙平衡被打破，性能很快就会下降。

"如何让 GAN 更稳定"是一个热门的研究课题。到目前为止，许多实践者只是尝试使用不同的超参和随机种子来多次运行，希望依靠运气好而不崩溃。另一种流行的方法是每隔几轮训练就保存一次模型。尽管模型只使用不到 1000 笔交易进行训练，该模型在 150 轮前后似乎是一个相当不错的诈骗检测器。

6.8 练习

为了更好地理解生成模型，动手试试这些练习。

1. 创建一个 SGAN 来训练 MNIST 图像分类器。最少使用多少张图片能达到 90%以上的准确率？

2. 你可以使用 LSTM 来构建一个股价波动的自编码器。使用诸如 DJIA 股票价格数据集，构建一个自编码器来编码股票的波动。然后，逐步遍历隐空间，通过可视化输出结果看看输出发生了什么变化。

6.9 本章小结

在本章中，你已经学习了两类重要的生成模型：自编码器和 GAN。我们首先为 MNIST 图片开发了一个自编码器。然后，使用类似的结构对信用卡数据进行编码并检测诈骗。之后，我们将自编码器扩展到 VAE，这使我们能够了解编码的分布，并生成可以用于训练的新数据。

随后，我们学习了 GAN，先在 MNIST 图片场景，然后是信用卡诈骗的场景，我们使用 SGAN 来减少训练诈骗检测器所需的数据量。通过主动学习和智能标记接口来使用模型输出，进而减少所需的标签量。

我们还讨论和学习了隐空间以及它们在财务分析中的应用。我们学习了 t-SNE 算法，以及如何使用它来可视化高维（隐）数据。你还对如何用机器学习解决博弈论优化问题有了初步印象，用 GAN 解决了经济学和金融学中经常出现的极小极大问题（minimax problem）。

在第 7 章中，我们将深入探讨这种类型的优化，讨论强化学习。

第 7 章
金融市场中的强化学习

人类并不是从数百万个有标签的实例中学习。相反，我们通常是从与行动相关的正面或负面经验中学习。孩子们碰过热炉子一次后，就再也不会再碰它了。从经验及其奖惩中学习是强化学习（Reinforcement Learning，RL）背后的核心思想。强化学习能让我们在完全没有数据的情况下学习复杂的制定决策的规则。通过这种方式，人工智能领域出现了多项令人瞩目的突破，例如在 2016 年 AlphaGo 击败了围棋世界冠军。

在金融领域，强化学习正在取得惊人的进展。在 2017 年的"Machine learning in investment management"报告中，Man AHL[①]描述了外汇和期货市场中增强系统在订单路由中的应用。订单路由是量化金融中的经典问题。在下单时，基金公司通常选择不同的经纪人，并在不同的时间点下单，订单路由的目标是尽可能以低成本完成订单。这也意味着最小化对市场的影响，因为大订单可能提高股票价格。

传统算法有着各式各样的名字，比如 Sniper 或 Guerilla 等，它们依靠历史数据和智能工程获得统计特征。基于强化学习的路由系统则能够通过自己学习来获得最优的路由策略，其优点是这样的系统能够适应不断变化的市场。也正因如此，它在诸如外汇市场等数据丰富的市场中的表现优于传统方法。

然而，强化学习还可以做得更多。OpenAI 的研究人员使用强化学习来预测代理人何时合作或对抗。与此同时，DeepMind 公司的研究人员还利用强化学习对大脑额叶皮层的运作和多巴胺激素的作用进行研究，并获得了新的见解。

本章将使用一个简单的接水果游戏来对强化学习进行入门介绍。在介绍更高级的强化学习应用程序之前，我们将深入研究强化学习的基础理论。本章的例子需要进行可视化呈

---

① 译者注：Man AHL 是全球顶级的对冲基金公司。

现,但在 Kaggle 内核中却不容易渲染呈现。为了简化它们,示例算法也没有针对 GPU 的使用进行专门优化。因此,最好在本地机器上运行这些示例。

本章的算法运行速度相对较快,因此运行这些例子不需要等待太久。本章的代码是在 MacBook Pro(Mid 2012)上编写的,在这台机器上运行的时间都不超过 20 分钟。当然,你也可以在 Kaggle 上运行代码,但是可视化部分会失效。

7.1 "接水果"游戏——强化学习的快速指南

"接水果"是一款简单的街机游戏,你可能玩过。水果从屏幕上方落下,玩家必须用篮子接住它们。每接住一个水果,玩家得一分;每漏接一个水果,玩家就丢一分。

这里的目标是让计算机自己玩这个游戏。我们在这个例子中将使用一个简化的版本(见图 7.1),以使接水果的任务更容易完成。

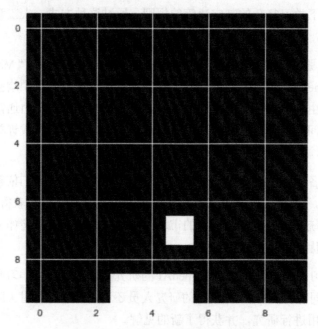

图 7.1 我们创建的"接水果"游戏

在玩这个游戏时,玩家要在 3 种潜在动作中做出选择,可以把游戏中的篮子向左、向右移或保持不动。

这个决策的依据就是游戏的当前状态。换句话说,决策的依据就是下落水果的位置和篮子的位置。我们的目标是创建一个模型，在给定游戏屏幕内容的情况下，选择出能够获得最高分数的动作。这个任务可以看作一个简单的分类问题。我们可以让专业的游戏玩家来多次玩这个游戏，并记录他们的动作。然后，我们训练一个模型来模仿专业玩家从而选择"正确"的动作。

然而，这不是人类学习的方式。人类可以在没有指导的情况下自己学习如何玩这样的游戏。这一点是非常有用的。设想一下：如果你想要学习像这样简单的内容时，都不得不雇佣一些专家来执行数千次这个任务，那么这将是非常昂贵且缓慢的学习方式。

在强化学习中，模型根据经验而不是有标签的数据来训练。如图 7.2 所示，我们不是给模型提供正确的行为，而是给其提供一个动作的奖励和惩罚。模型接收到当前环境的信息（例如，游戏的屏幕信息），然后模型输出一个动作（例如游戏杆的移动）。环境会对这个动作做出反应，进入到下一个状态，这个过程中会产生某些奖励①。

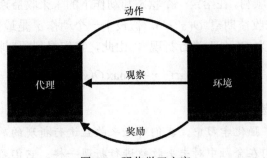

图 7.2　强化学习方案

模型试着寻找能够带来最大奖励的动作。在实践中，有很多方法可以实现上述目标。现在，我们来看看 Q-learning 方法。Q-learning 在训练计算机玩雅达利公司的电子游戏时引起了轰动。今天，它仍然是一个很有价值的概念。大多数现代的强化学习算法都是 Q-learning 的改进版。

理解 Q-learning 的好方法就是将玩游戏和下棋进行比较。在这两种游戏中，你都有一个状态 s。在国际象棋中，状态就是棋盘上棋子的位置。在游戏中，状态是水果和篮子的位置。然后，玩家必须采取动作 a。在国际象棋中，动作是移动一个棋子。在游戏中，动作是将篮子向左、向右移动或保持在当前位置不动。

完成动作后获得一个奖励 r 并进入新的状态 s'。国际象棋和"接水果"游戏的问题在于，这个奖励不会在每个行动后立即出现。

---

① 译者注：这个奖励可能是正向奖励，也可能是负向奖励。

在游戏中，只有在水果落到篮子里或者落到地板上才能获得奖励。在国际象棋游戏中，你只有在赢得对手或者输给对手才能获得奖励[1]。这意味着奖励是稀疏分布的。大多数情况下，奖励 r 是 0。当有奖励时，这个奖励并不总是刚才所采取的行动的直接结果。很久以前采取的行动可能导致了最终胜利。弄清楚哪个动作生成了奖励通常被称为贡献度分配问题[2]。因为奖励是滞后的，优秀的棋手不会仅仅因为眼前的利益就决定怎么玩。相反，他们选择在未来回报大的玩法。

例如，他们不仅考虑是否可以在下一步消灭对手的棋子，他们也考虑现在采取特定的动作将如何从长远来看对他们有利。在 Q-learning 中，我们将根据最大的未来收益期望来选择行动，用 Q-function 来计算未来收益期望。Q-function 是一个数学函数，它有两个参数：游戏的当前状态和给定的动作，我们可以把它写成 $Q(s,a)$。

在状态 s 中，我们估计每个可能动作 a 的未来收益。假设我们采取了动作 a 后进入下一个状态 s'，事情进展顺利。在给定一个状态和动作下的未来收益期望 $q(s,a)$ 可以计算为即时收益加上之后的未来收益期望 $Q(s',a')$。假设下一个动作 a' 是最优的，由于未来存在不确定性，我们用因子 γ 为 $Q(s',a')$ 进行折现[3]。由此，我们得到预期收益：

$$Q(s,a) = r + \gamma \max Q(s',a')$$

提示：
在强化学习中，我们对未来收益进行折现的原因与我们在金融中对未来收益进行折现一样。它们都是不确定的，我们的选择反映了对未来回报的重视程度。

优秀的棋手非常善于在脑中估计未来回报。换句话说，他们的 Q 函数 $Q(s,a)$ 是非常精确的。

大多数国际象棋实践都是去开发一个更好的 Q 函数。玩家仔细阅读许多经典对弈记录，以了解特定的局势在过去是如何进行处理的，以及特定的动作有多大的可能会获得胜利。然而，这就产生了一个问题，计算机怎样才能估计 Q 函数的性能？这就是神经网络发挥作用的地方。

7.1.1 Q-learning 将强化学习变成监督学习

当我们玩游戏时，会积累许多经验。这些经验包括下面几个部分：

---

[1] 译者注：这里奖励可正可负，也就是说只有游戏结束才能得到反馈结果。
[2] 译者注：也有人称之为"信用分配问题"，叫作"贡献度分配"更容易理解。
[3] 译者注：也就是乘以一个系数。

- 初始状态 s；
- 采取的动作 a；
- 获得的收益 r；
- 后续的状态 s'。

这些经验其实就是训练数据，我们可以把估计 $Q(s,a)$ 设定成一个回归问题。为了求解这个问题，我们可以使用神经网络。给定一个由 s 和 a 组成的输入向量，神经网络将预测 $Q(s,a)$ 的值，而 $Q(s,a)$ 等于 $r+\gamma \max Q(s',a')$。如果我们可以精确地对不同的状态 s 和动作 a 来预测 $Q(s,a)$ 的值，那么就会得到 Q 函数的良好近似。

>
> **提示：**
> 我们用估算 $Q(s,a)$ 的神经网络来估算 $Q(s',a')$，这导致了一些不稳定问题。因为神经网络学习的同时，我们的目标也在改变，就像使用生成对抗网络（GAN）面临的问题一样。

给定一批经验 $<s,a,r,s'>$，训练的过程如下所示。

1．对于每个可能的动作 a'（左移、右移、保持不动），使用神经网络预测未来的收益期望 $Q(s',a')$。

2．选择 3 个预测值中最大的作为 $Q(s',a')$。

3．计算神经网络的目标值 $r+\gamma \max Q(s',a')$。

4．用一个损失函数来训练神经网络，这个损失函数就是计算预测值和目标值相差大小的函数。在此，我们使用 $0.5(\text{predicted}_Q(s,a) - \text{target})^2$ 作为损失函数。实际上，我们想要最小化预测值和目标值差的平方，因子 0.5 只是为了让梯度更好用。

在游戏过程中，所有的经验都储存在一个回放内存中，这就是一个简单的存储 $<s,a,r,s'>$ 的缓存。ExperienceReplay 类还包括为训练准备数据的方法。

研究以下代码：

```
class ExperienceReplay(object):                                    #1
    def __init__(self, max_memory=100, discount=.9):
        self.max_memory = max_memory                               #2
        self.memory = []
```

```python
        self.discount = discount

    def remember(self, states, game_over):                              #3
        self.memory.append([states, game_over])
        if len(self.memory) > self.max_memory:
            del self.memory[0]                                          #4

    def get_batch(self, model, batch_size=10):                          #5
        len_memory = len(self.memory)                                   #6
        num_actions = model.output_shape[-1]
        env_dim = self.memory[0][0][0].shape[1]

        inputs = np.zeros((min(len_memory, batch_size), env_dim))       #7
        targets = np.zeros((inputs.shape[0], num_actions))

        for i, idx in enumerate(np.random.randint(0, len_memory,
                                size=inputs.shape[0])):                 #8
            state_t, action_t, reward_t, state_tp1 = self.memory[idx][0]
                                                                        #9
            game_over = self.memory[idx][1]
            inputs[i:i+1] = state_t                                     #10
            targets[i] = model.predict(state_t)[0]                      #11
            Q_sa = np.max(model.predict(state_tp1)[0])                  #12
            if game_over:                                               #13
                targets[i, action_t] = reward_t
            else:
                targets[i, action_t] = reward_t + self.discount * Q_sa
        return inputs, targets
```

让我们花点时间来研读刚刚写的代码。

1. 首先,将经验重放缓存功能实现成一个 Python 类。重放缓存的对象负责存储经验和生成训练数据。因此,这个类需要实现 Q-learning 算法中关键的部分。

2. 初始化重放对象,需要设置该对象的缓冲大小和折现率 γ 等属性。重放缓存本身的数据结构是列表的列表,如下所示:

```
[...
[experience, game_over]
[experience, game_over]
...]
```

3. 在重放缓存中，experience 是一个包含经验信息的元组，game_over 是用于表示这个游戏是否在这一步之后结束的二进制布尔值。

4. 当需要记住一个新经验时，我们会把它添加到经验列表中。由于我们不能存储无限多的经验，如果缓存经验超过了允许的最大长度，就要删除那些较早期的经验。

5. 通过 get_batch 函数获得单批训练数据。因为要使用神经网络来计算 $Q(s',a')$，所以需要向 get_batch 函数传递 Keras 模型来使用这个函数。

6. 在开始生成单批经验数据之前，需要知道在重放缓存区中存储了多少经验，有多少候选的动作集，以及游戏状态有多少个维度。

7. 然后为输入和输出创建占位符数组①，神经网络的训练需要使用这两个数组。

8. 随机遍历经验重放缓存，直到对所有存储的经验采样完成或填满了该批数据。

9. 从重放缓存中加载经验和 game_over 布尔值。

10. 把状态 s 加到输入矩阵中。随后，训练模型以实现从状态 s 到期望收益的映射。

11. 对所有的动作保存其期望收益，这个期望收益是根据当前模型计算得到的。这就确保了我们的模型只在实际执行的动作上训练，因为所有其他动作的损失为 0。

12. 接下来计算 $Q(s',a')$。假设对于下一个状态 s'（代码中的 state_tp1），神经网络将会完美地估计出预期收益。随着神经网络的训练，这个假设就慢慢变成了现实。

13. 最后，如果游戏在状态 s 之后结束，那么动作 a 的期望收益应该是直接得到的收益 r。如果游戏还没有结束，那么期望收益应该是已收到的收益加上折现后的预期收益。

7.1.2 定义 Q-learning 模型

现在将定义模型来学习游戏中的 Q 函数，结果表明一个相对简单的模型就可以很好地学习该函数。我们需要定义潜在动作的数量和游戏网格大小。这里有 3 种可能的动作，分别是向左移动、保持原位和向右移动。此外，游戏是在一个 10 像素×10 像素的网格上进行的：

```
num_actions = 3
grid_size = 10
```

由于这是一个回归问题，因此最后一层没有激活函数，损失函数为均方误差（Mean

---

① 译者注：把这两个数组变量的元素都初始化为 0。

Squared Error，MSE）损失。我们使用没有动量和其他特性的随机梯度下降算法来优化网络：

```
model = Sequential()
model.add(Dense(100, input_shape=(grid_size**2,),
activation='relu'))
model.add(Dense(100, activation='relu'))
model.add(Dense(num_actions))
model.compile(optimizer='sgd', loss='mse')
```

7.1.3 训练玩"接水果"游戏

Q-learning 的最后一部分是探索（exploration）。日常生活表明，有时你不得不做一些随机的选择，来看是否有比你持续"慢跑"更好的选择。

Q-learning 也是如此。如果总是遵循最佳的选择，可能会错过一些未探索的路径。为了避免这种情况，模型有时也会随机选择一个选项，但这个选项不一定是最好的那个。

现在，我们定义训练函数：

```
def train(model,epochs):
    win_cnt = 0                                                    #1
    
    win_hist = []
    
    for e in range(epochs):                                        #2
        loss = 0.
        env.reset()
        game_over = False
        input_t = env.observe()
        
        while not game_over:                                       #3
            input_tm1 = input_t                                    #4
            if np.random.rand() <= epsilon:                        #5
                action = np.random.randint(0, num_actions, size=1)
            else:
                q = model.predict(input_tm1)                       #6
                action = np.argmax(q[0])
            
            input_t, reward, game_over = env.act(action)           #7
            if reward == 1:
                win_cnt += 1
```

```
                    exp_replay.remember([input_tm1, action, reward,
                                    input_t],game_over)                    #8

                    inputs, targets = exp_replay.get_batch(model,
                                    batch_size=batch_size)                 #9

                    batch_loss = model.train_on_batch(inputs, targets)

                    loss += batch_loss

            win_hist.append(win_cnt)
        return win_hist
```

在继续深入之前，让我们再次分析代码，看看都做了些什么。

1. 因为我们想要跟踪 Q-learner 的学习进展，所以我们统计模型随时间获得胜利的次数变化。

2. 现在玩游戏，游戏轮数通过 epoch 参数来指定。在游戏开始时，我们首先重置游戏，将 game_over 变量设置为 False，然后观察游戏的初始状态。

3. 逐帧来玩游戏，直到游戏结束。

4. 在每个帧周期的开始时，将前面观察到的输入保存为 input_tm1（即 $t-1$ 时刻的输入）。

5. 现在是探索阶段。在 0 和 1 之间随机选择一个数字。如果这个数字小于 ε（代码中 epsilon），就选择一个随机动作，这个技术也被称为"ε 贪婪"。之所以叫这个名称，是因为我们以概率 ε 来随机选择动作，该技术就不会一味"贪婪地"选择预期收益最高的动作。

6. 如果选择一个非随机动作，我们就让神经网络预测所有动作的预期收益。然后，选择具有最高期望收益的行动。

7. 现在执行我们所选动作或随机动作，并观察新的状态、奖励以及游戏是否结束。如果任务成功，游戏会给奖励 1，最终增加胜利计数器的计数。

8. 将新的经验存储在经验重放缓存中。

9. 从经验重放缓存中采样一批新的训练数据，并在该批数据上训练神经网络。

图 7.3 显示了游戏成功次数的滚动平均值。在 2000 轮训练后，神经网络已经很擅长玩这个游戏。

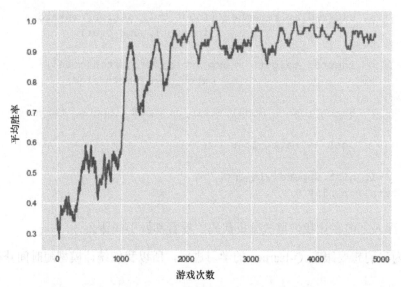

图 7.3　Q-learning 神经网络玩 Catch 游戏的过程

在图 7.3 中，可以肯定地说，你已经成功地创建了第一个强化学习系统。在 5000 轮训练之后，每场游戏的平均胜率在 90% 到 100% 之间。在第 7.2 节中，我们将探讨强化学习的理论基础，并挖掘学习玩"接水果"游戏的系统是如何在期货市场中学习路由订单的。

7.2　马尔可夫过程和贝尔曼方程——强化学习的形式化介绍

现代深度学习经历了长久发展历史之后，已经成为量化金融在多 GPU 场景下的延伸技术。强化学习的理论基础在于马尔可夫模型。

>
> **提示：**
> 这部分内容需要一些数学背景知识。如果你理解起来有困难，Victor Powell 有一个不错的可视化介绍可供参考。一个更系统化但非常简单的介绍可以在 Analytics Vidhya 网站上找到。

马尔可夫模型描述了一个具有不同状态的随机过程。在这个随机过程中，以某个特定状态结束的概率完全取决于当前的状态。在图 7.4 中，你可以看到一个简单的马尔可夫模型，该模型描述了某个特定股票的推荐情况。

7.2 马尔可夫过程和贝尔曼方程——强化学习的形式化介绍

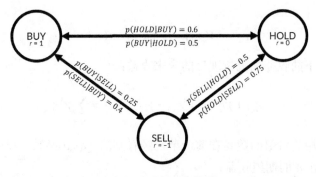

图 7.4 马尔可夫模型

可以看到，这个模型有 3 种状态：买入（BUY）、持有（HOLD）和卖出（SELL）。每两个状态之间都有一个状态转移概率。例如，如果在前一轮是持有（HOLD）建议，那么它获得买入（BUY）建议的概率就是 *p(BUY|HOLD)*，此处为 0.5，即目前持有（HOLD）状态有 50%的机会在下一轮进入买入（BUY）状态。

状态与收益相关联。如果你持有股票，而该股票的状态为建议买入（BUY），那么如果该股票上涨，你将获得 1 分的收益。如果股票的状态是建议卖出（SELL），你将得到-1 分的收益（即惩罚）。

>
> **提示：**
> 在某些书中，奖励与状态转换有关，而与状态本身无关。这两种方式在数学上是等价的。为了便于书写，我们把奖励和状态联系起来。

在马尔可夫模型中，代理（agent）将遵循某个策略，通常表示为 $\pi(s,a)$。策略描述了在状态 s 时采取动作 a 的概率。假设你是一名交易员：你持有某只股票，该股票得到卖出（SELL）建议。在这种情况下，你有 50%的概率选择卖出股票，有 30%的概率继续持有股票，有 20%的概率买入更多股票。换句话说，你在 SELL 状态下的策略可以描述为：

$$\pi(SELL, SELL) = 0.5$$
$$\pi(SELL, HOLD) = 0.2$$
$$\pi(SELL, BUY) = 0.2$$

如果一些交易员有更好的策略，就能够从一个状态中赚到更多的钱。因此，状态 s 的价值取决于策略 π。价值函数 V 描述了状态 s 在策略 π 下的价值，这是状态 s 在策略 π 下的

预期收益:

$$V_\pi(s) = \mathbb{E}_\pi[R_t \mid s_t = s]$$

预期收益是当下的收益加上折现后的未来收益:

$$R_t = r_{t+1} + \gamma r_{t+2} + \gamma^2 r_{t+3} + \gamma^3 r_{t+4} + \cdots = \sum_{k=0}^{\infty} \gamma^k r_{t+k+1}$$

强化学习中常用的价值函数是在前一节已经看到的 $Q(s,a)$ 函数。Q 描述了按照策略 π 在状态 s 下采取动作 a 的期望收益:

$$Q_\pi(s,a) = \mathbb{E}[R_t \mid s_t = s, a_t = a]$$

提示:
由于我们的环境和动作都是随机的,因此使用期望值这个术语。我们不能肯定地说将会到达某个特定的状态,而是只能给出一个概率。

Q 和 V 都描述了同样的事情: 如果我们发现自己处于某种状态, 该怎么办? V 给出了我们将会进入哪些状态的建议, Q 给出了我们应该采取什么动作的建议。当然, V 隐性假设我们必须采取某种动作, 而 Q 隐性假设我们采取动作后的结果是到达某种状态。事实上, Q 和 V 是由所谓的贝尔曼方程推导出来的, 这个方程把我们带回到本节开始所提的马尔可夫模型。

如果你认为所处的环境可以用马尔可夫模型来描述, 那么你需要知道两件事。首先, 你要找出状态转移的概率。如果你在状态 s 中, 采取动作 a 并达到状态 s' 的概率 $P_{ss'}^a$ 是多少? 数学上, 这个概率应该是:

$$P_{ss'}^a = pr(s_{t+1} = s' \mid s_t = s, a_t = a)$$

同样, 你在状态 s 下采取动作 a 并到达状态 s' 的期望收益 $R_{ss'}^a$ 为:

$$R_{ss'}^a = \mathbb{E}[r_{t+1} \mid s_t = s, s_{t+1} = s', a_t = a]$$

记住了这一点, 现在可以推导针对 Q 和 V 的两个贝尔曼方程。首先, 重写方程 V 来引

入 R_t 的实际表达式：

$$V_\pi(s) = \mathbb{E}_\pi\left[\sum_{k=0}^{\infty}\gamma^k r_{t+k+1} \mid s_t = s\right]$$

我们从和项中分离出第一个收益项：

$$V_\pi(s) = \mathbb{E}_\pi\left[r_{t+1} + \gamma\sum_{k=0}^{\infty}\gamma^k r_{t+k+2} \mid s_t = s\right]$$

期望的第一部分是我们在状态 s 下执行策略 π 收到的直接期望收益：

$$\mathbb{E}_\pi[r_{t+1} \mid s_t = s] = \sum_{a}\left(\pi(s,a)\sum_{s'}P_{ss'}^a R_{ss'}^a\right)$$

以上公式显示了一个嵌套的和。首先，我们对所有动作 a 乘以策略 π 下发生的概率然后求和。对于每一个动作，我们把状态 s 经过动作 a 到下一个状态 s' 的收益分布乘以状态转移概率 P，然后对上述乘积遍历不同 s' 状态进行求和。

期望收益的第二部分可以改写如下：

$$\mathbb{E}_\pi\left[\gamma\sum_{k=0}^{\infty}\gamma^k r_{t+k+2} \mid s_t = s\right] = \sum_{a}\left(\pi(s,a)\sum_{s'}P_{ss'}^a \gamma \mathbb{E}_\pi\left[\sum_{k=0}^{\infty}\gamma^k r_{t+k+2} \mid s_{t+1} = s'\right]\right)$$

状态 s 之后的未来收益期望的折现值是所有状态 s' 的未来折现价值乘以发生转移的概率 P 和在策略 π 下采取动作 a 的概率。

这个公式很复杂，但它展示了价值函数的递归性质。如果将其代入价值函数中的期望，价值函数就会变得更清晰：

$$V_\pi(s) = \sum_{a}\left(\pi(s,a)\sum_{s'}P_{ss'}^a\left[R_{ss'}^a + \gamma\mathbb{E}_\pi\left[\sum_{k=0}^{\infty}\gamma^k r_{t+k+2} \mid s_{t+1} = s'\right]\right]\right)$$

公式中的期望表示下一状态 s' 的价值函数，这意味着我们可以用价值函数 $V(s')$ 来替换期望：

$$V_\pi(s) = \sum_{a}\left(\pi(s,a)\sum_{s'}P_{ss'}^a[R_{ss'}^a + \gamma V_\pi(s')]\right)$$

按照同样的逻辑，我们可以推导出 Q 函数：

$$Q_\pi(s,a) = \sum_{s'} P_{ss'}^a \left[R_{ss'}^a + \gamma Q_\pi(s',a') \right]$$

祝贺你！你已经推导出了贝尔曼方程！现在，停下来花点时间思考一下，请确保你真正理解了这些方程背后的机制，其核心思想是一个状态的价值可以用其他状态的价值来表达。在很长一段时间里，优化贝尔曼方程的首选方法是建立一个马尔可夫模型并确定其状态转移和收益概率。

然而，递归结构需要动态规划技术来处理。动态规划背后的思想是解决更简单的子问题。你已经在"接水果"游戏的例子中看到了这一点。在那个例子中，我们使用神经网络来估计除了游戏结束状态外的 $Q_\pi(s',a')$。对于这些游戏，找到与状态相关的收益是相对容易的：收益就是在游戏结束时收到的最终奖励。正是在这些状态下，神经网络首次对这些状态的函数 Q 做出了准确的估算。从这些状态开始，神经网络就可以回头去学习那些离游戏结束较远的状态的价值。这种动态规划和模型无关（model-free）方法在强化学习中有许多应用。

在深入探讨使用上述理论基础来构建不同类型的系统之前，我们将对贝尔曼方程在经济学中的应用做一个简短的介绍。熟悉这部分内容的读者可以在此处找到参照点并以此来加深对贝尔曼方程的理解，不熟悉这部分内容的读者可以进一步阅读和应用本章所讨论的技术。

经济学中的贝尔曼方程

尽管贝尔曼方程第一次应用于经济学是在 1954 年，但 Robert C. Merton 在 1973 年发表的文章 "An Intertemporal Capital Asset Pricing Model" 可能是最著名的应用实例。与 CAPM 模型不同，Merton 使用贝尔曼方程研发了一个资本资产定价模型，该模型是连续时间模型并可以解释投资机会的变化。

贝尔曼方程的递归特点激发了递归经济学这个子领域的发展。Nancy Stokey、Robert Lucas 和 Edward Prescott 三人写了一本有影响力的书——1989 年出版的 *Recursive Methods in Economic Dynamics*。其中，他们使用递归方法解决经济理论中的问题，这本书也启发其他学者使用递归经济学来解决从委托代理问题到最优经济增长等一系列广泛的经济问题。

Avinash Dixit 和 Robert Pindyck 在 1994 年出版的著作 *Investment Under Uncertainty* 中将这种方法成功地发展和应用于资本预算中。Patrick Anderson 在 2009 年的文章 "The Value of Private Businesses in the Unite States" 中将该方法应用于私营企业的估值中。

虽然递归经济学仍然存在许多问题，包括它需要巨大的计算能力，但它仍是一门非常有前途的科学分支。

7.3 优势动作评论（A2C）模型

正如你在前面几节中看到的，Q-learning 非常有用，但它也有缺点。例如，我们需要估计每个动作的 Q 值，因此动作集必须有离散的、有限的集合。那么，如果动作空间是连续的或动作数量非常大，会怎么样呢？

假设你正在使用强化学习算法构建股票投资组合。在这种情况下，即使你的股票只有两只（比如 AMZN 和 AAPL），也会有多种的组合方式：10%的 AMZN 和 90%的 AAPL，11%的 AMZM 和 89%的 AAPL，等等。如果你的股票池中股票数目变得更多，可能的股票组合数量就会爆炸式增长。

从这样的动作空间中选择动作的变通方法就是直接学习策略 π。一旦你学会了某个策略，给这个策略一个状态，它就会返回动作的分布，这意味着你的动作也是随机的。随机策略是占优的，特别是在博弈论环境下。

假设你在玩"剪刀、石头、布"游戏，并且遵循一个确定性的策略。如果你的策略是永远选择"石头"。一旦对手发现你总是选择"石头"，你将永远失败。作为一种非合作博弈的解决方案，纳什均衡建议在"剪刀、石头、布"游戏中随机选择动作，只有随机策略才能做到最优。

为了要学习策略，我们必须能够计算出相对于策略的梯度。与大多数人的直觉相反，策略是可微分的。在本节中，我们将逐步构建一个策略梯度，并使用它为连续控制场景创建一个优势动作评论（advantage actor-critic，A2C）模型。

差分策略这个过程的第一步就是看看我们选择某个特定动作 a（而不是仅仅遵循某个策略 π）的占优情况：

$$A(s,a) = Q_\pi(s,a) - V_\pi(s)$$

动作 a 在状态 s 下的优势是在状态 s 下执行动作 a 的价值减去遵循策略 π 下的状态 s 的价值。我们用 $J(\pi)$ 衡量策略 π 的优劣，$J(\pi)$ 是表示起始状态 s_0 的期望价值函数：

$$J(\pi) = \mathbb{E}_p s_0 [V(s_0)]$$

现在，为了计算策略的梯度，我们需要做两步计算。这两步计算已经显示在策略梯度公式的期望中：

$$\nabla_\theta J(\pi) = \mathbb{E}_{s \sim p^\pi, a \sim \pi(s)}[A(s,a) \cdot \nabla_\theta \pi(a|s)]$$

首先，我们要使用 $A(s,a)$ 来计算给定动作 a 的优势。然后，要计算神经网络权重相对于递增概率 $\pi(a|s)$ 的导数 ∇_θ，其中概率 $\pi(a|s)$ 表示动作 a 在策略 π 下被选择的概率。

对具有正优势 $A(s,a)$ 的动作，我们遵循让动作 a 更可能被采用的梯度方向。对于具有负优势的动作，我们会采取完全相反的方向。期望表示我们为所有状态和所有动作都这样做。在实际中，我们手动地将动作的优势与它们增加的似然梯度相乘。

我们还需要思考一件事情：那就是如何计算优势。采用某个动作的值是动作执行后直接得到的奖励加上采取动作后所处状态的值：

$$Q(s,a) = r + \gamma V(s')$$

代入优势计算中的 $Q(s,a)$：

$$A(s,a) = Q(s,a) - V(s) = r + \gamma V(s') - V(s)$$

由于计算 V 对于计算策略梯度是有用的，研究人员提出了 A2C 架构。拥有两个输出的神经网络可以同时学习 V 和 π。事实证明，共享权重来学习这两个函数是有意义的。如果两者都从环境中提取特征，那么共享权重的思路会加速训练，如图 7.5 所示。

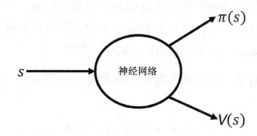

图 7.5　A2C 方案

如果你正在在高维图像数据上训练代理（agent），那么例如值函数和策略就都需要学习如何解释图像。共享权重将有助于完成共同任务，如果你正在训练低维度数据，那么不共享权重可能更合理。

如果动作空间是连续的，则 π 可以由两个输出来表示，即平均值为 μ 和标准差 σ。这样，我们就可以从已经学过的分布中采样，就像我们在自编码器所做的那样。

A2C 方法的常见变体是异步优势动作评论（asynchronous advantage actor-critic，A3C）

模型。A3C 的工作原理与 A2C 完全相同，只是在训练时有多个代理同时工作，这意味着可以收集更多的独立数据。独立数据很重要，因为过于相关的样本会促使模型对特定的情况产生过拟合，而忘记其他情况。

由于 A3C 和 A2C 的工作原理是相同的，而并行玩法的实现将引入一些复杂性，从而让实际算法更难理解。我们将在下面的例子中继续使用 A2C 算法。

7.3.1 学习平衡

在本小节中，我们将训练一个 A2C 模型来摆动并平衡钟摆。

钟摆由可向任何方向施加的旋转力所控制。在图 7.6 中，箭头表示所施加力的方向。控制是连续的，代理可以施加或多或少的力。同时，力可以在正方向或者负方向上施加。

图 7.6 钟摆

这个相对简单的控制任务是一个有意义的连续控制示例。它可以很容易地扩展到股票交易任务中，我们稍后将对此进行介绍。另外，这个任务还可以可视化，这样我们就可以直观地了解算法如何学习以及可能的陷阱。

> **提示：**
> 当实现新算法时，请在能可视化的任务上尝试。算法的失败和错误往往是不易察觉的，通过可视化任务比通过数据更容易发现错误。

钟摆环境是 OpenAI Gym 工具包的一部分。OpenAI Gym 是训练强化学习算法的套件和平台。你可以通过以下命令行安装它：

```
pip install gym
```

在开始之前，我们需要导入下列库：

```
import gym                                           #1

import numpy as np                                   #2

from scipy.stats import norm                         #3
from keras.layers import Dense, Input, Lambda
```

```
from keras.models import Model
from keras.optimizers import Adam
from keras import backend as K

from collections import deque                        #4
import random
```

上面有一些新导入的库，让我们逐个来了解它们。

1. OpenAI Gym 是一个开发强化学习算法的工具箱，它提供了大量的游戏环境，从诸如钟摆等经典控制任务到雅达利游戏和机器人仿真等。

2. Gym 接口通过 NumPy 数组来传参。状态、动作和环境都以 NumPy 兼容的格式来表示。

3. 我们的神经网络规模相对较小，且基于函数式 API。由于学习的仍是分布，我们需要使用 SciPy 的 norm 函数，它能帮助我们求向量的范数。

4. Python 中的 deque 是一个非常高效的数据结构，它可以便捷地管理队列的最大长度。自此，我们不再需要手动删除经验，可以使用 Python 的 random 函数从 deque 中随机采样。

现在是时候创建代理（agent）了，以下所有代码构成了 A2CAgent 类：

```
def __init__(self, state_size, action_size):

    self.state_size = state_size                              #1
    self.action_size = action_size
    self.value_size = 1

    self.exp_replay = deque(maxlen=2000)                      #2


    self.actor_lr = 0.0001                                    #3
    self.critic_lr = 0.001
    self.discount_factor = .9


    self.actor, self.critic = self.build_model()              #4

    self.optimize_actor = self.actor_optimizer()              #5
    self.optimize_critic = self.critic_optimizer()
```

让我们逐步浏览一遍代码。

1. 首先定义一些与游戏相关的变量。状态空间大小和动作空间大小由游戏给出[①]。钟摆状态由 3 个变量组成，它们与钟摆角度有关。状态由 θ 的正弦值、余弦值和角速度组成。状态的价值（value）只是一个标量。

2. 接下来设置经验重放缓存，它最大可保存 2000 个状态。越大的强化学习实验需要越多的重放缓存（通常是 500 万个经验）。但对于我们这个任务，2000 个经验就足够了。

3. 在训练神经网络时需要设置一些超参。即使 actor 和 critic 共享网络权重，事实证明 actor 的学习率通常应该比 critic 的学习率低。这是因为我们训练 actor 的策略梯度更不稳定。此外还需要设置折现率 γ。记住，在强化学习中，折现率的应用与通常在金融中的应用不同。在金融中，我们用未来价值除以 1 加上折现因子来折现。在强化学习中，我们乘以折现率。因此，更高的折现系数 γ 意味着未来值的折现更少。

4. 为了实际构建模型，定义一个单独的方法，在下面讨论这个方法。

5. actor 和 critic 的优化器都是自定义的优化器。为了定义这些优化器，我们还创建了一个单独的函数。优化器本身就是可以在训练时调用的函数：

```
def build_model(self):

    state = Input(batch_shape=(None, self.state_size))          #1

    actor_input = Dense(30,                                     #2
                activation='relu',
                kernel_initializer='he_uniform')(state)

    mu_0 = Dense(self.action_size,                              #3
                activation='tanh',
                kernel_initializer='he_uniform')(actor_input)

    mu = Lambda(lambda x: x * 2)(mu_0)                          #4

    sigma_0 = Dense(self.action_size,                           #5
                activation='softplus',
                kernel_initializer='he_uniform')(actor_input)

    sigma = Lambda(lambda x: x + 0.0001)(sigma_0)               #6

    critic_input = Dense(30,                                    #7
```

[①] 译者注：通过参数传递进来。

```
                                activation='relu',
                                kernel_initializer='he_uniform')(state)
    state_value = Dense(1, kernel_initializer='he_uniform')(critic_
input)                                                                       #8

    actor = Model(inputs=state, outputs=(mu, sigma))                         #9
    critic = Model(inputs=state, outputs=state_value)                        #10

    actor._make_predict_function()                                           #11
    critic._make_predict_function()

    actor.summary()                                                          #12
    critic.summary()

    return actor, critic                                                     #13
```

上面的函数创建了 Keras 模型，这个模型很复杂，让我们来仔细看看。

1．由于使用了函数式 API，我们需要定义一个输入层，这样可以用这个输入层将状态提供给 actor 和 critic。

2．actor 将第一层隐层作为 actor 值函数的输入。第一层有 30 个隐藏单位和 1 个 ReLU 激活函数。这个隐层是由 he_uniform 来初始化，he_uniform 初始化器与默认的 glorot_uniform 初始化器只是稍微不同。he_uniform 初始化器从一个界限为 $\pm\sqrt{6/i}$ 的均匀分布中采样，其中 i 为输入维数；默认的 glorot_uniform 从上下限为 $\pm\sqrt{6/(i+o)}$ 的均匀分布中采样，其中 o 是输出的维度，两者之间的差别相当小。但事实证明，he_uniform 初始器在学习值函数和策略时表现更好。

3．钟摆的动作空间是从 –2 到 2。我们使用常规的 tanh 激活函数，它的范围是 –1 到 1，稍后会修正缩放比例。

4．为了修正动作空间的缩放，我们将 tanh 函数的输出乘以 2。通过使用 Lambda 层，我们可以在计算图中手动定义这样一个函数。

5．标准差不应该为负。softplus 激活函数原理与 ReLU 相似，但它有柔和的边界，如图 7.7 所示。

6．为了确保标准差不为零，我们给它加了一个小常数。我们再次使用 Lambda 层来完成这个任务。这也确保我们能够正确地计算梯度，因为模型知道添加了小常数。

7. critic 也有一个隐层来计算它的值函数。

8. 状态值（value）是一个可以为任何值的标量。因此，只有一个输出，也就是线性函数（即默认的激活函数）的输出。

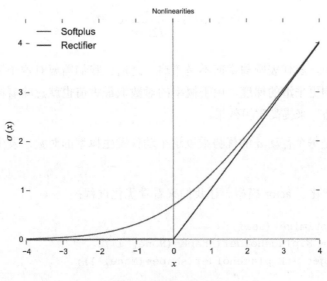

图 7.7　ReLU 和 softplus

9. 定义 actor 来将状态映射到策略（策略通过均值 μ 和标准差 σ 来表示）[①]。

10. 定义 critic 来实现从状态到该状态值的映射。

11. 虽然我们对 A2C 并不是严格要求的，但如果想要对代理采用异步 A3C 方法，那么需要保证预测函数是线程安全的。第一次调用 predict 函数时，Keras 会在 GPU 上加载模型。如果是在多个线程中发生这种情况，则会导致中断。即使对于多线程情况，_make_predict_function 函数确保了模型已经加载到 GPU 或 CPU 上，并准备好进行预测。

12. 出于调试目的，可以打印出模型的摘要。

13. 最后，返回模型。

现在我们需要为 actor 创建优化器。actor 使用自定义的优化器沿着策略梯度对其进行优化。然而在开始定义优化器之前，我们需要看看策略梯度的最后一部分。记住，权重梯度 $\nabla_\theta \pi(a|s)$ 让动作 a 更可能发生，而策略梯度是如何依赖于权重梯度 $\nabla_\theta \pi(a|s)$ 的呢？Keras

---

① 译者注：定义一个 actor 模型，输入为状态，输出为策略分布。

可以计算这个导数，但我们需要给 Keras 提供策略 π 的值。

为此，我们需要定义概率密度函数。π 是一个均值 μ、标准差 σ 的正态分布，它的概率密度函数 f（代码中为 pdf）如下所示：

$$f(x;\mu,\sigma^2) = \frac{1}{\sqrt{2\pi\sigma^2}} e^{\frac{-(a-\mu)^2}{2\sigma}}$$

在这个公式中，π 代表圆周率而不是策略。之后，我们需要对这个概率密度函数取对数。取对数会得到更平滑的梯度。由于概率的对数取最大值也就意味着概率最大化，因此可以用"对数技巧"来提高学习效果。

策略 π 的值是每个行动 a 的优势乘以这个动作发生概率的对数，发生概率通过概率密度函数 f 来表示。

下面的函数优化了 actor 模型。让我们来看看优化过程：

```
def actor_optimizer(self):
    action = K.placeholder(shape=(None, 1))                         #1
    advantages = K.placeholder(shape=(None, 1))

    mu, sigma_sq = self.actor.output                                #2

    pdf = 1. / K.sqrt(2. * np.pi * sigma_sq) * \
              K.exp(-K.square(action - mu) /
              (2. * sigma_sq))                                      #3

    log_pdf = K.log(pdf + K.epsilon())                              #4

    exp_v = log_pdf * advantages                                    #5

    entropy = K.sum(0.5 * (K.log(2. * np.pi * sigma_sq) + 1.))      #6
    exp_v = K.sum(exp_v + 0.01 * entropy)                           #7
    actor_loss = -exp_v                                             #8

    optimizer = Adam(lr=self.actor_lr)                              #9

    updates = optimizer.get_updates(self.actor.trainable_weights,
                                    [], actor_loss)                 #10

    train = K.function([self.actor.input, action, advantages], [],
```

```
                    updates=updates)                          #11
        return train                                          #12
```

1. 首先需要为所采取的动作和该动作的优势分别创建占位符，并为这些占位符赋值。

2. 定义 actor 模型的输出。actor 模型输出的张量可以被输入到优化器中，这些张量的优化将会反向传播并优化整个模型。

3. 创建概率密度函数。这一步看起来有点令人生畏，但如果你仔细看，它与我们之前定义的概率密度函数其实是相同的。

4. 现在运用对数技巧。为了避免取 0 的对数，我们加上一个很小的常数 epsilon。

5. 策略值是动作 a 的概率乘以这个动作发生的概率。

6. 为了奖励模型的概率策略，我们增加了一个熵项。熵的计算公式如下：

$$\sum 0.5(\log(2\pi\sigma^2)+1)$$

其中 π 是常数 3.14，标准差为 σ。以上公式表示了正态分布的熵，这个熵的证明不是本章讨论的范围。你从熵的公式可以看出：随着标准差增大，熵也会增大。

7. 把熵项加到策略的值上。通过使用 K.sum 在整批上都加这个熵项。

8. 我们想要最大化策略的值。但在默认情况下，Keras 通过梯度下降来最小化损失。一个简单的技巧是为策略的值添加负号，然后最小化负值。

9. 为了进行梯度下降运算，可以使用 Adam 优化器。

10. 从优化器获取 updates 张量。get_updates 函数接收 3 个参数：parameters、constraints 和 loss。输入模型的参数，即模型的权重。因为没有任何约束条件，我们只传递一个空列表作为约束，将 actor 损失作为损失。

11. 有了 updates 张量，现在可以创建一个函数 train，它的输入是 actor 模型的输入（即状态），以及动作和优势这两个占位符。它只返回空列表，空列表将 updates 张量应用到所涉及的模型中。这个函数是可调用的，稍后我们将看到。

12. 函数返回 train。因为在类的 init 函数中调用了 actor_optimizer，所以刚刚创建的优化器函数变成了 self.optimize_actor。

对于 critic，我们也需要创建一个自定义优化器。critic 的损失函数是预测值与回报和下一状态值的和之间的均方差：

```
def critic_optimizer(self):
    discounted_reward = K.placeholder(shape=(None, 1))           #1
    value = self.critic.output
    loss = K.mean(K.square(discounted_reward - value))           #2
    optimizer = Adam(lr=self.critic_lr)                          #3
    updates = optimizer.get_updates(self.critic.trainable_weights,
                                    [], loss)
    train = K.function([self.critic.input, discounted_reward],
                       [],
                       updates=updates)                          #4
    return train
```

前面的函数优化了 critic 模型。

1. 再次为需要的变量创建占位符。discounted_reward 包含状态 s' 的未来价值的折现以及当即可获得的收益。

2. critic 的损失是 critic 的输出和折现收益之间的均方差。首先得到输出张量，然后计算输出和折现收益之间的均方差。

3. 再次使用 Adam 优化器，并从中得到 updates 张量，就像我们之前做的那样。

4. 最后，和之前一样创建一个函数并将 updates 作为参数输入这个函数中。这个函数将被返回并输出，作为 self.optimize_critic。

对于采取行动的代理，需要定义一个从状态生成动作的方法：

```
def get_action(self, state):
    state = np.reshape(state, [1, self.state_size])              #1
    mu, sigma_sq = self.actor.predict(state)                     #2
    epsilon = np.random.randn(self.action_size)                  #3
    action = mu + np.sqrt(sigma_sq) * epsilon                    #4
    action = np.clip(action, -2, 2)                              #5
    return action
```

有了这个函数，actor 现在就可以执行动作了。

1. 首先，改变状态（state）的形状以确保它具有模型所期望的形状。

2. 预测模型中动作的均值和方差 σ^2。

3. 然后，就像在自编码器中所做的一样，首先从均值为 0、标准差为 1 的随机正态分布中采样。

4. 加上均值，然后乘以标准差。现在我们有了从策略中采样的动作。

5. 为了确保我们都在动作空间的范围内，我们将动作截取到−2～2 范围内，这样它就不会超出这个界限。

最后需要对模型进行训练。train_model 函数将在接收到一个新经验后对模型进行训练：

```
def train_model(self, state, action, reward, next_state, done):
    self.exp_replay.append((state, action, reward,
                            next_state, done))                  #1

     (state, action, reward, next_state, done) = 
            random.sample(self.exp_replay,1)[0]                 #2
    target = np.zeros((1, self.value_size))                     #3
    advantages = np.zeros((1, self.action_size))

    value = self.critic.predict(state)[0]                       #4
    next_value = self.critic.predict(next_state)[0]

    if done:                                                    #5
        advantages[0] = reward - value
        target[0][0] = reward
    else:
        advantages[0] = reward + self.discount_factor *
(next_value) - value
        target[0][0] = reward + self.discount_factor * next_value

    self.optimize_actor([state, action, advantages])            #6
    self.optimize_critic([state, target])
```

这就是我们如何优化 actor 和 critic。

1. 首先，将新经验添加到经验重放缓存中。

2. 然后立即从经验重放缓存中采样一个经验。这样就打破了模型训练的样本间的关联性。

3. 为优势和目标设置占位符，我们将在第 5 步填充它们。

4. 预测状态 s 和 s' 的值。

5. 如果游戏在当前状态 s 之后结束，那么优势就是我们获得的收益减去状态的值，而价值函数的目标（target）就是我们获得的收益。如果游戏状态 s 之后没有结束，优势就是所获的收益加上下一个状态的折现价值减去当前状态的价值。在这种情况下，目标（target）是获得的收益加上下一状态的折现价值。

6. 在已知优势、采取的动作和目标价值之后，我们就可以使用前面创建的优化器来优化 actor 和 critic。

A2CAgent 类就已经构建完成了。现在是时候使用它了。我们定义 run_experiment 函数。这个函数运行了一段时间的游戏程序。首先，需要在没有渲染[①]的情况下训练一个新代理，这是因为训练需要 600~700 次游戏来才能让代理的性能满足要求。有了训练好的代理，则可以观看游戏过程：

```
def run_experiment(render=False, agent=None, epochs = 3000):
    env = gym.make('Pendulum-v0')                              #1

    state_size = env.observation_space.shape[0]                #2
    action_size = env.action_space.shape[0]

    if agent = None:                                           #3
        agent = A2CAgent(state_size, action_size)

    scores = []                                                #4

    for e in range(epochs):                                    #5
        done = False                                           #6
        score = 0
        state = env.reset()
        state = np.reshape(state, [1, state_size])

        while not done:                                        #7
            if render:                                         #8
                env.render()

            action = agent.get_action(state)                   #9
            next_state, reward, done, info = env.step(action)  #10
            reward /= 10                                       #11
            next_state = np.reshape(next_state,
                                    [1, state_size])           #12
            agent.train_model(state, action, reward,
```

[①] 译者注：也就是 render=False。

```
                        next_state, done)                        #13
    score += reward                                              #14
    state = next_state                                           #15

    if done:                                                     #16
        scores.append(score)
        print("episode:", e, " score:", score)

        if np.mean(scores[-min(10, len(scores)):]) > -20:        #17
            print('Solved Pendulum-v0 after {}
                iterations'.format(len(scores)))
            return agent, scores
```

我们的实验可以归结为以下部分。

1．我们创建了新的 gym 环境，这个环境包含了钟摆游戏。我们输入动作，观察状态和收益。

2．从游戏中获取动作和状态空间。

3．如果没有给函数设置代理，我们将创建一个新代理。

4．设置一个空数组来跟踪分数随时间的变化。

5．按指定的轮数玩游戏，轮数由 epochs 设置。

6．在游戏开始时，将游戏结束标识符（done）设置为 False，score 设置为 0，然后重置游戏。通过重置游戏获得初始启动状态。

7．玩游戏，直到游戏结束。

8．如果你给函数设置 render = True，游戏将在屏幕上渲染出来。注意，这在 Kaggle 或 Jupyter 等远程平台上是无法显示的。

9．我们从代理获取一个动作并在环境中执行。

10．当在环境中执行时，我们观察到新的状态、收益以及游戏是否结束。gym 还返回了 info 字典，我们可以忽略它。

11．游戏的收益都是负的，越接近零的收益越好。因为收益值可能相当大，所以需要减少收益值。过于极端的收益值可能会导致训练时梯度过大，这会妨碍训练。

12．在用模型训练之前要重塑状态（state）的形状以确保符合要求。

13．现在用新的经验来训练代理。正如你所看到的，代理将把经验存储在重放缓存中，并从中随机抽取一个旧经验进行训练。

14. 增加整体收益来记录一场游戏中所获得的收益。

15. 将当前状态设置成新状态,以准备游戏的下一帧。

16. 如果游戏结束,记录并打印出游戏分数。

17. 代理通常在 700 轮之后就表现得相当好。如果最后 20 场游戏中的平均收益高于-20,则宣布游戏结束,此时退出函数并返回训练好的代理和分数。

7.3.2 学习交易

强化学习算法主要是在游戏和仿真中使用,在这些场景中失败的算法也不会造成任何损失。然而,算法一旦开发出来,就可以应用到其他更重要的任务中。为了证明这种能力,我们现在要创建一个 A2C 代理,这个代理学习如何在大股票池中平衡股票投资组合。

提示:
请不要基于本节的算法进行交易,它只是一个用于演示的、简单的实现,不适合在现实世界中使用。

为了训练新的强化学习算法,首先需要创建一个训练环境。在这种环境中,代理使用真实的股票数据进行交易。这个环境可以像 OpenAI 的 Gym 环境一样交互访问。遵循 Gym 接口规则将减少开发的复杂性。在考虑股票池中股票百分位收益在过去 100 天的情况下,代理需要返回一个 100 维的分配向量。

分配向量描述了代理想要在某支股票上分配的资产份额。负分配意味着做空股票。为了简单起见,没有将交易成本和滑点添加到环境中。但是,添加它们并不难。

环境如下所示:

```
class TradeEnv():
    def reset(self):
        self.data = self.gen_universe()                    #1
        self.pos = 0                                        #2
        self.game_length = self.data.shape[0]               #3
        self.returns = []                                   #4

        return self.data[0,:-1,:]                           #5
```

```python
    def step(self,allocation):                                        #6
        ret = np.sum(allocation * self.data[self.pos,-1,:])           #7
        self.returns.append(ret)                                      #8
        mean = 0                                                      #9
        std = 1
        if len(self.returns) >= 20:                                   #10
            mean = np.mean(self.returns[-20:])
            std = np.std(self.returns[-20:]) + 0.0001

        sharpe = mean / std                                           #11

        if (self.pos +1) >= self.game_length:                         #12
            return None, sharpe, True, {}
        else:                                                         #13
            self.pos +=1
            return self.data[self.pos,:-1,:], sharpe, False, {}

    def gen_universe(self):                                           #14
        stocks = os.listdir(DATA_PATH)
        stocks = np.random.permutation(stocks)
        frames = []
        idx = 0
        while len(frames) < 100:                                      #15
            try:
                stock = stocks[idx]
                frame = pd.read_csv(os.path.join(DATA_PATH,stock),
                                    index_col='Date')
                frame = frame.loc['2005-01-01':].Close
                frames.append(frame)
            except:
                e = sys.exc_info()[0]
            idx += 1

        df = pd.concat(frames,axis=1,ignore_index=False)              #16
        df = df.pct_change()
        df = df.fillna(0)
        batch = df.values
        episodes = []                                                 #17
        for i in range(batch.shape[0] - 101):
            eps = batch[i:i+101]
            episodes.append(eps)
        data = np.stack(episodes)
        assert len(data.shape) == 3
        assert data.shape[-1] == 100
        return data
```

我们的交易环境有点像钟摆的环境。先来看看如何构建这个环境。

1．加载股票池的数据。

2．由于我们按天遍历数据（每天为一步），因此需要记录当前所在的位置（也就是时间）。

3．我们需要知道游戏何时结束，因此需要知道有多少数据。

4．为了记录收益随时间变化的情况，我们要创建一个空数组。

5．初始状态就是第一天的数据，每日数据的最后一个元素是所有 100 只股票在下一日的收益。

6．在每步（也就是每天）中，代理需要向环境提供一个分配。代理得到的收益是过去 20 天的夏普比率，即收益的均值与标准差之比。你可以修改收益函数来考虑交易成本或滑点。如果你真的想这样做，请参考本章后面关于收益构造的内容。

7．下一日的收益是 episode 数据的最后一个元素。

8．为了计算夏普比率，我们需要记录过去的收益。

9．如果还没有 20 天的收益，则收益的均值和标准差将分别设为 0 和 1。

10．如果我们有足够的数据，就可以计算收益记录中最后 20 个元素的平均值和标准差。我们在标准差上加了一个小常数来避免除数为零。

11．现在可以计算夏普比率，即代理获得的奖励[1]。

12．如果游戏结束，环境则返回空的下一个状态、收益、游戏结束的标识符，以及一个空的信息字典（这个空的信息字典是为了与 OpenAI Gym 的接口习惯保持一致）。

13．如果游戏还没有结束，环境将返回下一个状态、收益、游戏没有结束的标识符，以及一个空的信息字典。

14．这个函数加载 100 只随机股票池的日收益。

15．选择器以随机顺序遍历包含股票价格的文件[2]。其中一些数据已损坏，因此加载它们将导致错误。加载器[3]不断添加数据，直到它有 100 个包含股票价格的 pandas DataFrame。这里只考虑 2005 年后的收盘价。

---

[1] 译者注：也就是代理的收益，这里代理的收益不是股票的收益，而是其夏普比率。
[2] 译者注：这个随机是通过上面的 permutation 来实现的，本步骤就是按照顺序选择 100 个完整的记录。
[3] 译者注：就是代码中的 frames。

16. 连接所有 DataFrame。计算股价变动的百分比。所有缺失的值都用 0 来填充，表示没有变化。最后，提取数据的值并存成 NumPy 数组形式。

17. 最后要做的事情是将数据转换成时间序列的形式。前 100 个数据是代理决策的基础，第 101 个数据是下一日的收益，依此来对代理进行评价。

我们只需要对 A2CAgent 代理类进行一些小修改。也就是说，只需要修改模型，使它可以输入收益的时间序列。为此，我们添加了两个 LSTM 层，actor 和 critic 共享这两个层：

```
def build_model(self):
    state = Input(batch_shape=(None,                          #1
                               self.state_seq_length,
                               self.state_size))

    x = LSTM(120,return_sequences=True)(state)                #2
    x = LSTM(100)(x)

    actor_input = Dense(100, activation='relu',               #3
                        kernel_initializer='he_uniform')(x)

    mu = Dense(self.action_size, activation='tanh',           #4
               kernel_initializer='he_uniform')(actor_input)

    sigma_0 = Dense(self.action_size, activation='softplus',
                    kernel_initializer='he_uniform')
                    (actor_input)

    sigma = Lambda(lambda x: x + 0.0001)(sigma_0)

    critic_input = Dense(30, activation='relu',
                         kernel_initializer='he_uniform')(x)

    state_value = Dense(1, activation='linear',
                        kernel_initializer='he_uniform')
                        (critic_input)

    actor = Model(inputs=state, outputs=(mu, sigma))
    critic = Model(inputs=state, outputs=state_value)

    actor._make_predict_function()
    critic._make_predict_function()

    actor.summary()
```

```
critic.summary()

return actor, critic
```

我们在函数中构建了 Keras 模型，它与以前创建的模型略有不同。

1. 现在，状态有一个时间维度。
2. 这两个 LSTM 层在 actor 和 critic 之间共享。
3. 由于动作空间很大，我们还必须增加 actor 隐层的大小。
4. 输出应该在-1 至 1 之间，这样就不用把均值乘以 2 了。

就是这样！这个算法现在可以学习平衡投资组合，就像它之前学习平衡钟摆一样。

7.4 进化策略和基因算法

最近，具有数十年历史的、用于强化学习算法的优化算法重新流行起来。进化策略（Evolutionary Strategy，ES）比 Q-learning 或 A2C 简单得多。

在进化策略中，通过在原始模型的权重上添加随机噪声来创建一群模型，而不是通过反向传播来训练一个模型。然后，我们让其中每个模型在环境中运行并评估其性能。新的模型是所有模型的性能加权平均值。

在图 7.8 中，可以看到进化策略是如何工作的。

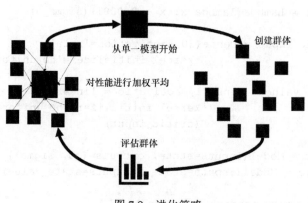

图 7.8 进化策略

为了更好地了解其工作原理，请考虑下面这个例子。我们想要找到一个能使解向量的

均方误差最小的向量。学习者没有解向量,而只有总体误差作为奖励信号:

```
solution = np.array([0.5, 0.1, -0.3])
def f(w):
  reward = -np.sum(np.square(solution - w))
  return reward
```

进化策略的主要优势是它有更少的超参。在这个例子中,我们只需要 3 个超参:

```
npop = 50    #1
sigma = 0.1  #2
alpha = 0.1  #3
```

1.群体规模:在每次迭代中创建 50 个模型。

2.噪声标准差:添加噪声的均值为零,标准差为 0.1。

3.学习率:权重不是简单地将其设置为新的均值,而且应缓慢地朝避免超调(overshooting)的方向移动。

优化算法类似于以下代码:

```
w = np.random.randn(3)                     #1
for i in range(300):                        #2
  N = np.random.randn(npop, 3) * sigma     #3
  R = np.zeros(npop)
  for j in range(npop):                     #4
    w_try = w + N[j]
    R[j] = f(w_try)

  A = (R - np.mean(R)) / np.std(R)          #5
  w = w + alpha * np.dot(N.T, A)/npop       #6
```

基因优化的代码相对更短,让我们来看一下。

1.我们从一个随机解开始。

2.就像其他强化学习算法一样,我们训练多轮,这里轮数是 300 轮。

3.创建一个具有 50 个噪声向量、均值为零、标准差为 sigma 的噪声矩阵。

4.现在,我们通过向原始权重添加噪声来创建一群模型,并将使用评估函数来运行这些结果向量进而评价模型。通过评估函数运行所得结果向量来创建并立即评估群体。

5.我们通过将收益减去均值并除以标准差来标准化收益。在本例中,该结果可以解释为优势,即某些特定模型比其他模型占优。

6. 最后,我们将加权平均噪声向量加到权重向量上[①],使用学习率来减慢该训练过程并避免超调。

类似于神经网络,进化策略从自然界中受到启发。在自然界中,物种通过自然选择来优化物种本身,研究人员提出了许多算法来模仿这一过程。前面的神经进化策略算法不仅适用于单个向量,还适用于大型神经网络。进化策略仍然是活跃的研究领域,在编写本书时,尚未确定最佳实践。

在监督学习不可行,但存在奖励信号的情况下,强化学习和进化策略是首选技术。从简单的"多臂老虎机"问题(例如 DHL 订单路由系统)到复杂的交易系统,强化学习和进化策略在金融行业中有很多应用。

7.5 强化学习工程的实用建议

在本节中,我们将介绍一些构建强化学习系统的实用技巧,还将重点介绍与金融从业者高度相关的一些前沿技术。

7.5.1 设计良好的收益函数

强化学习就是用一个设计好的算法来最大化收益函数的研究领域。但是,创建良好的收益函数异常困难。正如拥有人员管理经验的人都知道的那样,人和机器都知道钻制度的空子。

强化学习的文献中有许多研究人员在雅达利游戏中发现了错误的实例。这些错误已隐藏了多年,被强化学习代理发现并加以利用。例如,OpenAI 报告过在钓鱼游戏 Fishing Derby 中有一个强化学习代理,取得的分数要比游戏制造商认定的最高分还要高,但这个代理却根本没钓到一条鱼!

尽管这种行为发生在游戏中很有趣,但在金融市场中却很危险。例如,一个代理训练从交易中最大化收益;它在其所有者不知情的情况下,可能采取诸如欺骗交易之类的非法交易活动。有 3 种创建收益函数的方法,我们将在下面几个小节中介绍这些方法。

(1)谨慎的手动式收益塑形(reward shaping)

通过手动方式创建收益函数,从业人员可以帮助系统学习。在环境中的自然奖励相对

---

① 译者注:就是 $w=w+$ 加权平均噪声向量。

少的情况下，这个方法尤其有效。例如，如果仅在交易成功时才给收益，这就是罕见的事件[①]，此时手动添加一个在交易即将成功时提供收益的函数对训练模型是非常有帮助。

同样，如果代理从事非法交易，则可以创建一个硬编码（hard-coded）的"机器人策略"。在代理从事非法交易的时候，给代理设置一个非常大的负收益。如果收益和环境相对简单，则收益塑形将起作用。在复杂的环境中，它首先可能会破坏使用机器学习的目的。在非常复杂的环境中创建复杂的收益函数与在环境中编写基于规则的系统同样艰难。

然而，特别是在金融领域（尤其是在交易中），手动的收益塑形是非常有用的。风险厌恶的交易就是创建精巧目标函数的应用场景。风险厌恶的强化学习不是最大化期望收益，而是最大化评价函数 U。评价函数是基于效用的亏空（utility-based shortfall）在多阶段场景下的扩展版本：

$$U_{s,a}(X) = \sup\{m \in \mathbb{R} \mid \mathbb{E}_{s \sim p^\pi, a \sim \pi(s)}[u(X-m)] \geq 0\}$$

其中，u 是严格递增的连续凸函数。u 函数可以根据交易者愿意承担风险的多少来自由选择。现在，强化学习算法最大化如下目标：

$$J(\pi) = U[V(s_0)]$$

（2）逆向强化学习

在逆向强化学习（Inverse Reinforcement Learning，IRL）算法中，模型被用来训练预测人类专家的收益函数。人类专家执行某项任务，用模型去观察其状态和动作。然后，模型试图找到一个解释人类专家行为的价值函数，更具体地说，要观察专家的行为以及创建状态和动作的策略记录（trace）。例如最大似然逆向强化学习算法，它的工作方式如下。

① 猜想一个收益函数 R。
② 通过训练强化学习代理来计算在收益函数为 R 的情况下的策略 π。
③ 计算在策略 π 下观察到动作 D 的概率 $p(D|\pi)$。
④ 计算并更新相对于 R 的梯度。
⑤ 重复此过程，直到 $p(D|\pi)$ 的值非常高。

（3）从人类的偏好中学习

IRL 从人类专家实例中学习收益函数，如图 7.9 所示。与 IRL 类似，一些算法可以从

[①] 译者注：自然建议相对稀少。

人类的偏好中学习知识。收益预测器（predictor）可以生成训练某个策略所需要的收益函数。

收益预测器的目标是产生一个收益函数，训练出一个了解很多人类偏好的策略。向人类展示两项策略的结果，并让人类指出哪一项更好，这种方法被用以衡量人们的偏好，如图 7.9 所示。

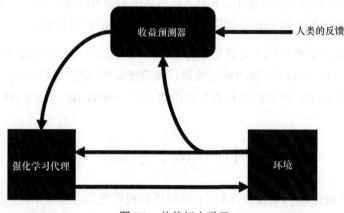

图 7.9　从偏好中学习

7.5.2　强鲁棒性的强化学习

与 GAN 相似，强化学习算法是脆弱的，且难以训练出良好的结果。强化学习算法对超参的选择非常敏感。但是，有几种方法可以提升强化学习算法的鲁棒性。

- 使用更大的经验重放缓存：使用经验重放缓存的目的是收集不相关的经验。这可以通过创建更大的缓存或整个缓冲数据库来实现，该缓存可以存储来自不同代理的数百万个实例。
- 目标网络：强化学习不稳定的部分原因是神经网络依赖其自身的输出来训练。使用冻结的目标网络来生成训练数据可以缓解这些问题。冻结的目标网络需缓慢更新。例如，每隔几轮将目标网络的权重朝训练网络的方向移动几个百分点。
- 噪声输入：把噪声添加到状态表示将有助于模型推广到其他情况，并避免过拟合。如果是在仿真环境中训练代理，但需要将其推广到真实、更复杂的世界，这种方法被证实特别有用。
- 对抗性样本：在类似 GAN 的设置中，可以训练对抗网络可以被训练通过改变状态表示来欺骗模型。反过来，该模型可以学会忽略对抗攻击，这使强化学习的鲁棒性更强。
- 将策略学习与特征提取分离：强化学习中最著名的结果是从原始输入中学习博弈模

型。然而，这需要神经网络去学习图片如何带来，然后用回报这种方式去解释图片。按照一些特定的方式分割步骤更容易。例如，首先训练一个压缩状态表示的编码器，然后训练一个可以预测下一压缩状态的动态模型，并从这两个输入中训练相对较小的策略网络。

与 GAN 的建议类似，这些技巧没有什么理论基础，但它们会使你的强化学习模型在实践中表现得更好。

7.6 强化学习技术前沿

你现在已经了解了背后理论和强化学习技术的各种应用。但是，强化学习还是一个快速发展的领域。本书无法涵盖从业者感兴趣的所有当前趋势，重点介绍一些对金融从业者特别有用的趋势。

7.6.1 多代理强化学习

根据定义，市场中有许多代理。Lowe 等人在 2017 年的论文"Multi-Agent Actor-Critic for Mixed Cooperative-Competitive Environments"中表明强化学习可以用来训练根据场景需要而进行合作、竞争和交流的不同种类的代理，如图 7.10 所示（来源于 OpenAI 博客）。

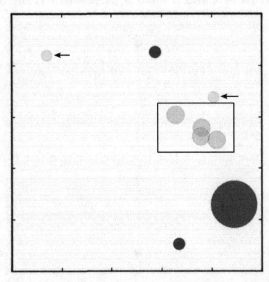

图 7.10　多个代理（图中小方框内的点）一起来追逐绿点（箭头所指的点）

在一项实验中，Lowe 等人通过在动作空间中引入通信向量来让代理进行通信。一个代理输出的通信向量可被其他代理获得,他们展示了代理可以学会沟通来解决任务。类似的研究表明,代理之间采取基于环境的协作或竞争策略。

在代理需要收集奖励 token 的任务中,只要有大量 token 可用,代理就会进行协作;随着 token 稀缺而表现出代理间的竞争行为。Zheng 等人在 2017 年的论文"MAgent: A Many-Agent Reinforcement Learning Platform for Artificial Collective Intelligence"中,将环境扩展到包括数百个代理的情况,证明代理学习了更复杂的策略。例如,通过强化学习算法和巧妙的回报塑形组合技术来对其他代理实施包围攻击。

Forestor 等人在 2017 年的论文"Learning with Opponent-Learning Awareness"中开发了一类新的强化学习算法,这个算法让一个代理去学习另一个代理的行为,并开发动作来影响其他代理的动作。

7.6.2 学习如何去学习

深度学习的缺点是需要专业人才能开发神经网络。正因为如此,研究人员和公司的长期梦想是将神经网络的设计过程自动化。

这就是所谓的自动机器学习(AutoML),其中一个例子就是拓扑扩张的神经演化网络(Neural Evolution of Augmenting Topologies,NEAT)。NEAT 使用进化策略来设计神经网络,然后神经网络通过标准的反向传播进行训练,产生类似图 7.11 所示的结果。

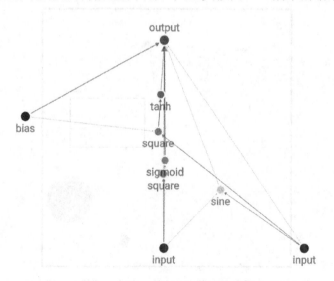

图 7.11　NEAT 算法开发的一种网络

通过 NEAT 开发的神经网络通常小于传统的、基于层状的神经网络,但它们很难由人类提出和设计。这就是 AutoML 的优势，它可以找到人类无法发现的有效策略。

使用进化算法进行网络设计的另一种方法是使用强化学习，这会产生相似的结果。有几种流行的 AutoML 解决方案，如下所示。

- tpot：这是一个数据科学助手。它使用遗传算法优化机器学习的管道，建立在 scikit-learn 基础上，因此它没有创建深度学习模型，而会创建可用于结构化数据的模型（如随机森林）。
- auto-sklearn：它也基于 scikit-learn，但更多地聚焦于创建模型而不是特征提取。
- AutoWEKA：它类似于 auto-sklearn，不同之处在于它是基于 WEKA 软件包构建的，该软件包运行在 Java 上。
- H2O AutoML：它是一款 AutoML 工具，也是 H2O 软件包的一部分，提供模型选择和集成功能。
- Google Cloud AutoML：目前主要聚焦于计算机视觉的管道。

关于超参搜索的子领域，还有一些可用的软件包。

- Hyperopt：该包用 Python 进行分布式的、异步超参数搜索。
- Spearmint：该包类似于 Hyperopt，使用更高级的贝叶斯优化过程来优化超参。

AutoML 是一个活跃的研究领域，它具有广阔的前景。由于缺乏专业人员，许多公司难以使用机器学习。如果机器学习可以优化自身，那么更多的公司将开始使用机器学习。

7.6.3 通过强化学习理解大脑

金融和经济学的另一个新兴领域是行为经济学。最近，强化学习被用于理解人脑的工作方式。Wang 等人在 2018 年发表了一篇题为"Prefrontal cortex as a meta-reinforcement learning system"的论文，该论文为额叶皮层和多巴胺的功能提供了新见解观点。

同样，Banino 等人在 2018 年发布了一份题为"Vector-based navigation using grid-like representations in artificial agents"的报告。他们复制了所谓的"网格单元"（grid cell），网格单元可以让哺乳动物利用强化学习进行导航。

两篇论文的方法是相似的，因为它们都是在与研究领域相关的任务（例如导航）上训练了强化学习算法。它们针对新兴属性来检查模型学习到的权重，这种思路可用于创建功能更强大的强化学习代理，也可进一步促进神经科学领域的发展。

随着经济学界逐渐认识到，人类不是理性的，而是非理性、可预测的，理解大脑在理解经济学时就变得更加重要。神经经济学的研究结果与金融特别相关，因为这两个领域都研究人类在不确定性下的行为和处理风险的方式，例如为什么人类厌恶损失。强化学习是进一步理解人类行为的一个有效的方式。

7.7 练习

现在，我们已经完成了学习任务。让我们基于所学习的内容来尝试两个适当的练习。

1. 简单的强化学习任务：访问 GitHub 网站的 OpenAI Gym 页面，然后安装 Gym 环境并训练代理解决 Cartpole 问题。

2. 多代理的强化学习任务：在 GitHub 网站搜索 crazymuse 账户的 snakegame-numpy 页面。这个 Gym 环境可让你在"贪吃蛇"游戏中使用多个代理，对不同的策略进行试验。你可以创建一个能欺骗其他代理的代理么？

7.8 本章小结

在本章中，你已经学习了强化学习的主要算法：Q-learning、策略梯度和进化策略。了解了这些算法如何应用于交易，并了解了应用强化学习的一些陷阱，看到了当前的研究方向，以及如何从当前的研究中受益。这本书读到这里，你已经掌握了许多先进的机器学习算法，希望这些算法在开发机器学习模型时对你有用。

在第 8 章中，我们将讨论开发、调试和部署机器学习系统面临的实际问题。我们将突破数据科学的沙盒，将模型应用于现实世界。

第8章
调试和发布产品

在前面 7 章中,我们已经开发了大量的机器学习算法工具。我们可以用它们来解决金融领域的机器学习问题。为了让这些工具更加完美实用,我们来看一下如果算法不起效,你应该怎么做?

机器学习模型以最糟糕的方式失效,那就是静默。在传统软件中,一个错误通常会导致程序崩溃。尽管这让用户很恼火,但程序崩溃对程序员却很有帮助。至少代码错误是明确的,而且开发人员经常会发现附带的故障报告,报告会描述发生了什么问题。然而,当你阅读完这本书并开始开发自己的模型时,有时也会遇到机器学习代码崩溃的情况。例如,如果你输入算法中的数据有格式错误,就可能导致机器学习代码崩溃。

这些问题通常可以通过仔细跟踪数据在什么位置以及具有何种形态来进行调试。然而,更常见的情况是失败的模型只是输出了糟糕的预测结果,但不会给出故障信号,以致你可能没意识到它们出故障了。但在其他时候,模型没有训练得很好,它不会收敛或者不会取得较低的损失率。

在本章中,我们将聚焦于如何调试这些静默的错误,使它们不会影响你创建的机器学习算法,具体讨论以下主题。

- 在数据中寻找那些能导致模型缺陷的错误。
- 通过创造性技巧使模型从更少的数据中学到更多信息。
- 在生产或训练中使用单元测试数据(unit testing data),以确保符合标准。
- 注意隐私和法规(例如欧盟的相关条例)。
- 准备训练数据并避免常见的陷阱。

- 检查模型并探视"黑匣子"。
- 寻找最优超参。
- 调整学习率来减少过拟合。
- 使用 TensorBoard 监控训练过程。
- 部署机器学习产品并对其进行迭代。
- 加速训练和推理。

在调试程序之前,你要了解的是,即使是优秀的机器学习工程师也会经常失败。机器学习项目失败的原因有很多,而大多数原因与工程师的技能无关,所以不要认为机器学习失败了就是你的错。

如果这些错误能尽早地被发现,那么可以同时节省时间和金钱。此外,在高风险的环境中,包括基于金融的场景(例如交易),当工程师注意到模型正在出错时,有意识的工程师会关闭系统。这不应被视为失败,而是成功地避免了问题。

8.1 调试数据

你可能记得,早在本书的第 1 章中,我们就讨论了机器学习模型是关于其所训练数据的函数。这意味着,不好的数据将生成不好的模型,或者如我们所说的"垃圾进,垃圾出"。如果你的项目失败了,那么数据可能是罪魁祸首。因此,在本节中,在研究可能导致模型崩溃的其他问题之前,我们首先从数据开始。

即使你有一个正常工作的模型,在输入现实世界数据时也可能无法胜任。在这一节中,我们将学习如何判定数据是否合格。如果没有获得足够多的数据,那该怎么办?如何测试数据?

8.1.1 如何查看数据是否胜任任务

当你想要知道数据是否能够胜任训练好模型的任务时,需要考虑两个方面。

- 数据能预测你想让它预测的内容吗?
- 你是否有足够的数据?

为了找出模型是否包含预测信息(也称为信号),你可以问自己一个问题:人类能通过这些数据作出预测吗?对 AI 来说,提供的数据可被人类理解是很重要的,因为我们知道,智能可能存在的唯一原因是我们能理解它。人类很擅长理解书面文本，但是如果不能理解文本，那么模型可能也无法对它作出太多理解。

这个实验的常见陷阱是，人类拥有模型所不具备的上下文环境。人类交易员不仅要了解（consume）金融数据，他们可能还体验过某些公司的产品或在电视上见过这些公司的CEO。这个外部背景参与到了交易员的决策过程中，但是在构建模型时都经常被遗忘。同样，人类也善于关注重要的数据。人类交易员无法吃透所有金融数据，因为其中大部分都是不相关的。

向模型提供更多的输入不会使模型性能更好；相反，由于模型过拟合并被噪声分散注意力，模型性能通常会变得更糟。另外，人类是非理性的。他们受到来自同龄人的压力，在抽象和陌生的环境中很难做出决策。例如，人类很难找到最佳的交通信号灯政策，因为交通信号灯的运营数据对我们来说并不直观。

这给我们引入了第二个完整性检查：人类可能无法做出预测，但预测过程存在因果关系。例如公司的利润和股价、路上的交通流量和交通堵塞、客户投诉和客户流失等都是有因果关系的。虽然人类可能对这些关系没有直观的了解，但我们可以通过推理发现它们。

有些任务需要因果关系。例如，长期以来，许多量化交易公司坚持认为他们的数据与模型的预测结果存在因果关系。然而事到如今，业界似乎已经稍微偏离了这个观点，因为他们对算法测试更加自信。如果人类无法做出预测，并且没有因果关系来解释为什么数据具有可预测性，那么你可能需要重新考虑自己的项目是否可行。

一旦已经确定数据包含足够多的信号，就需要问自己是否有足够多的数据来训练模型提取信号。"多少是足够"这个问题没有明确的答案。但大体来说，所需的数据量取决于你希望创建模型的复杂性。然而，这里有一些经验法则可以遵循。

- 对于分类，每个类应该大约有 30 个独立样本。
- 样本数量应该是特征的 10 倍，特别是对于结构化数据问题。
- 你的数据集应该随着模型中参数数量的增加而增大。

请记住，这些规则只是经验法则，对于特定应用场景可能会非常不同。如果你使用迁移学习，那么可以大大减少所需的样本数量。这就是大多数计算机视觉应用都使用迁移学习的原因。

如果你有一定数量的数据（例如几百个样本），则可以开始构建模型。在这种情况下，明智的建议是从一个简单的模型开始，你可以在部署模型的同时收集更多的数据。

8.1.2 没有足够数据该怎么办

有时,你会发现自己处于这样一种境况:尽管启动了项目,但却没有足够的数据。例如,受限于法律因素,你不能使用某些数据,尽管这在曾经是被允许的。在这种情况下,你要有多个选择。

大多数时候,比较好的选择是增加数据。我们已经在第 3 章中看到了一些增加数据的技术。当然,你可以通过各种方式增加各种数据,包括稍微更改一些数据库条目。为了进一步增强数据,你也许能够在仿真中生成数据。这是大多数强化学习的研究人员收集数据的有效方式,但在其他情况下也可以使用。

我们在第 2 章中使用的关于欺诈检测的数据就是从仿真中获取的。仿真需要你能够在程序中写下环境的规则,强大的学习算法往往会找出这些过于简单的规则,因此它们也无法泛化到现实世界。然而,仿真数据可以成为真实数据的有力补充。

同样,你也可以经常找到外部数据,因为你未跟踪某个数据点,并不意味着其他人没有跟踪。互联网上有惊人量级的数据。即使这些数据最初不是为了你的目标而收集的,你依然可以通过重新标记的方法或将其用于迁移学习来重新构建它们。你可以在大的数据集上为一个不同的任务来训练模型,然后将该模型用作任务的基础。同样,你可以找到其他人为别的任务而训练的模型,并将其重新用于自己的任务。

最后,你可以构建一个简单的模型,它不能完全捕获数据中的关系,但足以交付产品。随机森林和其他基于树的方法通常比神经网络需要的数据更少。

重要的是要记住,对于数据而言,在大多数情况下质量胜过数量。获得一个小的高质量的数据集并训练一个弱模型通常是你透过数据尽早发现问题的最佳方法,后续可以随时扩大数据收集的规模。许多从业人员犯的一个错误是,他们花费大量时间和金钱来获取大的数据集,却发现他们的项目使用了错误的数据。

8.1.3 单元测试数据

构建模型的过程对数据做出了假设。例如,你认为输入时间序列模型中的数据实际上是一个按日期顺序排列的时间序列,你需要测试数据以确保这个假设是正确的。当模型已投入生产时收到的实时数据尤其如此[1]。坏数据可能会导致模型性能下降,这可能很危险,特别是在高风险的环境中。

---

[1] 译者注:即需要验证实时数据是否是时间序列。

另外，你需要验证数据是否干净，它不应包括个人信息等内容。正如我们将在第 8.1.4 小节中看到的，你需要避开使用个人信息这种情况，除非你有很好的理由并且得到用户的同意来使用它。

在基于多个数据源进行交易时，监控数据的质量非常重要。因此，总部位于纽约的国际对冲基金 Two Sigma Investments LP 创建了一个用于数据监控的开源库 marbles。marbles 是基于 Python 的 unittest 库研发的。

你可以用下列命令来安装它：

```
pip install marbles
```

以下代码展示了一个简单的 marbles 单元测试。假设你正在收集爱尔兰失业率的数据，为了使模型正常工作，需要确保一些事情，比如已经连续获取了数月数据，并且没有将一个月的数据重复计算两次。

可以运行下列代码来确保满足上面的需求：

```
import marbles.core                                              #1
from marbles.mixins import mixins

import pandas as pd                                              #2
import numpy as np
from datetime import datetime, timedelta

class TimeSeriesTestCase(marbles.core.TestCase,
    mixins.MonotonicMixins):                                     #3
    def setUp(self):                                             #4

        self.df = pd.DataFrame({'dates':[datetime(2018,1,1),
                                         datetime(2018,2,1),
                                         datetime(2018,2,1)],
                       'ireland_unemployment':[6.2,6.1,6.0]})    #5

    def tearDown(self):
        self.df = None                                           #6

    def test_date_order(self):                                   #7

        self.assertMonotonicIncreasing(sequence=self.df.dates,
                            note = 'Dates need to increase
monotonically')                                                  #8
```

如果你不能完全理解这些代码，请不要担心。现在，我们将通读代码的每个阶段。

1．marbles 主要有两个模块：core 模块进行实际的测试，mixins 模块为不同类型的数据提供大量有用的测试。这简化了测试代码的编写，并为你提供了更具可读性和语义解释性的测试。

2．你可以使用所有那些你经常用于处理测试数据的库，比如 Pandas。

3．现在是时候定义测试类了。新的测试类必须继承 marbles 库中的 TestCase 类。这样，测试类就可以作为 marbles 测试被自动创建运行。如果你希望使用 mixin 模块，还需要继承相应的 mixin 类。

在本例中，我们使用时间单调增加的日期序列。MonotonicMixins 类提供了一系列工具，让你可以自动测试单调递增的序列。

如果你过去常常使用 Java 编程，那么多重继承的概念可能会让你感到奇怪。但是在 Python 中，类可以继承多个其他类。如果你希望自己的类能继承两个不同的功能，例如运行测试和测试与时间相关的概念，这将是非常有用的。

4．setup 函数是一个标准的测试函数，我们可以在该函数中加载数据并为测试做准备。在这个例子中，我们只需要手动定义一个 Pandas DataFrame 变量。或者，你也可以加载 CSV 文件、加载 Web 资源或以任何其他方式来获取数据。

5．在 DataFrame 中，我们有两个月的爱尔兰失业率数据。正如你所看到的，最后一个月被计算了两次。因为这种情况不应该发生，所以它将会造成错误。

6．tearDown 函数是一个允许在测试完成后进行清理的标准测试方法。在本例中仅释放 RAM，但你也可以选择删除刚刚为测试而创建的文件或数据库。

7．描述实际测试的方法都应该以 test_ 开头。设置完成后，marbles 将自动运行所有测试方法。

8．我们断言数据的时间标识是严格递增的。如果断言需要中间变量（例如最大值），marbles 将在错误报告中显示它。为了使错误报告更具可读性，可以附加一个注释[①]。

为了在 Jupyter Notebook 中运行单元测试，需要告诉 marbles 忽略第一个参数。通过运行以下命令来实现：

```
if __name__ == '__main__':
    marbles.core.main(argv=['first-arg-is-ignored'], exit=False)
```

[①] 译者注：即前面代码中的参数 note='Dates need to be increase monotonically'

常用的方式是直接从命令行运行单元测试。因此，如果将先前的代码保留在命令行中，则可以使用以下命令运行它：

python -m marbles marbles_test.py

当然，我们的数据也存在问题。幸运的是，测试确保了这个错误不会传递到模型中。在模型中，错误的数据将会导致预测结果较差这种形式的静默失败。但现在，测试失败的时候将会输出下面内容：

> **提示：**
> 以下这段代码不会成功运行，而会失败。

```
F                                                                    #1
======================================================================
FAIL: test_date_order (__main__.TimeSeriesTestCase)                  #2
----------------------------------------------------------------------
marbles.core.marbles.ContextualAssertionError: Elements in 0
2018-01-01
1    2018-02-01
2    2018-02-01                                                      #3
Name: dates, dtype: datetime64[ns] are not strictly monotonically
increasing

Source (<ipython-input-1-ebdbd8f0d69f>):                             #4
    19
>   20 self.assertMonotonicIncreasing(sequence=self.df.dates,
    21                     note = 'Dates need to increase
monotonically')
    22
Locals:                                                              #5

Note:                                                                #6
    Dates need to increase monotonically

----------------------------------------------------------------------
Ran 1 test in 0.007s
FAILED (failures=1)
```

那么，究竟是什么导致了数据失败呢？

1. 第一行显示整个测试的状态。在本例中，只有一个测试方法，并且失败了。你的测试可能有多种不同的测试方法，marbles 将以显示测试如何失败或成功的方式来显示进度。接下来的几行描述了失败的测试方法。第二行显示 TimeSeriesTestCase 类的 test_date_order 方法失败。

2．marbles 精确地显示了测试是如何失败的，还显示了测试日期的值以及失败原因。

3．除了实际的失败信息外，marbles 还显示了代码回溯信息，即显示测试失败的实际代码。

4．marbles 的一个特色是能够显示局部变量。这样，我们可以确保测试的设置没有问题，它还帮助我们了解测试失败的上下文情况。

5．最后，marbles 会显示注释，这有助于测试者了解出了什么问题。

6．作为总结，marbles 显示失败（FAILED）和 failures=1。有时，即使数据在某些测试中失败，你仍然可以接受数据。但往往人们希望深入了解到底发生了什么。

单元测试数据的关键是让失败变得更明显，以防止数据问题给你带来性能不佳的预测。有错误信息的失败比没有错误信息的失败要好得多。通常，失败是由数据供应商造成的。测试从所有供应商那里获得的所有数据可以在供应商犯错时让你知道。

单元测试数据还可以帮你避免不该有的数据，比如个人信息。供应商需要清理数据集中所有的个人身份信息（比如社会保险号），当然，他们有时会忘记。遵守愈发严格的数据隐私法规是许多从事机器学习的金融机构的重要关注点。

第 8.1.4 小节将讨论如何保护隐私和遵守规则，同时仍从机器学习中获益。

8.1.4　保证数据隐私并遵守法规

近年来，消费者已经意识到一个事实，即他们的数据以无法控制的方式被收集和分析，有时这违背了消费者自己的利益。消费者自然对此不满意。监管机构需要出台一些新的数据法规。在撰写本书时，欧盟已经发布通用数据保护条例（General Data Protection Regulation，GDPR），其他司法机构可能也会制定更严格的隐私保护措施。

本节不会深入探讨如何具体遵守该条例。然而，如果你希望扩展自己对该主题的理解，则 GDPR 官方指南是了解更多法规细节以及如何遵守法规的最佳起点。本节将概述最新隐私法规的主要原则以及为遵守这些原则所使用的技术方案。

这里的首要规则是"删除不需要的内容"。长期以来，大量的公司存储了他们可以得到的所有数据，但这不是一个好主意。存储个人数据对企业是责任和负担。信息是属于别人的，你只负责保管它们。下次听到类似"我们的数据库中有 50 万条记录"的言论，你更应该理解成"我们的账簿中有 50 万条负债"。只有数据有经济价值且这些价值可以证明债务是合理的时候,承担这个债务才是一个好主意。但令人惊讶的是,你经常会意外地收集个人数据。假设你正在跟踪设备使用情况,但在记录中意外地包含了客户 ID,则需要采取适当的措施来监视和防止此类事故,以下是一些关键建议。

保持透明并获得同意:客户需要好的产品,他们需要了解数据如何使你的产品更适合他们。与其采取对抗性的方式(例如将你的所有操作都包装在很长的协议中,然后让用户同意),通常更明智的做法是清楚地告诉用户你在做什么,如何使用他们的数据以及这样做如何改进产品。如果你需要个人数据,则需要经过用户同意。保持透明将会在很大程度上帮助你,因为用户会更加信任你。这会让客户通过产品反馈来帮助你改善产品。

请记住,谁也躲不过入侵:无论你的安全性有多好,都有可能遭到黑客攻击。因此,在涉及个人数据存储时,应该假设将来整个数据库都可能被传播到互联网上。这个假设将帮助你创建更强的隐私保护机制,并帮助你避免遭受黑客攻击所带来的灾难。

注意从数据中可以推断出什么:你可能没有跟踪数据库中的个人身份信息,但是当与其他数据库结合时,顾客的信息可能被单独识别出来。

假设你和朋友一起去喝咖啡,用信用卡付款,还在 Instagram 上发了一张喝咖啡的照片。银行可能会收集匿名的信用卡记录单。如果有人用 Instagram 上的照片交叉验证信用卡记录,就会发现只有一个客户在同一时间、同一地区购买咖啡并上传咖啡图片。这样,你所有的信用卡交易就不再是匿名的了。消费者希望公司能注意到这些效应。

加密和混淆数据:例如,Apple 公司收集电话数据,但将收集的数据添加随机噪声。噪音让每个单独的记录不正确。但是从总体来看,这些记录仍然可以反映出用户的行为。这种方法有一些隐患。例如,在噪声消除之前,你可以只从单个用户那里收集到足够多的数据点,这样个人行为也会被泄露出来。

由混淆技术引入的噪声是随机的。当对单个用户的大量数据样本求平均时,噪声的均值将为零。由于噪声本身不会呈现出任何特征,用户的真实属性将会被挖掘。类似地,最近的研究表明,深度学习模型可以在同态加密的数据上训练学习。同态加密是一种加密方法,可以保持数据的基本代数属性。在数学上,同态加密可以表示为以下形式:

$$E(m_1) + E(m_2) = E(m_1 + m_2)$$
$$D(E(m_1 + m_2)) = m_1 + m_2$$

其中 E 是加密函数,m 是明文数据,D 是解密函数。如你所见,对加密后的数据相加等于对相加后的数据进行加密。将数据相加后对其进行加密和解密,就等于两个数据相加。

这意味着你可以加密数据,并仍然可以在加密的数据上训练模型。同态加密仍处于起步阶段,但是通过类似的方法,你可以保证即使数据泄露,也不会泄露敏感的个人信息。

本地训练,仅上传更新部分的梯度:避免上传用户数据的一种方法就是在用户设备上训练模型。用户在设备上积累数据,然后,你可以将模型嵌入到设备上,并在设备上执行一次前向和后向传播。

为了避免从梯度来推断用户数据的可能性,你只随机上传几个梯度。然后,你可以将梯度应用于主模型上。

为了进一步提高系统的整体隐私性,你不需将所有更新的权重从主模型嵌入到用户设备,而只需将其中的几个权重嵌入。这样,你就可以异步训练模型,而无须访问任何数据。如果你的数据库遭到破坏,则不会丢失任何用户数据。然而,需要注意的是,这种方法只有在用户群足够大的情况下才有效。

8.1.5 为训练准备数据

在前面的章节中,我们已经看到了归一化和缩放特征的好处。我们也讨论了如何缩放所有数值特征。特征缩放有 4 种方法:标准化、最小-最大、均值归一化、单位长度缩放。在本节中,我们将细分讲述每一种方法。

- **标准化**确保所有数据的均值为零,标准差为 1。通过减去平均值并除以数据的标准差来实现标准化:

$$x' = \frac{x - \mu}{\sigma}$$

这可能是缩放特征的最常用方法。如果你怀疑自己的数据包含奇异点,那么这个方法特别有用,因为它的鲁棒性非常强。另外,标准化不能确保你的特征介于 0 和 1 之间。而在 0~1 范围中,神经网络学习得最好。

- **最小-最大**缩放名副其实。通过先减去最小值,然后除以值范围的方法,最小-最大缩放将所有数据值缩放到 0 和 1 之间。我们可以在下面公式中看到这一点:

$$x' = \frac{x - \min(x)}{\max(x) - \min(x)}$$

如果你确定你的数据不包含奇异点,则最小-最大缩放将给你一个 0 和 1 之间的漂亮缩放值。当把图像作为数据时,往往就是这种情况。

- 与最小-最大缩放类似,**均值归一化**确保数据的值在-1 和+1 之间且均值为零。这是通过减去平均值然后除以数据范围来实现的，如下面公式所示：

$$x' = \frac{x - \mu}{\max(x) - \min(x)}$$

均值归一化的使用频率较低。但根据你的应用，这可能是一个好方法。

- 对于某些应用，最好不要缩放单个特征，而应缩放特征向量。在这种情况下，你可以将向量中的每个元素除以向量的总长度来实现**单位长度缩放**，如下所示：

$$x' = \frac{x}{\|x\|}$$

向量的长度$\|x\|$通常是指向量的 L2 范数$\|x\|_2$，即向量元素平方和的算术平方根。对于某些应用，向量长度$\|x\|_1$是指向量的 L1 范数，即向量元素的和。

无论你如何缩放，测量测试集上的缩放因子、均值、标准差都是非常重要的。这些因子仅包括部分的数据信息。如果你在整个数据集上对它们进行测量，则由于这种信息优势，算法在测试集上的性能可能会比在生产环境中表现得更好。

同样重要的是，你应该检查代码是否也具有合适的特征缩放。随着时间的流逝，你应该重新计算特征分布并调整缩放比例。

8.1.6 了解何种输入导致何种预测

为什么你的模型做出此种预测？对于复杂的模型，这个问题很难回答。对于非常复杂模型的全局解释本身就可能非常复杂。**局部可解释模型-不可知论解释**（Local Interpretable Model-Agnostic Explanations，LIME）是一种流行的模型解释算法，它聚焦于局部解释。LIME 不是试图回答"这个模型如何做出预测"，而是试图回答"为什么模型根据这些数据做出这些预测"。

> **提示：**
> LIME 的作者 Ribeiro、Singh 和 Guestrin 搭建了 GitHub 仓库，其中包括算法的许多解释和指导教程。

在 Kaggle 内核中，LIME 是默认安装的。你也可以使用以下命令在本地安装 LIME：

```
pip install lime
```

LIME 算法适用于任何分类器，这就是为什么它是模型不可知的部分。为了进行解释，

LIME 像图像的区域或文本中的语句那样,将数据分割成几个部分,然后移除某些特征并创建一个新的数据集。LIME 使用黑盒分类器运行这个新的数据集,并获得能对不同类预测概率的分类器。然后,LIME 将数据编码为可以描述数据中存在的特征的向量。最后,它训练一个线性模型来预测在去除不同特征下的黑盒模型的输出结果。由于线性模型易于解释,LIME 使用线性模型来确定最重要的特征。

假设你正在使用文本分类器(例如 TF-IDF)来对电子邮件(例如 20 个新闻组数据集中的电子邮件)进行分类。要获得对这个分类器的解释,可以使用以下代码:

```
from lime.lime_text import LimeTextExplainer              #1
explainer = LimeTextExplainer(class_names=class_names)    #2
exp = explainer.explain_instance(test_example,            #3
                                 classifier.predict_proba, #4
                                 num_features=6)           #5

exp.show_in_notebook()                                    #6
```

现在,让我们看一下这段代码中做了什么。

1. LIME 包有针对不同类型数据的不同类。

2. 要创建新的空白解释器,我们需要输入分类器的类名。

3. 提供一个需要解释的文本示例。

4. 提供分类器的预测函数。我们需要提供一个能给出预测概率的函数,对于 Keras 来说,这个函数就是 model.predict。对于 scikit 模型来说,我们需要使用 predict_proba 方法。

5. LIME 显示了特征的最大数量。在本例中,我们只展示 6 个最重要的特性。

6. 最后,渲染预测结果的可视化图像,如图 8.1 所示。

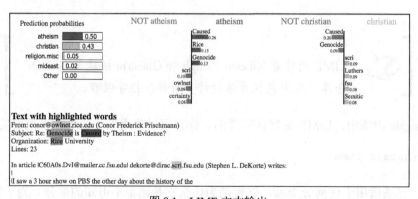

图 8.1 LIME 文本输出

对分类器的解释显示了文本最常被分成的、具有不同特征的类，它显示了在两个最常见的类中对分类贡献最大的单词。在此之下，你可以看到文本中突出显示了有助于分类的单词。

如你所见，我们的模型选取了发件人的部分邮件地址和学校名称（例如"Rice"）作为区别性特征。模型认为"Caused"是该文本与无神论有关的重要标识，这些都是我们在调试数据集时想要知道的。

LIME 并不能完美地解决模型问题。例如，如果多个特征的交互导致了某种结果，那么 LIME 就会陷入困境。但它依然做得很好，足以成为有用的数据调试工具。通常，模型会注意到它们不该注意的事情。要调试一个数据集，我们需要删除所有那些统计模型可能过拟合的"附赠"特征。

回顾本节，你已经看到了可用于调试数据集的各种工具。然而，即使有一个完美的数据集，在模型训练方面也会有各种问题。第 8.2 节会介绍如何调试模型。

8.2 调试模型

复杂的深度学习模型容易出错。模型有数百万个参数，会出现许多问题。幸运的是，该领域已经开发了许多有用的工具来改进模型性能。在本节中，我们将介绍可用于调试和改善模型性能的有用工具。

8.2.1 Hyperas 搜索超参

手动调整神经网络的超参可能是一项繁琐的任务。尽管你可能对什么超参有效和什么超参无效有一些直觉，但在给超参调优时并没有硬性规则可应用，这就是拥有大量计算资源的从业者使用自动超参搜索的原因。毕竟，超参就像模型的参数一样有一个搜索空间。不同之处在于我们不能对超参使用反向传播，也不能对它们求导，但我们仍然可以将所有基于非梯度的优化算法应用于它们。

有许多不同的超参优化工具。但是我们将讨论 Hyperas，因为它易于使用。Hyperas 是 Hyperopt 的封装，Hyperopt 是一个流行的针对 Keras 模型的 Python 优化库（optimization library）。

我们可以使用 pip 来安装 Hyperas：

```
pip install hyperas
```

根据系统配置,你可能需要对安装进行一些调整,Hyperas 的 GitHub 页面提供了更多的信息。Hyperas 提供了两种优化方法:**随机搜索**和 **Tree of Parzen Estimator** 算法。在我们认为在合理的参数范围内,随机搜索将随机抽样超参并使用随机超参来训练模型,然后选择性能最好的模型作为结果。

随机搜索是一种简单、鲁棒性强且易于扩展的搜索方法,它基本上不对超参、超参之间的关系、损失面等做任何假设,这种算法执行起来相对较慢。

Tree of Parzen Estimator(TPE)算法对关系 $P(x|y)$ 进行建模,其中 x 代表超参,y 代表相关性能。这与高斯过程的建模完全相反,高斯模型对 $P(y|x)$ 进行建模,并受到许多研究人员的欢迎。

从经验上看,TPE 表现得更好。如果想了解更详细的信息,请参考 James Bergstra 等人 2011 年撰写的论文 "Algorithms for Hyper-Parameter Optimization"。TPE 比随机搜索要快,但可能会陷入局部极小值,并且在一些难度较高的损失面上会遇到困难。根据经验,从 TPE 开始搜索是有意义的。如果 TPE 遇到困难,就转为随机搜索。

下面的例子展示了如何在 MNIST 数据集分类器上使用 Hyperas 和 Hyperopt:

```
from hyperopt import Trials, STATUS_OK, tpe              #1
from hyperas import optim                                 #2
from hyperas.distributions import choice, uniform
```

代码很短,我们来解释一下其中的含义。

1. 由于 Hyperas 构建于 Hyperopt 之上,因此需要直接从 Hyperopt 中导入一些内容。Trials 类运行实际的实验,STATUS_OK 用于告知测试进展顺利,而 tpe 是 TPE 算法的实现。

2. Hyperas 提供了许多便捷的函数,这些函数让使用 Hyperopt 更加容易。optim 函数可以找到最优超参,使用方式像 Keras 中的 fit 函数一样。choice 和 uniform 分别用于选择离散和连续超参。

现在添加以下内容,我们将在后面详细地解释这些内容:

```
def data():                                               #1
    import numpy as np                                    #2
    from keras.utils import np_utils

    from keras.models import Sequential
    from keras.layers import Dense, Activation, Dropout
    from keras.optimizers import RMSprop
```

```
    path = '../input/mnist.npz'                          #3
    with np.load(path) as f:
        X_train, y_train = f['x_train'], f['y_train']
        X_test, y_test = f['x_test'], f['y_test']

    X_train = X_train.reshape(60000, 784)                #4
    X_test = X_test.reshape(10000, 784)
    X_train = X_train.astype('float32')
    X_test = X_test.astype('float32')
    X_train /= 255
    X_test /= 255
    nb_classes = 10
    y_train = np_utils.to_categorical(y_train, nb_classes)
    y_test = np_utils.to_categorical(y_test, nb_classes)

    return X_train, y_train, X_test, y_test              #5
```

让我们花点时间来看看刚刚编写的代码。

1. Hyperas 需要有一个能加载数据的函数，而不能只是从内存传递数据集。

2. 为了扩大搜索范围，当 Hyperas 创建一个新的运行时，会在其中进行模型创建和评估。这也意味着我们在 NoteBook 中所做的导入并不总是迁移到运行时中。为了确保所有模块都可用，需要在 data 函数中执行所有导入工作。当然，对于仅用于模型的所有模块也是如此。

3. 加载数据。由于 Kaggle 内核无法访问互联网，因此需要从磁盘加载 MNIST 数据。如果你有互联网连接而没有文件的本地版本，可以用以下代码获取数据。

```
from keras.datasets import mnist
(Y_train, y_train), (X_test, y_test) = mnist.load_data()
```

我喜欢使用无互联网版本，因为这是默认设置。

4. data 函数还需要对数据进行预处理。我们进行了标准化的形状重塑和缩放，就像之前使用 MNIST 时所做的那样。

5. 返回数据，这些数据将被传递到构建和评估模型的函数中。

```
def model(X_train, y_train, X_test, y_test):             #1
    model = Sequential()                                 #2
    model.add(Dense(512, input_shape=(784,)))
```

```
model.add(Activation('relu'))

model.add(Dropout({{uniform(0, 0.5)}}))                              #3

model.add(Dense({{choice([256, 512, 1024])}}))                       #4

model.add(Activation({{choice(['relu','tanh'])}}))                   #5

model.add(Dropout({{uniform(0, 0.5)}}))

model.add(Dense(10))
model.add(Activation('softmax'))

rms = RMSprop()
model.compile(loss='categorical_crossentropy',
              optimizer=rms,
              metrics=['accuracy'])

model.fit(X_train, y_train,                                          #6
          batch_size={{choice([64, 128])}},
          epochs=1,
          verbose=2,
          validation_data=(X_test, y_test))
score, acc = model.evaluate(X_test, y_test, verbose=0)               #7
print('Test accuracy:', acc)
return {'loss': -acc, 'status': STATUS_OK, 'model': model}           #8
```

正如你所看到的，前面的代码片段由 8 个部分组成。现在让我们来探究一下代码的细节，这样就能够完全理解刚刚编写的代码。

1. model 函数既定义了模型又评价了模型。给定来自 data 函数的训练数据集，model 函数将返回一组质量（quality）指标。

2. 当我们使用 Hyperas 进行微调时，会像往常一样定义 Keras 模型。这里只需使用 Hyperas 函数替换要调优的超参。

3. 例如，为了调优 Dropout 效果，我们使用{{uniform(0, 0.5)}}来代替 Dropout 超参。Hyperas 将从标准正态分布中抽取 0 至 0.5 间的值作为 Dropout 比率，并作出评价。

4. 对于从离散分布中抽样，例如随机抽样出一个隐层的大小，我们使用{{choice([256, 512, 1024])}}作为超参。Hyperas 将从 256、512 和 1024 大小的隐层中随机采样。

5. 对于激活函数，我们可以采用同样的方法。

6. 为了评估模型，我们需要编译并拟合它。在这个过程中，我们也可以选择不同的批大小。在本例中，我们只训练 1 轮，为了使本例所需的时间更短，你还可以使用 Hyperas 来运行整个训练过程。

7. 为了深入了解模型的运行性能，可以使用测试数据对其进行评估。

8. 最后，我们返回模型的得分、模型本身以及表明一切正常的标识符。Hyperas 尝试最小化损失函数。为了使准确率最大化，我们将损失设为准确率的负值。你也可以在这里设置模型的损失，这取决于处理问题的最佳优化方法是什么。

最后，我们通过以下代码进行优化：

```
best_run, best_model = optim.minimize(model=model,
                                     data=data,
                                     algo=tpe.suggest,
                                     max_evals=5,
                                     trials=Trials(),
                                     notebook_name='__notebook_source__')
```

我们在参数中设置 model 函数和 data 函数，并指定要运行的试验次数，以及应该由哪个类管理试验。Hyperopt 还提供了一个分布式试验类，在这个类中，多个任务通过 MongoDB 进行通信。

当使用 Jupyter Notebook 时，我们需要提供正在使用的 notebook 名称。Kaggle Notebook 的文件名均为__notebook_source__。

Hyperas 运行后，它返回性能最佳的模型以及最佳模型的超参。如果你打印出 best_run，应该会看到类似的输出，如下所示：

```
{'Activation': 1,
 'Dense': 1,
 'Dropout': 0.3462695171578595,
 'Dropout_1': 0.10640021656377913,
 'batch_size': 0}
```

在上面的输出结果中，用 Choice 数组选择的值会被 Hyperas 选择的索引表示。在本例中，运用的激活函数是 tanh，因为在前面的代码示例中，tanh 的索引是 1。

在本例中，我们只运行了几次试验来对超参进行搜索。通常，你会运行几百或几千次试验。为此，我们将使用自动超参搜索。如果你有足够的计算能力，自动超参搜索将是提高模型性能的一个很好的工具。

然而，它不会让一个根本不能用的模型去工作。在选择这种自动超参搜索方法时，你需要先确定一种可行的（somewhat-working）方法，然后再进行超参数搜索。

8.2.2 高效的学习率搜索

最重要的超参之一是学习率，找到一个好的学习率是很难的。如果学习率太小，模型可能训练得太慢，以至于你认为它根本没有得到训练；如果学习率太大，模型则会超调，也不会减少损失。

当要寻找一个合适的学习率时，标准的超参搜索技术并不是最佳选择。对于学习率，最好是要执行线性搜索并可视化不同学习率下的损失。这样能够了解损失函数是如何运行的。

在进行线性搜索时，最好以指数方式增加学习率。相对于更大的学习率，你可能更关心较小的学习率的区间。

在下面的例子中，我们执行 20 次评估，并且在每次评估中将学习率翻倍。我们通过执行以下代码来运行它：

```
init_lr = 1e-6                                                      #1
losses = []
lrs = []
for i in range(20):                                                 #2
    model = Sequential()
    model.add(Dense(512, input_shape=(784,)))
    model.add(Activation('relu'))
    model.add(Dropout(0.2))
    model.add(Dense(512))
    model.add(Activation('relu'))
    model.add(Dropout(0.2))
    model.add(Dense(10))
    model.add(Activation('softmax'))
    
    opt = Adam(lr=init_lr*2**i)                                     #3
    model.compile(loss='categorical_crossentropy',
                  optimizer=opt,
                  metrics=['acc'])
    
    
    hist = model.fit(X_train, Y_train, batch_size = 128,epochs=1)   #4
    
    loss = hist.history['loss'][0]                                  #5
    losses.append(loss)
    lrs.append(init_lr*2**i)
```

现在,让我们详细地看一下前面的代码。

1. 指定一个较小但合理的初始学习率,从这个学习率开始搜索。

2. 以不同的学习率执行 20 次训练,每次都需要从头开始建立模型。

3. 计算新的学习率。在本例中,我们在每个评估步骤中将学习率提高了一倍。如果你想要更细粒度的调节,也可以使用较小的增量。

4. 用新的学习率对模型进行拟合。

5. 最后记录损失情况。

如果数据集非常大,可以对数据集的子集进行训练来执行这个学习率搜索过程。关于学习率的可视化代码如下所示:

```
fig, ax = plt.subplots(figsize = (10,7))
plt.plot(lrs,losses)
ax.set_xscale('log')
```

运行此代码的输出结果如图 8.2 所示。

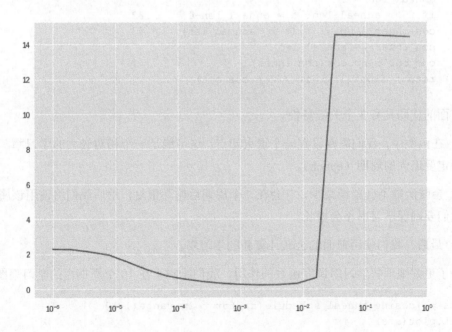

图 8.2　学习率的搜索

如你所见,最优损失是学习率在 10^{-3} 和 10^{-2} 之间取得的。我们还可以看到,该区域的损失面相对平坦。这使我们洞察到,我们应该使用大约 10^{-3} 的学习率。为避免超调,我们选择的学习率要比通过线性搜索找到的最优值低一些。

8.2.3 学习率调度

为什么在达到一个特定的学习率时停止呢?首先,你的模型可能离最优解很远。也正因此,你希望尽可能快地更新学习率。但是,随着你逐渐接近最小损失,你希望更新得更慢以避免超调。一种普遍的做法是对学习速率进行退火,把它表示成一个余弦函数。为此,我们需要找到一个学习率调度函数。该函数在给定的时间步 t 内返回学习率。学习率就成了 t 的函数:

$$a(t) = \frac{a_0}{2}\left(\cos\left(\frac{\pi \bmod(t-1,l)}{l}\right)\right)$$

其中,l 是周期长度,a_0 是初始学习率。我们修改这个函数是为了确保 t 不会大于周期长度:

```
def cosine_anneal_schedule(t):
    lr_init = 1e-2                                    #1
    anneal_len = 5
    if t >= anneal_len: t = anneal_len-1              #2
    cos_inner = np.pi * (t % (anneal_len))            #3
    cos_inner /= anneal_len
    cos_out = np.cos(cos_inner) + 1
    return float(lr_init / 2 * cos_out)
```

前面的代码具有 3 个关键特性。

1.在函数中,我们需要设置一个退火起点。这可能是一个相对较大的学习率,我们还需要指定要退火的周期(epoch)。

2.余弦函数不会单调减少,它会在一个周期后循环重复,稍后我们将使用该属性。现在,我们要确保学习率不会增长。

3.最后,我们使用前面的公式计算新的学习率。

为了更好地理解学习率调度函数的作用,我们绘制了在 10 个周期内的学习率图表:

```
srs = [cosine_anneal_schedule(t) for t in range(10)]
plt.plot(srs)
```

代码的输出结果如图 8.3 所示。

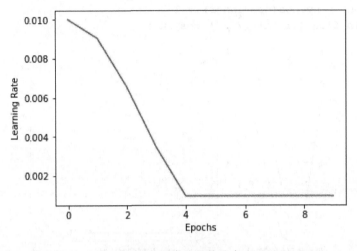

图 8.3 用余弦函数退火

我们使用这个函数和 Keras 的 LearningRateScheduler 回调函数来调度学习率：

```
from keras.callbacks import LearningRateScheduler
cb = LearningRateScheduler(cosine_anneal_schedule)
```

现在，我们得到了一个回调函数。Keras 将在每轮结束时调用该回调函数，以计算新的学习率。我们将这个回调函数传递给 fit 函数。现在，我们的模型可以使用下降的学习速率进行训练：

```
model.fit(x_train,y_train,batch_size=128,epochs=5,callbacks=[cb])
```

学习率退火方法的另一个版本是添加重新启动，在退火周期结束时将学习率提高，这个方法也用于避免过拟合。在学习率较小的情况下，模型可能会找到非常狭窄的最小值。如果我们要将模型用在与训练数据集略有不同的数据集上，则损失面可能会有所变化。对于新的损失面，我们的模型可能超出了非常狭窄的范围。如果我们将学习率重新设置，模型将摆脱狭窄的最小值范围。但是，更广的最小值范围会使模型稳定地处于其中，如图 8.4 所示。

由于余弦函数本身会增加，因此我们只需要把阻止它增加的限制条件删除：

```
def cosine_anneal_schedule(t):
    lr_init = 1e-2
    anneal_len = 10
    cos_inner = np.pi * (t % (anneal_len))
    cos_inner /= anneal_len
```

```
cos_out = np.cos(cos_inner) + 1
return float(lr_init / 2 * cos_out)
```

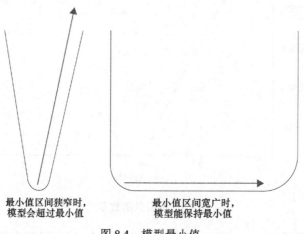

图 8.4　模型最小值

新的学习率调度如图 8.5 所示。

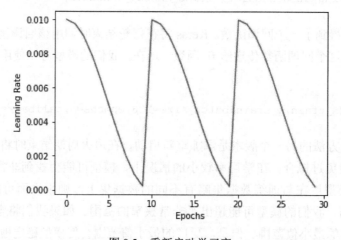

图 8.5　重新启动学习率

8.2.4　TensorBoard 监控训练

在调试模型的工作中，在花费大量时间训练模型之前就知道何时出现问题，这是很重要的。TensorBoard 是 TensorFlow 的扩展工具，它可以让你轻松地在浏览器中监视模型。

TensorBoard 提供了一些对调试有用的选项，以提供一个让你能查看模型训练进度的接口。例如,你可以观察在训练期间模型权重和梯度的分布。

> **提示:**
> TensorBoard 不能在 Kaggle 上运行。要尝试 TensorBoard,
> 请在本地计算机上安装 Keras 和 TensorFlow。

为了能在 Keras 中使用 TensorBoard,我们设置了一个新的回调函数。TensorBoard 有很多选项,接下来逐一介绍它们。

```
from keras.callbacks import TensorBoard
tb = TensorBoard(log_dir='./logs/test2',       #1
                 histogram_freq=1,              #2
                 batch_size=32,                 #3
                 write_graph=True,              #4
                 write_grads=True,
                 write_images=True,
                 embeddings_freq=0,             #5
                 embeddings_layer_names=None,
                 embeddings_metadata=None)
```

上述代码中有 5 个关键部分,我们需要认真理解这 5 个部分。

1. 首先,需要指定 Keras 数据保存的位置,随后 TensorBoard 将利用这个数据来可视化展示。通常,最好将不同的运行日志保存在一个 logs 文件夹中,并为每个运行分配子文件夹,例如 test2。这样,你就可以轻松地在 TensorBoard 中比较不同的运行,也可以将不同的运行分开。

2. 默认情况下,TensorBoard 只会向你显示模型的损失和准确率。在本例中,我们对显示权重和分布的直方图更感兴趣。我们会在每轮保存直方图的数据。

3. 为了生成数据,TensorBoard 通过模型运行批处理,需要为该过程指定一个批大小。

4. 我们需要告诉 TensorBoard 需要保存什么。TensorBoard 能可视化模型的计算图、梯度并显示权重的图像。但是,保存的数据越多,训练的速度就越慢。

5. TensorBoard 还可以很完美地可视化训练的嵌入。因为我们的模型没有嵌入,所以没有必要保存它们。

一旦设置好回调的参数,就可以将其传递给训练过程。我们将再次训练 MNIST 模型。这里将输入值乘以 255,这将使训练更加困难。为了完成所有任务,需要运行以下

代码:

```
hist = model.fit(x_train*255,y_train,
                 batch_size=128,
                 epochs=5,
                 callbacks=[tb],
                 validation_data=(x_test*255,y_test))
```

要启动 TensorBoard,请打开控制台并输入以下命令:

tensorboard --logdir=/full_path_to_your_logs

其中 full_path_to_your_logs 是保存日志的路径(例如本例中的 logs)。TensorBoard 默认运行在端口 6006 上,因此可以在浏览器中输入 http://localhost:6006 来查看 TensorBoard。

一旦页面加载完成,浏览 HISTOGRAMS 页面,结果如图 8.6 所示。

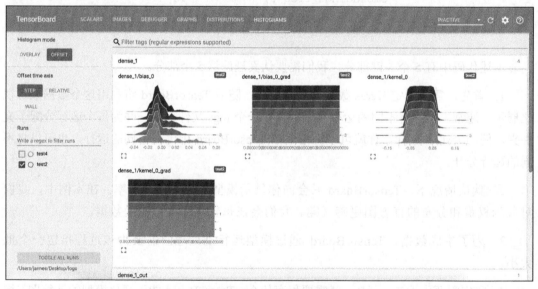

图 8.6　TensorBoard 直方图

你可以看到第一层中梯度和权重的分布。如你所见,梯度均匀分布并且非常接近于零,权重在不同时期几乎没有变化。我们可以解决梯度消失的问题,并在以后深入探讨这个问题。

有了对当前发生问题的实时查看和理解,我们就可以更快地做出反应。如果你真的想深入研究模型,TensorBoard 还提供了一个可视化的调试器。在这个调试器中,你可以逐步执行 TensorFlow 模型并检查其中的每个值。如果你要构建复杂的模型（例如生成对抗网络），并试图了解为何会出错，这将特别有用。

> **提示：**
> TensorFlow 调试器在 Jupyter Notebook 中训练的模型兼容性并不很好，建议将模型训练代码保存成 Python 的 .py 脚本文件并运行该脚本。

为了使用 TensorFlow 调试器，你必须把模型的运行时设置成指定的调试器运行时。在指定的调试器运行时中，你还需要指定调试器运行的端口，在本例中为 2018：

```
import tensorflow as tf
from tensorflow.python import debug as tf_debug
import keras

keras.backend.set_session(
    tf_debug.TensorBoardDebugWrapperSession(
    tf.Session(), "localhost:2018"))
```

一旦 Keras 启用调试器的运行时，你就可以调试模型了。为了使调试器正常工作，你需要将 Keras 模型命名为 model。然而，你不必使用 TensorBoard 回调函数来训练模型。

现在，启动 TensorBoard 并通过指定调试器端口来激活调试器，如下所示：

```
tensorboard --logdir=/full_path_to_your_logs --debugger_port 2018
```

你可以像往常一样在浏览器中打开 TensorBoard（运行在端口 6006 上）。TensorBoard 现在有一个名为 DEBUGGER 的新页面。

如图 8.7 所示，单击 STEP 按钮，你可以执行训练过程的下一步。单击 CONTINUE...按钮，可以训练模型一轮或多轮。通过左侧的导航树，可以查看模型的各组件，可以可视化模型中某些单独的元素，来查看不同的动作是如何影响它们的。要想有效地使用调试器需要经过反复实践，如果你构建的是复杂模型，那么 TensorBoard 会是一个很好的工具。

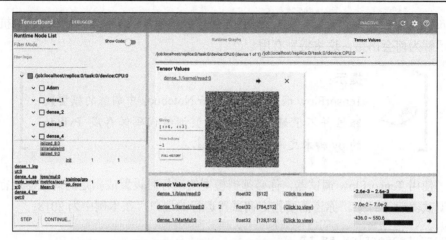

图 8.7 TensorBoard 调试器

8.2.5 梯度爆炸和消失

梯度消失的问题描述了在深层神经网络中梯度有时会变得非常小,造成的结果是训练变得非常缓慢。梯度爆炸则是相反的问题,此时梯度变得非常大,因此造成网络无法收敛。

在这两个问题中,梯度消失问题是更顽固的问题。梯度消失是由以下原因引起的:在深层网络中,前面层的梯度取决于更接近输出层的梯度。如果输出层的梯度很小,那么它们后面的梯度就会更小。因此,越深的网络中,梯度消失造成的相关问题就越多。

造成梯度小的主要原因是使用了 Sigmoid 和 tanh 激活函数。例如图 8.8 中所示的 Sigmoid 函数,在输入值非常大时表现得非常平坦。

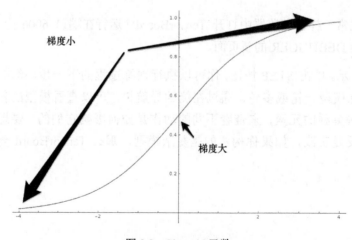

图 8.8 Sigmoid 函数

Sigmiod 函数小梯度的问题也成为让 ReLU 激活函数在训练深度神经网络中变得非常流行的主要原因。在 ReLU 激活函数中，对于所有正输入值，其梯度值为 1。但是，对于所有负输入值，梯度值为 0。

梯度消失的另一个原因是损失函数中的鞍点。即使没有达到最小值，损失函数在某些区域也非常平坦，产生的梯度很小。

要解决梯度消失问题，你应该使用 ReLU 激活函数。如果发现模型训练得慢，提高学习率可以更快地脱离鞍点。最后，如果模型遇到小梯度值，你也可以让模型训练的时间更长。

梯度爆炸问题通常是由较大的绝对权重值引起的。当反向传播将后面各层的梯度乘以各层的权重时，较大的权重会放大梯度。要解决梯度爆炸问题，可以使用权重正则化，以激励较小的权重。使用一种被称为梯度裁剪的方法可以确保梯度不会超过某个阈值。在 Keras 中，你可以对梯度的范数（norm）和绝对值进行剪裁[①]：

```
from keras.optimizers import SGD

clip_val_sgd = SGD(lr=0.01, clipvalue=0.5)
clip_norm_sgd = SGD(lr=0.01, clipnorm=1.)
```

卷积层和长短期记忆网络很少同时受到梯度消失和爆炸的影响。一般来说，ReLU 和批归一化可以稳定网络，这两个问题可能都是由于不规范的输入引起的，因此你也需要检查数据。批归一化也可以抵御梯度爆炸问题。

如果产生梯度爆炸，你可以在模型中添加批归一化层。批归一化还降低了梯度消失的风险，使构建更深层网络成为可能。

```
from keras.layers import BatchNormalization
model.add(BatchNormalization())
```

现在，你已经看到了可用于调试模型的各种工具。最后，我们将学习一些在生产中运行模型并加快机器学习过程的方法。

8.3 部署

将模型部署到生产环境中通常被视为与模型分开的过程。许多数据科学家会使用专门

[①] 译者注：在代码中，clipvalue 表示通过剪裁使梯度的绝对值不超过 clipvalue 所设定的值；clipnorm 是使梯度的范数超过 clipnorm 所设定的值。

收集来的训练、验证、测试数据，在孤立的开发环境中创建模型。

一旦模型在测试集中表现良好，它将被交付给部署工程师。他们对模型的工作方式和原理等知之甚少，这就成为一个问题。毕竟，开发模型是为了使用它们，而不是为了娱乐。

模型随着时间的流逝会变得更糟也是有多种原因的。世界在变化，训练所用的数据可能不再代表真实世界。你的模型可能依赖于其他可能发生改变的系统的输出。随着模型使用时间的延长，你的模型可能会有意想不到的副作用和弱点显现出来。你的模型也可能会影响它所尝试建模的世界。模型衰减（model decay）描述了模型的生命周期，超过这个生命周期，模型性能将会恶化。数据科学家应牢记其模型的整个生命周期，他们需要长期对模型在生产环境的工作方式有深刻认识。

实际上，生产环境是优化模型的理想环境。你的数据集仅是真实世界的近似，实时的数据提供了更即时、更准确的视图。使用在线学习或主动学习方法可以大大减少对训练数据的需求。

本节介绍使模型在现实世界中工作的一些最佳实践，模型的细节可能因应用而异。有关选择部署方法的更多详细信息，请参见第 8.4 节。

8.3.1 快速上线

模型的开发过程取决于真实数据和对模型性能如何影响业务输出的理解，应当尽早收集到数据并观察模型行为如何影响结果。当以简单的启发式方法来上线产品时，不必有所顾虑。

以欺诈检测为例，你不仅需要收集交易数据以及有关欺诈发生的信息，还要知道欺诈者如何快速找到绕过检测系统的方法。你也想知道客户的交易被错误标记为欺诈后客户会如何反应。所有这些信息都会影响你的模型设计和模型评估指标。如果你可以提出一个简单的启发式方法，请部署启发式方法，然后再使用机器学习方法。

在开发机器学习模型时，要首先尝试简单模型，可以使用简单的线性模型对大量任务进行建模。这样不仅可以更快地获得结果，还可以快速识别可能使模型产生过拟合的特征。在处理复杂模型之前调试数据集可以省去很多麻烦。

快速部署简单模型的第二个优点是你可以准备基础架构，基础架构团队可能由不同于建模团队的人员组成。如果基础架构团队不需要等待建模团队，就可以立即开始优化基础架构，那么你也将获得时间上的优势。

8.3.2 理解和监控指标

为了确保优化诸如均方误差或交叉熵损失等指标能带来更好的结果,你需要注意模型的指标与高阶指标的关系。你可以在图 8.9 中看到这些关系。想象一下,你用一些面向消费者的应用程序,向散户投资者推荐不同的投资产品。

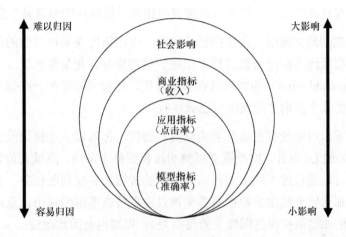

图 8.9 高阶效应

你可能根据用户是否阅读产品说明来预测用户是否对特定产品感兴趣。但是,需要在应用中优化的指标不是模型的准确性,而是用户进入描述页面的点击率。从更高的维度来看,你的业务并非旨在最大程度地提高点击率,而是最大化收入。如果你的用户仅点击带来低收入的产品,那么高点击率也无济于事。

最后,你的业务收入可能会被优化至损害社会的程度。在这种情况下,管理者将介入。高阶效应会受到模型的影响,效应的阶数越高,则归因于单个模型的难度就越大。高阶效应具有很大的影响,因此,高阶效应实际上是低阶效应的高效的元指标。要判断应用的运行状况如何,可以将其指标(例如点击率)向相关的更高阶效果指标(例如收入)进行对齐。同样,你的模型指标也需要与应用指标保持对齐。

这种对齐通常是一种新兴的特征。产品经理渴望最大化自己的度量标准,选择了最大化其度量标准的模型,而不考虑建模人员优化的指标。产品经理可以因此获得很多利润并且得到晋升,对社会有益的企业将获得补贴和优惠政策。通过显性对齐的方式,你可以设计更好的监控过程。例如,如果你有两个模型,则可以对其进行 A/B 测试来查看哪个模型可以改善应用指标。

通常,你会发现要与更高阶的指标保持一致,需要结合多个指标,例如预测的准确性和速度。在这种情况下,你应该设计一个公式,将多个指标合并为一个数字。单一的数字将使你在两个模型之间进行确信的选择,也可以帮助工程师创建更好的模型。

例如,你可以设置最大延迟为 200 毫秒,则指标可以设置为"如果延迟小于 200 毫秒,则准确,否则放弃该部分数据"。如果你不想设置一个最大延迟数值,则可以选择"准确率除以以毫秒为单位的延迟"。该公式的准确率设计取决于你的应用,随着对模型如何影响其高阶指标度量的观察逐渐深入,你可以调整模型指标,指标应简单且易于量化。

接下来,要定期测试模型对高阶指标的影响,你应该定期测试模型的指标,例如准确性。为此,你需要源源不断地为数据打上正确分类的标签。在某些情况(例如检测欺诈)时,准确分类(ground truth)的数据很容易被收集,尽管可能存在一些延迟。在这种情况下,客户可能需要几个星期才能发现自己被多收费。

在其他情况下,可能没有正确分类的标签。通常,你可以手动标记没有正确分类标签的数据。通过良好的 UI 设计,检查模型预测的过程变得非常快。测试人员只需确定模型的预测是否正确,可以通过按下网上或移动应用中的按钮来完成判断任务。如果你有一个良好的审核系统,那么研究模型的数据科学家可以定期检查模型的输出。这样,可以快速检测出故障模式(例如模型在深色图像上效果很差),模型也会因此改进。

8.3.3 了解数据的来源

很多时候,数据是会被其他一些系统所收集的,而像你这样的模型开发人员都无法控制这些系统。数据可能由数据供应商或公司的其他部门收集,甚至可能出于与你的模型不同的目的而收集它,数据的收集者甚至可能不知道你正在将这些数据用于模型中。

如果数据的收集方法发生了变化,那么数据分布可能也会发生变化,这可能会破坏模型。同样,现实世界可能会发生变化,数据分布也会随之变化。为避免数据的变化破坏你的模型,你首先需要了解所使用的数据,并为每个特征分配一个负责人。特征负责人的职责是调查数据来自何处,并在数据发生变化时提醒团队。特征负责人还应写下对数据潜在的假设。最好的情况就是你将针对所有新数据流测试这些假设。如果数据未通过测试,请调查并最终修改模型。

同样,你的模型输出可能会被用作其他模型的输入,清晰地将自己标识为模型的负责人,可以帮助数据的消费者找到你。

向模型的用户发送有关模型改变的警报。在部署模型之前,比较新旧模型的预测结果。将模型视为软件,并尝试识别那些能大大改变模型行为的"重大变化"。通常,你可能不知道谁在访问和使用模型的预测结果,需要进行清晰的沟通并在必要时设置访问控制来避免这种情况。

就像软件需要安装所依赖的库才能运行一样，机器学习模型也具有数据依赖。数据依赖性不如软件依赖性好理解，研究模型的依赖性可以减少数据更改时模型受到损坏。

8.4 性能建议

在许多金融应用中，运行速度至关重要。机器学习，特别是深度学习，往往以缓慢而著称。然而，近来由于硬件和软件方面取得了许多进步，因此可以实现更快的机器学习应用。

8.4.1 使用合适的硬件

GPU 的使用推动了深度学习的大幅进步。GPU 以运行频率为代价，实现了高度并行的计算。最近，多家制造商已经开始研究专用深度学习硬件。大多数时候，GPU 是深度学习模型或其他并行化算法（例如 XGboost 梯度提升树）的理想选择。但是，并非所有应用程序都能受益。

例如，在自然语言处理中，通常需要较小的批尺寸，因此并行化操作效果不佳，因为它不会同时处理很多样本。此外，某些单词的出现频率比其他单词高得多，这为缓存常用单词带来了很大的好处。因此，许多 NLP 任务在 CPU 上的运行速度要高于 GPU。但是，如果你要处理较大的批运算，使用 GPU 乃至专用硬件的效果将会更好。

8.4.2 使用分布式训练和 TF 估计器

Keras 不仅是使用 TensorFlow 的独立库，还是 TensorFlow 的集成部分。TensorFlow 具有多个高级 API 可用于创建和训练模型。

从版本 1.8 开始，估计器的 API 包括可在多台计算机上分布式训练，而 Keras API 尚未提供这些功能。估计器还提供了许多其他提速技巧，因此它们通常要快于 Keras 模型。

提示：
你可以在 Tensorflow 官网中找到有关使用分布式 TensorFlow 创建 Cluster 的信息。

通过更改 import 语句，你可以轻松地将 Keras 用作 TensorFlow 的一部分，而不必更改

主代码:

```
import tensorflow as tf
from tensorflow.python import keras

from tensorflow.python.keras.models import Sequential from tensorflow.python.keras.layers import Dense,Activation
```

在本节中,我们将创建一个模型来学习 MNIST 问题,然后再使用估计器 API 对其进行训练。首先,我们照常加载和准备数据集:

```
(x_train, y_train), (x_test, y_test) = keras.datasets.mnist.load_data()
x_train.shape = (60000, 28 * 28)
x_train = x_train / 255
y_train = keras.utils.to_categorical(y_train)
```

像往常那样创建 Keras 模型:

```
model = Sequential()
model.add(Dense(786, input_dim = 28*28))
model.add(Activation('relu'))
model.add(Dense(256))
model.add(Activation('relu'))
model.add(Dense(160))
model.add(Activation('relu'))
model.add(Dense(10))
model.add(Activation('softmax'))

model.compile(optimizer=keras.optimizers.SGD(lr=0.0001,
              momentum=0.9),
              loss='categorical_crossentropy',
              metric='accuracy')
```

Keras 库的 TensorFlow 版本提供了转换成 TF 估计器的单行命令:

```
estimator = keras.estimator.model_to_estimator(keras_model=model)
```

为了设置训练,我们需要知道分配给模型输入的名称。可以使用以下代码快速检查:

```
model.input_names
['dense_1_input']
```

估计器的训练要使用输入函数。输入函数允许我们指定可以高效执行的整个管道。在这种情况下，只需要输入能生成训练集的函数：

```
train_input_fn = tf.estimator.inputs.numpy_input_fn(
    x={'dense_1_input': x_train},
    y=y_train,
    num_epochs=1,
    shuffle=False)
```

最后，在输入上训练估计器。现在，可以使用分布式 TensorFlow 估计器来训练：

`estimator.train(input_fn=train_input_fn, steps=2000)`

8.4.3　使用 CuDNNLSTM 优化层

你经常会发现有人创建了一个特殊层，经过优化可在特定硬件上执行特定任务。例如，Keras 的 CuDNNLSTM 层仅运行在 GPU 上来支持 CUDA（一种专门用于 GPU 的编程语言）。

当你将模型锁定在专用硬件上时，通常可以显著提高性能。如果你有足够的资源，那么甚至可以用 CUDA 来编写自己的专用层。如果后期要更改硬件，通常可以导出权重并将其导入不同的层中。

8.4.4　优化管道

有了合适的硬件和优化的软件，你的模型通常就不再是瓶颈。在终端输入以下命令可以检查 GPU 利用率：

nvidia-smi -l 2

如果 GPU 使用率不是 80%～100%，则可以通过优化管道来提高利用率。你可以采取以下几个步骤来优化管道。

- 创建可以并行运行的管道与模型：如果不这样做，GPU 在加载数据时将处于空闲状态。Keras 在默认情况下会这样做。如果你有生成器，并且想要更大的数据队列来为预处理准备数据，则可以更改 fit_generator 函数的 max_queue_size 参数。如果将 fit_generator 方法的 worker 参数设置为零，则生成器将在主线程上运行，这会降低速度。
- 并行预处理数据：即使你有一个独立工作于模型训练的生成器，也可能无法跟模型保持同步。因此，最好并行运行多个生成器。在 Keras 中，你可以将 use_multiprocessing 设置为 true，并将 workers 的数量设置为大于 1 的任何值（最好设置成可用 CPU 的数量），来实现并行多个生成器的目标。接下来，让我们看一个例子：

```
model.fit_generator(generator,
                    steps_per_epoch = 40,
                    workers=4,
                    use_multiprocessing=False)
```

你需要确保生成器是线程安全的，可以使用以下代码段来使生成器线程保持安全：

```
import threading

class thread_safe_iter:                          #1
    def __init__(self, it):
        self.it = it
        self.lock = threading.Lock()

    def __iter__(self):
        return self

    def next(self):                              #2
        with self.lock:
            return self.it.next()

def thread_safe_generator(f):                    #3
    def g(*a, **kw):
        return thread_safe_iter(f(*a, **kw))
    return g

@thread_safe_generator
def gen():
```

让我们看看前面代码的 3 个关键组件。

1. thread_safe_iter 类在迭代器生成下个元素时通过锁定线程来实现迭代器的线程安全。

2. 当迭代器调用 next 函数时，迭代器的线程被上锁。上锁意味着在锁定状态下，其他函数（例如另一个变量）不可以访问这个线程的变量。一旦线程被锁定，它将生成下一个元素。

3. thread_safe_generator 是一个 Python 装饰器，它将所装饰的迭代器都转换成线程安全的迭代器。它接受输入的函数，将其传递给线程安全的迭代器，然后返回该函数的线程安全版本。

你还可以使用 tf.data API 和估计器,它们将为你完成大部分工作。

- 将文件合并成大文件:读取文件需要时间。如果你需要读取数千个小文件,这可能会大大降低程序速度。TensorFlow 提供了自己的数据格式 TFRecord。你可以将整个批处理融合到单个 NumPy 数组中,然后保存该数组而不是每个实例。
- 使用 tf.data.Dataset API 进行训练:如果你使用 TensorFlow 版本的 Keras 库,则可以使用 Dataset API。Dataset API 可以优化数据加载和处理的过程,建议使用 Dataset API 将数据加载到 TensorFlow 中,Dataset API 提供了多种加载数据的方式。例如,使用 tf.data.TextLineDataset 函数从 CSV 文件加载数据或者使用 tf.data.TFRecordDataset 从 TFRecord 加载数据。

> **提示:**
> 如果你想了解 Dataset API 的全面介绍,请访问 Tensorflow 官网。

在本例中,我们将使用 Dataset API 和已加载到 RAM 中的 NumPy 数组(例如 MNIST 数据库)。

首先,我们为数据和目标创建两个普通的数据集:

```
dxtrain = tf.data.Dataset.from_tensor_slices(x_test)
dytrain = tf.data.Dataset.from_tensor_slices(y_train)
```

map 函数允许我们在将数据传递给模型之前对数据做处理。在本例中,我们对目标应用 one-hot 编码(实际上任何函数均可)。通过设置 num_parallel_calls 参数,我们可以指定要并行运行的进程数:

```
def apply_one_hot(z):
    return tf.one_hot(z,10)

dytrain = dytrain.map(apply_one_hot,num_parallel_calls=4)
```

我们将数据和目标压缩到一个数据集中,让 TensorFlow 在加载时对数据进行混洗,在内存中存储 200 个实例,并从中抽样。最后,我们使数据集产生批大小为 32 的多批数据:

```
train_data = tf.data.Dataset.zip((dxtrain,dytrain)).shuffle(200).batch(32)
```

现在,可以在此数据集上拟合 Keras 模型,就像将其拟合到生成器一样:

```
model.fit(dataset, epochs=10, steps_per_epoch=60000 // 32)
```

如果你拥有相当大的数据集,则并行化越多,效果越好。但是,并行化确实会带来开销成本,但并非每个问题实际上都具有庞大的数据集。在这种情况下,应避免尝试太多并行化工作,而应集中精力精简网络,使用 CPU 并尽可能将所有数据保留在 RAM 中。

8.4.5 使用 Cython 加速代码

Python 是一款流行的编程语言,开发起来简单又快速。但是,Python 执行起来很慢,这就是许多生产应用程序都用 C 或 C++编写的原因。Cython 是具有 C 数据类型的 Python,它可以大大加快执行速度。使用这种语言,你可以编写几乎所有的普通 Python 代码,然后 Cython 将其转换为快速运行的 C 代码。

> **提示:**
> 本节是关于 Cython 的简短介绍。如果性能对你的应用程序很重要,则应考虑更深入地研究 Cython。

假设你用一个 Python 函数来打印斐波那契数列直到某个指定点,以下代码段直接取自 Python 文档:

```
from __future__ import print_function
def fib(n):
    a, b = 0, 1
    while b < n:
        print(b, end=' ')
        a, b = b, a + b
    print()
```

请注意,你需要导入 print_function 函数以确保 print 以 Python 3 的风格工作。要使用 Cython 运行这个代码段,请将其另存为 cython_fib_8_7.pyx。

现在创建名为 8_7_cython_setup.py 的新文件:

```
from distutils.core import setup                          #1
from Cython.Build import cythonize                        #2

setup(                                                    #3
    ext_modules=cythonize("cython_fib_8_7.pyx"),
)
```

该代码的 3 个主要功能如下。

1. setup 函数是用于创建模块的 Python 函数，创建的模块与你用 pip 安装的模块很像。
2. cythonize 函数将 Python 的 pyx 文件转换为 Cython 的 C 文件。
3. 我们通过调用 setup 和传递经过 cythonize 过程后的代码来创建一个新模型。

要运行上述代码，我们在终端中运行以下命令：

```
python 8_7_cython_setup.py build_ext--inplace
```

这将创建一个 C 文件、一个 build 文件和一个编译后的模块，通过运行以下命令来导入该模块：

```
import cython_fib_8_7
cython_fib_8_7.fib(1000)
```

这将打印出最大为 1000 的斐波那契数字。Cython 还自带了一个便捷的调试器，该调试器显示了 Cython 依赖 Python 代码的位置，这将减慢运行速度。在终端中输入以下命令：

```
cython -a cython_fib_8_7.pyx
```

通过上述命令创建一个 HTML 文件。当在浏览器中打开时，这个 HTML 文件如图 8.10 所示。

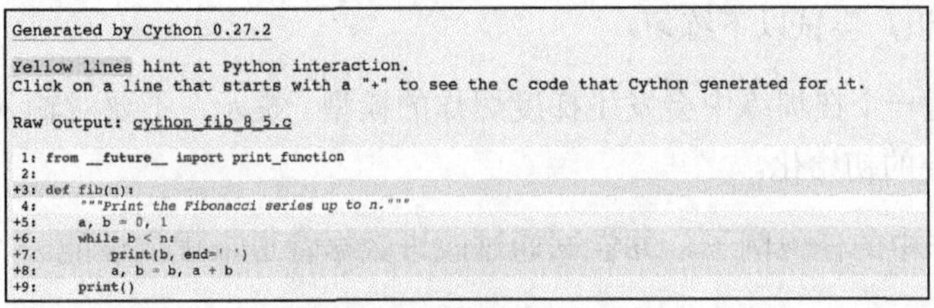

图 8.10　Cython 配置文件

如你所见，由于我们没有指定变量类型，因此 Cython 需要一直依赖 Python。通过让 Cython 知道变量具有什么数据类型，可以大大加快代码执行速度。如果要定义某种类型的变量，我们可以使用 cdef：

```
from __future__ import print_function
def fib(int n):
    cdef int a = 0
    cdef int b = 1
```

```
while b < n:
    print(b, end=' ')
    a, b = b, a + b
print()
```

这个代码片段已经写好了。当然，我们也可以进一步优化：在打印之前先计算数字，这样可以减少对 Python 中 print 语句的依赖。总体而言，Cython 是保持 Python 的开发速度和易用性并提高执行速度的好方法。

8.4.6 缓存频繁的请求

使模型运行更快的一种方法是将频繁的请求缓存在数据库中。你甚至可以在数据库中缓存数百万个预测，然后查找它们。这样的好处是可以让你的模型达到所需的大小，并将大量计算能力用于预测。

使用 MapReduce 数据库，完全有可能在非常大的潜在请求和预测池中查找请求。当然，这需要请求是离散的。如果具有连续特征，则在精度不那么重要的情况下可以对其进行取舍。

8.5 练习

现在，我们已经到了本章的结尾。是时候将我们学到的知识付诸实践了，请利用你在本章中所学的知识，尝试以下练习。

- 尝试构建一个在训练中会发生梯度爆炸的模型。提示：不要对输入进行归一化，不要进行层的初始化。
- 选择本书中的任何例子，并尝试通过改进数据管道来优化性能。

8.6 本章小结

在本章中，你学习了许多调试和改进模型的实用技巧。让我们来回顾一下已经学过的所有内容。

- 查找数据中那些可能导致学习模型缺陷的错误。
- 使用创造性的技巧使模型从更少的数据中学习更多。

- 在生产或训练中进行数据单元测试以确保符合标准。
- 注意用户隐私。
- 准备训练数据并避免常见的陷阱。
- 检查模型并查看"黑匣子"。
- 寻找最佳超参。
- 调度学习率以减少过拟合。
- 使用 TensorBoard 监测训练过程。
- 部署机器学习产品并对其进行迭代。
- 加快训练和推理速度。

现在你的工具箱中拥有大量工具,这些工具将帮助你运行实际的、实用的机器学习项目,并将其部署到实际(例如交易)应用中。

在部署模型之前,请确保模型能够正常工作,如果未能有效审查模型,可能会导致你、你的雇主或客户损失数百万美元。也正是这些原因导致一些公司根本不愿意将机器学习模型部署到交易中,他们担心自己永远无法理解模型进而无法在生产环境中管理模型。希望本章展示的一些可以使模型易于理解、可泛化和安全部署的实用工具可以减轻这种恐惧和担心。

在第9章中,我们将研究一个与机器学习模型相关的、特殊的、持久的和危险的问题——偏见。统计模型倾向于拟合和扩大人类的偏见,金融机构必须遵守严格的规定,以防止歧视或偏见的出现。我们的重点是检测和消除模型中的偏见,使模型既公平又合规。

第 9 章
挑战偏见

我们习惯认为机器比人类更理性，毕竟无情的芯片逻辑缜密。因此，当计算机科学将自动化决策引入经济中时，许多人希望计算机能减少偏见和歧视。然而，正如我们之前在研究抵押贷款申请时所提到的，计算机是由人类制造的，而机器学习所使用的数据来源于一个不公正的世界。简单地说，如果我们不够细心，应用程序将加剧人类的偏见。

在金融业，反歧视不仅仅是一个道德问题。例如，美国于 1974 年开始实施《信贷机会均等法案》(Equal Credit Opportunity Act，ECOA)，该法案明确禁止债权人根据种族、性别、婚姻状况和其他一些特征来区别对待申请人，它还要求债权人告知申请人被拒的理由。

本书讨论的算法是一种判别机器。只要给定目标，这些机器就会找到最适合判别决策的特征。然而，正如我们所讨论的，这种判别并不总是合适的。

尽管某个国家或地区允许把图书广告投放给该国家或地区的人们，但是向该国家或地区的人们提供贷款却不可以。在 ECOA 的限制下，拒绝给某个国家或地区的人贷款甚至是合法的。在金融领域，对歧视的规定比在图书销售中要严格得多。这是因为金融领域的决策对人们生活的影响要比图书销售严重得多。

在本书的场景下，是针对特定特征区分的。例如，虽然可以根据还贷历史来区分贷款申请人，但根据其原户籍来区分却是不可行的，除非预先已有针对该地区的限制或类似的重要法律。

在本章中，我们将讨论以下内容。

- 机器学习中的偏见来自哪里。
- 从法律视角解读有偏见的机器学习模型。
- 如何减少明显的不公平。

- 如何检查模型是否存在偏见和不公平。
- 因果建模如何减少偏见。
- 不公平是一个复杂的系统错误,如何以非技术方式来解决这个系统错误。

本书所讨论的算法是特征提取算法。即使忽略了被管控的特征,算法也可能从代理特征中推断出它们,然后根据它们进行区分。例如,在美国的许多城市,邮政编码可以用来预测种族。因此,在战胜偏见方面,仅忽略受监管的特征是不够的。

9.1 机器学习中不公平的来源

正如我们在本书中多次讨论过的那样,模型是用于处理训练数据的函数。一般来说,数据越多,错误越少。一般来说,少数群体的数据较少,仅仅是因为这些群体中的人数较少。

不同的样本量可能导致模型对于少数群体的性能下降,因此,这种误差通常被称为系统误差。模型可能对多数群体的数据产生过度拟合,以使其找到的关系不适用于少数群体数据。由于少数群体的数据很少,所以这种做法不会受到太多惩罚。

假设你正在训练一个信用评分模型,而你的大部分数据来自居住在曼哈顿城区的人群,而一小部分数据来自居住在农村地区的人群。曼哈顿的房子要贵得多,所以这个模型可能会学习到,你需要非常高的收入才能购买一套公寓。然而,相比之下,农村住房要便宜得多。即便如此,由于该模型主要根据来自曼哈顿的数据进行训练,因此它可能会拒绝农村申请者的贷款申请,因为农村申请者的收入往往低于曼哈顿的同龄人。

除了样本数量的问题,我们的数据本身也可能存在偏见。例如,不存在"原始数据"。数据并不是自然出现的,而是由人类使用人造测量协议来测量的,而人造测量协议本身可能以许多不同的方式存在偏见。

偏见可能包括采样偏见(例如曼哈顿购房的例子)和测量偏见。所谓测量偏见,是指你在采样时可能无法测量想要测量的东西,甚至可能歧视某个群体。

另一种可能的偏见是已经存在的社会偏见,这在单词向量中是可以看到的。例如,在 Word2Vec 中,将隐空间中的父亲映射到医生,将母亲映射到护士。又如,从男士映射到计算机程序员的向量也会将女士映射到家庭主妇。这是因为性别歧视已被编码在我们这种性别歧视社会的书面语言中。直到今天,一般来说,医生通常是男性,护士通常是女性。同样地,科技公司的多样性统计数据显示,男性程序员远多于女性,而这些偏见很可能被编码到模型中。

9.2 法律视角

反歧视法有两种学说——差别对待和差别影响,让我们花点时间来看看这两个观点。

差别对待:这是一种非法歧视。为了区分不同种族而故意歧视邮政编码是不合法的。区分处理问题与算法关系不大,而与运行该算法的组织关系很大。

差别影响:如果部署的算法对不同的群体有不同的影响,即使没有组织知道这些影响,依然会造成问题。让我们来看一个可能会产生差别影响的贷款场景。首先,原告必须证明存在差别影响。评估是否存在差别影响,通常采用五分之四规则,即如果一个群体的选择率低于该群体人数的 80%,那么它就被视为不利影响的证据。如果某贷款群体中有 150 名来自 A 群体的贷款申请人,其中 100 人的申请(占 67%)被接受,而来自 B 群体有 50 个申请人,其中有 25 个申请人被接受(占 50%),选择的差异是 0.5/0.67 = 0.746,这可作为歧视 B 群体的证据。被告需要证明批贷决策程序是正当的以反驳这一证据。

在这之后,原告有机会表明该决策程序的目标也可以通过其他程序来实现,而这个可实现的程序具有较小的差别影响。

提示:
有关这个主题的更深入概述,请参阅 Moritz Hardt 在 2017 年 NeurIPS 会议上的演讲。

"差别对待"学说试图实现程序公平和机会平等,"差别影响"学说的目标是分配公平和最小化结果不平等。

这两种学说彼此存在对立,这个已经被 2009 年 Ricci V. DeStefano 的案件所证明。在此案中,有 19 名白种人消防员和 1 名西班牙裔消防员起诉了他们的雇主 New Haven 消防局。这些消防员都通过了晋升考试,但他们的黑种人同事却没有得到晋升所需的分数,由于担心会引发差别影响的诉讼,该市宣布测试结果无效,也没有提拔消防员。由于差别影响的证据不够充分,美国最高法院最终裁定,消防员应该得到提拔。

考虑到在机器学习中公平性的复杂法律和技术情况,在应用这种理念创建更公平的模型之前,我们将深入研究如何定义和量化公平性(fairness)。

9.3 量化公平

平等常常被视为一个纯粹的定性问题，因此常常被具有定量思维的建模者所忽视。正如本节所示，平等也可以从定量的角度来看待。考虑一个分类器 c，输入 X，一些敏感输入 A，目标 Y 和输出 C。通常，我们将分类器输出表示为 $\hat{Y}$。但出于可读性考虑，我们遵循 CS294 规则将其命名为 C。

假设我们的分类器用来决定谁将获得贷款。我们什么时候会认为这个分类器是公平且没有偏见的？为了回答这个问题，我们绘制出两组人口（A 组和 B 组）的统计特征，A 组和 B 组均为贷款申请人。给定一个信用评分，分类器必须找到一个临界点（cutoff point）。让我们通过图 9.1 来看看申请人的分布。

提示：
本例所涉及的数据为人工合成数据，你可以在本书对应的 GitHub Repository 中找到用于计算的 Excel 文件。

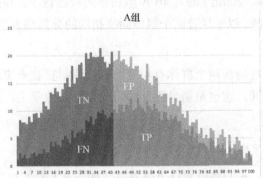
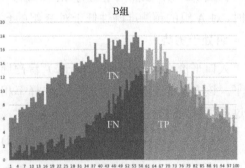

图 9.1 最大利润

对于这个练习，我们假设一个成功的申请者产生 300 美元的利润，而一个违约的成功申请者则花费 700 美元的成本。临界点的选择是为了最大化利润的。

那么，我们可以看以下几点。

- TN 区域的申请者是那些不能偿还贷款也没有被批贷的申请人：真阴性（TN）。
- FN 区域的申请者是可以偿还贷款但未被批贷的申请人：假阴性（FN）。
- FP 区域的申请者是获得了贷款但没有偿还的申请人：假阳性（FP）。

- TP 区域的申请者是获得了贷款也偿还贷款的申请人：真阳性（TP）。

正如你所看到的，关于临界点的选择有几个问题。B 组的申请人需要比 A 组的申请人有更好的分数来获得贷款，这存在差别待遇的问题。同时，只有大约 51% 的 A 组申请人获得了贷款，但只有 37% 的 B 组申请人获得了贷款，呈现了差别影响。

我们可以在图 9.2 中看到，群体无差别的阈值将会给所有组同样的最小分数。

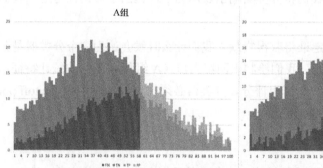
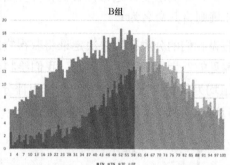

图 9.2　同样临界点

在图 9.2 中，虽然两个组有相同的临界率（cutoff rate），但 A 组获得的贷款较少。与此同时，对 A 组的预测准确性低于对 B 组的预测。似乎尽管两个群体面临相同的分数临界值，但 A 组处于劣势。

人口平价（demographic parity）旨在通过确保两个群体有相同的机会获得贷款来实现公平。该方法的目标是使两群体的选择率相同，这也是衡量差异影响的指标。数学上，这个过程可以表示为：

$$p(C=1 \mid A=1) = p(C=1 \mid A=0)$$

如果我们将此规则应用到前面的场景中，我们将得到以下临界点（如图 9.3 所示）。

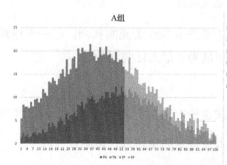
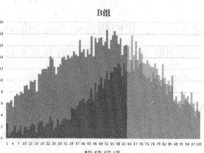

图 9.3　相同的选择概率

虽然这种方法不能归咎于统计歧视和差别影响,但却可以归咎于差别对待。在等选择率的图中,我们可以看到 A 组具有较低的阈值分数。与此同时,在获得贷款的 A 组申请人中,有更多的人拖欠贷款。事实上,A 组没有获得利润,并得到 B 组的补贴。通过接受更糟糕的经济收入来取悦某个群体也被称为基于品味的歧视(taste-based discrimination)。可以说,B 组有较高的阈值是不公平的,因为他们的 FP 率(假阳性比率)较低。

TP 平价(也被称为机会均等)是指两组人口统计数据有相同的 TP 率。对于那些能够偿还贷款的人来说,获得贷款的概率应该是相同的。数学上可以表示为:

$$p(C=1|Y=1, A=1) = p(C=1|Y=1, A=0)$$

如图 9.4 所示,从数据上来看,TP 平价策略类似于人口平价,前者所对应的群体的临界点更小。

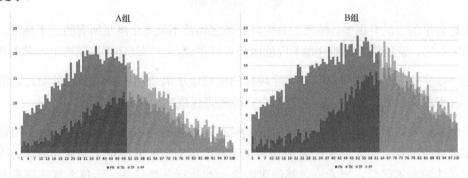

图 9.4 均等机会

TP 平价可以解决许多人口平价中的问题,因为大多数人认为应该给每个人同样的机会。尽管如此,分类器对于 A 组的准确率较低,也就是存在差别对待。

准确性平价是指不同群体的预测准确性应该一致。从数学上看,可以表示为:

$$p(C=Y|A=1) = p(C=Y|A=0)$$

对于敏感变量 A 的两个可能值,分类器是正确的概率应该是相同的。当我们将这个标准应用到数据时,得到图 9.5 所示的输出。

从图 9.5 可以看出,不利的一面显而易见。为了满足准确性约束,B 组成员更容易获得贷款。

因此,要解决上述问题必须进行权衡。除非分类器是完美的,否则任何分类器都不可能具有精度奇偶校验、TP 奇偶校验和 FP 奇偶校验。对于"输出 C = 目标 Y",或者两类人口结构具有相同的基础比率,有以下公式:

$$p(Y=1|A=1) = p(Y=1|A=0)$$

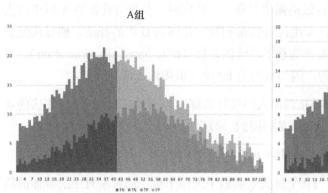
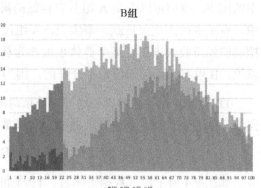

图 9.5 均等准确率

表达公平的方式有很多。然而，关键问题是它们都不能完全满足所有的公平标准。对于基准利率不同、偿还贷款可能性也不同的两组人群来说，建立统计平分需要引入差别待遇。

这一事实引发了一些争论，和消除歧视的最佳做法尚未达成共识。话虽如此，但即使找到了公平的完美数学表达式，它也不会立即被搭建成完全公平的系统。

任何机器学习算法都是系统的一部分。输入 X 通常不像在同一系统中使用不同输入的算法那样被明确定义，人口统计 A 组通常也没有明确的定义或推论。甚至分类器的输出 C 也常常无法清晰地区分，因为许多算法可能会一起执行分类任务，而每个算法都在预测不同的输出，比如信用评分或盈利能力评估。

好的技术不能代替好的策略。盲目地遵循一种算法，而不提供为个人考虑或允许其上诉的机会，总会导致不公平。虽然数学中的公平标准不能解决我们面临的所有公平问题，但要努力让机器学习算法变得更加公平，这就是第 9.4 节要讨论的内容。

9.4 训练公平

有多种方法可以将模型训练得更公平。一种简单的方法就是使用在第 9.3 节所列出的不同公平性测量作为额外的损失。然而，在实践中，这种方法已被证明有几个问题，比如在实际分类任务中性能不佳。

另一种方法是使用对抗网络。早在 2016 年，Louppe、Kagan 和 Cranmer 发表了论文 "Learning to Pivot with Adversarial Networks"，该论文介绍了如何使用对抗网络来训练分类器进而忽略烦琐的参数（如敏感特征）。

在这个例子中,我们将训练一个分类器来预测成年人的年收入是否超过 50000 美元。这里的挑战是让分类器不受种族和性别的影响,只关注我们可以区分的特征,包括他们的职业和他们从资产中获得的收益。

为此,我们必须训练一个分类器和一个对抗网络。对抗网络的目的是对分类器预测结果中的敏感属性 a(如性别和种族)进行分类,如图 9.6 所示。

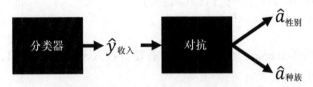

图 9.6 检测成年人收入的无偏分类器

分类器的目的是根据收入进行分类,但同时也是为了欺骗对抗网络。分类器的最小化目标公式如下:

$$\min[L_y - \lambda L_A]$$

该公式中,L_y 是分类任务的二值交叉熵损失,L_A 是对抗损失。λ 是超参,可以用来扩大或减少对抗损失的影响。

> 提示:
> 对抗公平方法的实现遵循 Stijn Tonk 和 Henk Griffioen 的策略,你可以在 Kaggle 找到相关代码。Stijn 和 Henk 的原始论文可以在 GoDataDriven 中找到。

为了公平地训练该模型,我们不仅需要数据 X 和目标 y,还需要敏感属性 A 的数据。在这个例子中,我们将使用 UCI Repository 公布的 1994 年美国人口普查数据,可以访问 UCI 相关页面获取数据。

为了更容易地加载数据,数据已转换为带有列标题的 CSV 文件。作为补充说明,请浏览数据的在线版本,因为本书很难展示所有数据。

首先,我们加载数据。数据集包含来自许多不同种族的数据。但是为了简单起见,我们只关注"白种人"和"黑种人"两个种族属性。为此,我们需要运行以下代码:

```
path = '../input/adult.csv'
input_data = pd.read_csv(path, na_values="?")
input_data = input_data[input_data['race'].isin(['White',
'Black'])]
```

接下来在敏感数据集 A 中选择敏感属性。在本例中，我们重点关注种族和性别。我们对数据进行 one-hot 编码，这样男性等价于性别属性为 1，白种人等价于种族属性为 1。可以通过运行以下代码来实现这一点：

```
sensitive_attribs = ['race', 'gender']
A = input_data[sensitive_attribs]
A = pd.get_dummies(A,drop_first=True)
A.columns = sensitive_attribs
```

我们的目标是获得 income 属性。因此，需要将收入>50K 编码为 1，其他都编码为 0。通过编写以下代码来实现：

```
y = (input_data['income'] == '>50K').astype(int)
```

为了获得训练数据，首先删除敏感属性和目标属性。然后填充所有缺失值，并对所有数据进行 one-hot 编码。如以下代码所示：

```
X = input_data.drop(labels=['income', 'race', 'gender'],axis=1)
X = X.fillna('Unknown')
X = pd.get_dummies(X, drop_first=True)
```

最后，我们将数据分为训练集和测试集。如以下代码所示，将数据分层以确保测试集和训练集中高收入者的数量相同：

```
X_train, X_test, y_train, y_test, A_train, A_test = \
train_test_split(X, y, A, test_size=0.5,
                 stratify=y, random_state=7)
```

为了确保数据与神经网络自己完美配合，可以使用 scikit-learn 的 StandardScaler 来缩放数据：

```
scaler = StandardScaler().fit(X_train)

X_train = pd.DataFrame(scaler.transform(X_train),
                       columns=X_train.columns,
                       index=X_train.index)

X_test = pd.DataFrame(scaler.transform(X_test),
                      columns=X_test.columns,
                      index=X_test.index)
```

我们需要衡量模型公平性的指标，这里使用差别影响选择规则。用 p_rule 方法计算两个组别中收入超过 50000 美元的人数比例，然后输出处于不利人口组中的选择率与处于有利人口组中的选择率的比值。

p_rule 方法的目标是返回最小为 80%的值，以符合种族和性别的五分之四规则。以下代码显示了这个函数是如何用于监测而不用作损失函数的：

```
def p_rule(y_pred, a_values, threshold=0.5):
    y_a_1 = y_pred[a_values == 1] > threshold if threshold else
y_pred[a_values == 1]                                             #1
    y_a_0 = y_pred[a_values == 0] > threshold if threshold else
y_pred[a_values == 0]
    odds = y_a_1.mean() / y_a_0.mean()                            #2
    return np.min([odds, 1/odds]) * 100
```

让我们详细研究一下这些代码。从前面的代码段可以看到，它具有两个主要部分。

1. 首先，选择给谁提供选定的阈值。这里，我们将模型认为有 50%以上概率能赚取高于 50000 美元的人归为高收入者。

2. 其次，计算两个人口组的选择率。将一组的比率除以另一组的比率，返回 odds 或 1/odds 二者之中的最小值，确保返回的值小于 1。

为了使模型更容易构建，需要定义输入特征的数量和敏感特征的数量。只需通过运行以下两行代码即可完成：

```
n_features=X_train.shape[1]
n_sensitive=A_train.shape[1]
```

现在，我们创建分类器。注意，分类器是一个标准分类神经网络。它具有 3 个隐层、一些 dropout 层以及有 Sigmoid 激活函数的输出层，选择 Sigmoid 激活函数因为这是一个二值分类任务，该分类器是用 Keras 函数式 API 编写的。

为了确保你能了解 API 的工作原理，请阅读以下代码示例并确认自己能够理解为什么采用这些步骤：

```
clf_inputs = Input(shape=(n_features,))
x = Dense(32, activation='relu')(clf_inputs)
x = Dropout(0.2)(x)
x = Dense(32, activation='relu')(x)
x = Dropout(0.2)(x)
```

```
x = Dense(32, activation='relu')(x)
x = Dropout(0.2)(x)
outputs = Dense(1, activation='sigmoid', name='y')(x)
clf_net = Model(inputs=[clf_inputs], outputs=[outputs])
```

对抗网络是具有两个"头"的分类器:一个能根据模型输出预测申请人的种族,另一个能预测申请人的性别:

```
adv_inputs = Input(shape=(1,))
x = Dense(32, activation='relu')(adv_inputs)
x = Dense(32, activation='relu')(x)
x = Dense(32, activation='relu')(x)
out_race = Dense(1, activation='sigmoid')(x)
out_gender = Dense(1, activation='sigmoid')(x)
adv_net = Model(inputs=[adv_inputs],
outputs=[out_race,out_gender])
```

与生成对抗网络一样,需要使网络在可训练和不可训练之间多次重复。为了更容易操作,以下代码将创建一个使网络及其所有层可训练或不可训练的函数。

```
def make_trainable_fn(net):            #1
    def make_trainable(flag):          #2
        net.trainable = flag           #3
        for layer in net.layers:
            layer.trainable = flag
    return make_trainable              #4
```

在前面的代码中,我们应该花点时间探索 4 个关键部分。

1. 该函数输入 Keras 神经网络,我们将为该网络创建训练开关函数。

2. 在函数内部,创建第二个函数,第二个函数接受布尔标签(True 或 False)。

3. 当调用函数时,第二个函数将网络的可训练性设置为标签对应的值。如果设置为 False,则网络不可训练。由于网络所有层也可以在其他网络中使用,因此我们要确保每个单独层是不可训练的。

4. 最后,返回该函数。

首先使用一个函数创建另一个函数似乎有些费解,但这能使我们轻松地为神经网络创建"开关"。以下代码段展示了如何为分类器和对抗网络创建开关函数:

```
trainable_clf_net = make_trainable_fn(clf_net)
trainable_adv_net = make_trainable_fn(adv_net)
```

为了使分类器可训练，我们向开关函数输入设置 True 标签：

```
trainable_clf_net(True)
```

现在我们可以编译分类器了。将分类器网络看成一个独立变量，该变量与我们做预测时所需的编译过的分类器是不同的：

```
clf = clf_net
clf.compile(loss='binary_crossentropy', optimizer='adam')
```

请记住，要训练分类器，我们需要通过对手（adversary）来进行预测，获得对手的损失，并将对手损失的负值应用于分类器。最好将分类器和对手打包到一个网络中来完成。

为此，我们必须先创建一个新模型，将分类器输入映射到分类器和对手的输出。将对手的输出（adv_out）定义为对抗网络和分类器网络的嵌套函数。这样，分类器的预测结果就立即传递给对手：

```
adv_out = adv_net(clf_net(clf_inputs))
```

然后，将分类器的输出定义为分类器网络的输出：

```
clf_out = clf_net(clf_inputs)
```

我们定义组合模型，实现从分类器输入（即申请人的数据）到分类器输出和对手输出的映射：

```
clf_w_adv = Model(inputs=[clf_inputs],
                  outputs=[clf_out]+adv_out)
```

在训练组合模型时，由于我们要单独训练对手，因此只需要更新分类器的权重。可以使用开关函数设定成分类器网络可训练，而对抗网络不可训练：

```
trainable_clf_net(True)
trainable_adv_net(False)
```

再来看前面最小化目标中的超参 λ，我们需要为两个敏感属性手动设置该参数。事实证明，如果将种族的 λ 设置为高于性别的 λ，则网络训练得最好。

设置了 λ 值，我们可以获得加权损失：

```
loss_weights = [1.]+[-lambda_param for lambda_param in lambdas]
```

前面的表达式生成损失权重为[1., –130, –30]。这意味着分类误差的权重为 1，对手的种族预测误差的权重为–130，而对手的性别预测误差的权重为–30。由于对手预测的损失具有负权重，因此梯度下降将会优化分类器的参数，进而增加这些损失。

最后，编译组合网络：

```
clf_w_adv.compile(loss='binary_crossentropy'),
                  loss_weights=loss_weights,
                  optimizer='adam')
```

有了分类器和分类器-对抗组合模型后，唯一缺失的就是编译过的对抗模型。为此，我们将先定义对抗模型，从分类器输入映射到嵌套的对抗分类模型的输出：

```
adv = Model(inputs=[clf_inputs],
outputs=adv_net(clf_net(clf_inputs)))
```

然后，在训练对抗模型时，我们希望优化对抗网络的权值，而不是分类器网络的权值，因此我们使用开关函数设定对抗网络可训练，分类器网络不可训练：

```
trainable_clf_net(False)
trainable_adv_net(True)
```

最后，编译对抗模型，就像使用常规 Keras 模型那样：

```
adv.compile(loss='binary_crossentropy', optimizer='adam')
```

完成了所有内容后，我们现在就可以对分类器进行预训练了。这意味着我们在没有特别考虑任何公平性的情况下训练分类器：

```
trainable_clf_net(True)
clf.fit(X_train.values, y_train.values, epochs=10)
```

在训练了模型之后，我们可以对验证集进行预测，以评估模型的公平性和准确性：

```
y_pred = clf.predict(X_test)
```

现在，我们将针对性别和种族计算模型的准确性和 p_rule。在所有计算中，我们将使用 0.5 作为临界点：

```
acc = accuracy_score(y_test,(y_pred>0.5))* 100
print('Clf acc: {:.2f}'.format(acc))

for sens in A_test.columns:
    pr = p_rule(y_pred,A_test[sens])
    print('{}: {:.2f}%'.format(sens,pr))
```

out:
Clf acc: 85.44
race: 41.71%
gender: 29.41%

如你所见,分类器在预测收入方面达到了 85.44% 的准确率。但是,这是非常不公平的。与男性相比,女性赚取超过 50000 美元机会只有 29.4%。

同样,该分类器在种族方面有很强的歧视。例如,如果使用此分类器来判断贷款申请,我们将面临不公平。

> **提示:**
> 性别和种族都没有在分类器的特征集中,但是分类器在这两个特征上产生了歧视。如果特征可以被推断,那么删除那些敏感的列是不足以解决问题的。

为了摆脱这一困境,我们在训练两个网络之前预训练对抗网络,进而实现公平的预测。我们再一次使用开关函数设定分类器网络不可训练、对抗网络可训练:

```
trainable_clf_net(False)
trainable_adv_net(True)
```

由于数据在种族和性别上的分布可能是有偏的,因此我们使用加权类对此进行调整:

```
class_weight_adv = compute_class_weights(A_train)
```

通过分类器的预测来训练对手,使其从训练数据中预测种族和性别:

```
adv.fit(X_train.values,
        np.hsplit(A_train.values, A_train.shape[1]),
        class_weight=class_weight_adv, epochs=10)
```

NumPy 的 hsplit 函数将 2D 的 A_train 矩阵拆分为两个向量,然后用于训练两个模型的

"头"（model heads）。

在对分类器和对手进行预训练之后，用训练分类器来欺骗对手，以便更好地认识分类器的辨别能力。在开始之前，需要进行一些设置。我们训练 250 轮，批大小为 128，具有两个敏感属性：

```
n_iter=250
batch_size=128
n_sensitive = A_train.shape[1]
```

分类器和对抗模型组成的组合网络也需要一些类权重。收入预测的权重（小于或大于 50000 美元）都为 1。对于组合模型的对抗头，我们使用前面计算的对抗类权重：

```
class_weight_clf_w_adv = [{0:1., 1:1.}]+class_weight_adv
```

为了跟踪指标，我们为验证指标、准确性、曲线下面积、公平性指标设置一个 DataFrame。公平性指标是种族和性别的 p_rule 值：

```
val_metrics = pd.DataFrame()
fairness_metrics = pd.DataFrame()
```

在主训练循环中，执行 3 个步骤：训练对抗网络，为了公平而训练分类器，输出验证指标。为了更好地说明问题，这 3 个部分都分别呈现如下。

在代码中，你将发现它们都在同一循环中，其中 idx 是当前迭代：

```
for idx in range(n_iter):
```

第一步是训练对抗网络。为此，设定分类器网络不可训练，设置对抗网络可训练，然后像以前一样训练对抗网络。我们需要运行以下代码：

```
trainable_clf_net(False)
trainable_adv_net(True)
adv.fit(X_train.values,
        np.hsplit(A_train.values, A_train.shape[1]),
        batch_size=batch_size,
        class_weight=class_weight_adv,
        epochs=1, verbose=0)
```

训练分类器，使其成为一个好的分类器，同时又要欺骗对手并做到公平，需要 3 个步骤。首先，设定对手不可训练而分类器网络可训练：

```
trainable_clf_net(True)
trainable_adv_net(False)
```

然后，我们进行采样：

```
indices = np.random.permutation(len(X_train))[:batch_size]
X_batch = X_train.values[indices]
y_batch = y_train.values[indices]
A_batch = A_train.values[indices]
```

最后，我们训练对抗模型和分类器组合网络。对抗网络设置为不可训练，所以仅分类器网络将被训练。但是，对抗网络对种族和性别的预测所产生的损失会在整个网络中反向传播，这样分类器就会学习欺骗对抗网络：

```
clf_w_adv.train_on_batch(X_batch,
                         [y_batch]+\
                         np.hsplit(A_batch, n_sensitive),
                         class_weight=class_weight_clf_w_adv)
```

最后，我们先通过对测试集进行预测来跟踪进度：

```
y_pred = pd.Series(clf.predict(X_test).ravel(),
index=y_test.index)
```

然后，计算曲线下的面积"ROC AUC"和预测的准确性，并将其保存在 val_metrics DataFrame 中：

```
roc_auc = roc_auc_score(y_test, y_pred)
acc = accuracy_score(y_test, (y_pred>0.5))*100

val_metrics.loc[idx, 'ROC AUC'] = roc_auc
val_metrics.loc[idx, 'Accuracy'] = acc
```

接下来，我们计算种族和性别的 p_rule 并将这些值保存在公平性指标中：

```
for sensitive_attr :n A_test.columns:
    fairness_metrics.loc[idx, sensitive_attr] =\
    p_rule(y_pred,A_test[sensitive_attr])
```

如果我们同时绘制公平性和验证指标，将得出图 9.7 所示的结果。

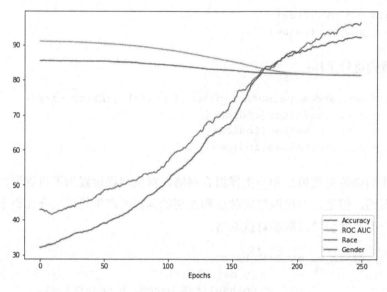

图 9.7 Pivot 训练过程

如你所见，分类器的公平积分随着训练的进行而稳步增加。在大约 150 个周期后，分类器满足五分之四规则。同时，p 值远超过 90%。公平性的提高只带来了精度和曲线下面积的小幅下降。以这种方式训练的分类器显然更具公平性，并同时可以保持相似性能，因此这种分类器比不符合公平性准则而训练的分类器更受欢迎。

公平机器学习的 pivot 方法有许多优点，但是，它不能完全排除不公平。例如，如果分类器在一个群组中以人们尚未想到的方式产生了歧视，该怎么办？如果模型是区分对待而不是区分影响怎么办？为了确保模型没有偏见，我们需要更多的技术和社会工具，即可解释性、因果关系和多样的开发团队。

在第 9.5 节中，我们将讨论如何训练机器学习模型来学习因果关系，而不仅仅是统计关联。

9.5 因果学习

本书的很多内容是关于统计学的。给定数据 X 和目标 Y，我们旨在估计 $p(y|x)$，即在给定某些数据点下估计目标值的分布。统计学让我们可以创建大量出色的模型，并得到高校的应用，但不允许我们宣称 "$X=x$ 导致 $Y=y$"。

如果我们要操作 X，则此类断言很关键。例如，如果我们想知道是否向某人提供保险会导致他们肆无忌惮，那么"有保险的人比没有保险的人行事更鲁莽"这个统计上的结论并不令人满意。例如，这种结果可能存在自我选择的偏见（self-selection bias），也就是大量本身就鲁莽的人本来就买过保险，而那些被标记为不鲁莽的人却没有购买保险。

著名的计算机科学家 Judea Pearl 发明了因果模型的符号，称为 do-演算。我们感兴趣的是 $p(y|do(p))$，即当我们操作 P 为 p 后，某人鲁莽行事的概率。用因果表示法，X 通常代表观察到的特征，而 P 代表我们可以操纵的策略特征。这种表示法可能有些令人迷惑，因为 p 既表示概率又表示策略。但是，区分观察到的特征和受影响的特征很重要。因此，如果看到 $do(p)$，则 p 是受影响的特征；如果看到 $p(...)$，则 p 是概率函数。

因此，公式 $p(y|x)$ 表示统计关系，即持有保险的人整体来看更鲁莽，这是监督模型学习的内容。$p(y|do(p),x)$ 表示因果关系，即获得保险的人因为拥有保险而变得鲁莽。

因果模型是公平学习的有效工具。如果仅以因果的方式构建模型，那么我们将避免统计模型中发生的大多数统计歧视。女性的收入在统计上是否低于男性？是的。女性是否因为自己是女性而收入较低？或者说女性是否由于某种原因而无法获得高薪？并不是。相反，收入差异是由其他因素引起的，例如男性和女性从事的工种不同。

这并不意味着我们要把统计模型丢弃。在很多情况下，统计学模型非常有用。因为在这些情况下，因果关系不是很重要，并且我们不打算设置 X 的值。例如，如果我们正在构建自然语言模型，则我们对"某个单词的出现是否导致句子是关于某个主题的"并不感兴趣，但往往知道主题和单词是相关的就足以对文本的内容做出预测。

9.5.1 获得因果模型

获得信息 $do(p)$ 的黄金途径就是在随机对照试验中实际去操作策略 P。例如，许多网站通过向不同的客户展示不同的广告来衡量广告的影响，这个过程称为 A/B 测试。同样，交易员可能选择不同的市场路线来确定哪个最好。但是，A/B 测试并不总是可行的，有时甚至是不道德的。例如，在我们关注的金融场景中，银行不可能以"抱歉，你是属于对照组的"为由来拒绝贷款。

但是，通常无须进行 A/B 测试就可以进行因果推理。使用 do-演算，我们可以推断出策略对结果的影响。以我们想知道"配置保险是否会导致人们肆无忌惮"为例，可以理解为申请人的道德风险。给定特征 X 和策略 P，我们要预测结果分布 $p(y|do(p),x)$。

在这种情况下，考虑到申请人的信息（例如他们的年龄或危险行为历史），假设在我们操纵了授予保险的策略 p 情况下，希望预测申请人鲁莽行为的概率 $p(y)$。观察到的特征往往不再影响策略和响应。例如，一个有着高风险偏好的申请人可能得不到保险，但依然可能表现得更鲁棒。

此外，我们还必须处理未观察到的混淆变量 e，这些变量常常影响策略和响应。例如，一篇标题为"Freestyle skiing is safe, and you should not get insurance"的著名媒体文章会同时减少参加保险的人数和盲目参与滑雪项目的人数。

9.5.2 工具变量

为了区分对策略和响应的影响，我们需要使用工具 Z。工具变量是只影响策略而不影响其他的变量。例如，再保险成本可能促使保险公司减少发放保险单。这种关系可以在下面的流程图中看到，图 9.8 体现了这种映射关系。

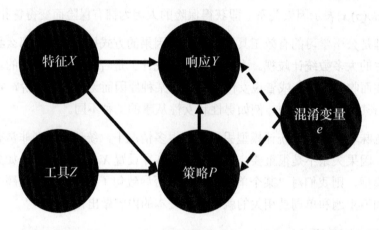

图 9.8　因果流程图

计量经济学领域已经拥有了一种处理这种情况的方法，称为工具变量两阶段最小二乘（Instrumental Variables two-Stage Least Squares，IV2SLS 或 2SLS）。简而言之，2SLS 首先拟合了工具 Z 和策略 P，建立了线性回归模型。在计量经济学中，该模型称为内生变量或处理变量。

然后，根据此线性回归算法，2SLS 可以估算"调整后的处理变量"，该变量是工具可以解释的处理变量。核心思想是这种调整消除了所有其他因素的影响。然后，第二个线性回归模型创建了一个从特征 X 和调整后的处理变量 $\hat{p}$ 到结果 y 的线性模型映射。在图 9.9 中，你可以看到 2SLS 的工作原理概述。

在我们的案例中，2SLS 可能是保险公司使用的方法，因为它是一种既定方法。这里只简要概述如何在 Python 中使用 2SLS，Python 中的 linear models 包给出了运行 2SLS 的简单方法。

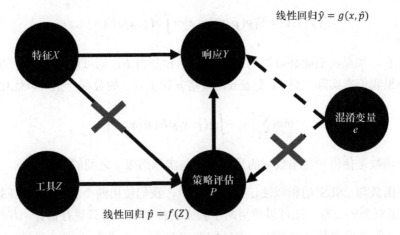

图 9.9 IV2SLS

你可以运行以下命令来安装这个包:

pip install linearmodels

如果你有数据 X、y、P 和 Z,则可以按以下方式运行 2SLS 回归。

```
from linearmodels.iv import IV2SLS
iv = IV2SLS(dependent=y,
            exog=X,
            endog=P],
            instruments=Z).fit(cov_type='unadjusted')
```

9.5.3 非线性因果模型

如果特征、处理和结果之间的关系是复杂且非线性的,将会怎么样呢?在这种情况下,我们需要执行类似于 2SLS 的过程,但要使用非线性模型(例如神经网络)来代替线性回归模型。

暂时忽略混淆变量 e。函数 g 确定了在给定保险策略 p 和一组申请人特征 x 的情况下的鲁莽行为为 y:

$$y = g(p, x)$$

函数 f 确定了在申请人特征 x 以及工具 z 的情况下的策略 p:

$$p = f(x, z)$$

基于上述这两个函数,如果混淆变量 e 的总体特征平均值为零,则以下等式成立:

$$\mathbb{E}[y|x,z] = \mathbb{E}[g(p,x)|x,z] = \int g(p,x)\mathrm{d}F(p|x,z)$$

这意味着，如果我们能够可靠地估计函数 g 和分布 F，则可以对策略 p 的影响做出因果推断。如果我们有实际结果 y、特征 x、策略 p 和工具 z 的数据，则可以优化以下公式：

$$\min_{g\in G}\sum_{t=1}^{n}\Big[y_t - \int g(p,x_t)\mathrm{d}F(p|x,z)\Big]^2$$

上面的函数是使用预测函数 g 的预测结果与实际结果 y 之间的平方误差。

注意该函数与 2SLS 的相似性。在 2SLS 中，我们使用两个独立的线性回归来估计 F 和 g。对于更复杂的函数，还可以使用两个独立的神经网络对其进行估计。早在 2017 年，Jason Hartfort 等人就在其论文 "Deep IV: A Flexible Approach for Counterfactual Prediction" 中提出了这种方法。你可以在图 9.10 中看到其概述。

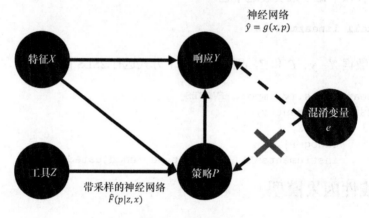

图 9.10 Deep IV

Deep IV 的思想是首先训练神经网络来表达分布 $F(z,x)$。F 描述了给定某些特征 x 和工具值 z 下的策略分布。第二个神经网络从估计的策略分布和特征来预测响应 y。Deep IV 的优势在于，它可以从诸如文本之类的复杂数据中学习复杂的非线性关系。

Deep IV 论文的作者还发布了一个定制的 Keras 模型，用于处理采样和学习分布信息，你可以在 GitHub 上找到这个模型。

尽管代码太长以至于无法在此处进行深入讨论，但可以思考一下在 Deep IV 和 IV2SLS 中我们因果关系断言的根源是什么。在保险案例中，我们假设无论是否拥有保险都会影响行为。我们从来没有对因果关系方向背后的事实进行展示或检验。

在案例中,假设保险影响行为是合理的,因为保险合同是在行为被观察之前签订的。然而,因果关系方向的判断并不总是那么简单直接。除了逻辑推理或实验之外,没有其他方法可以确定因果关系的方向。在没有实验的情况下,我们必须假设并从逻辑上进行推理,例如通过事件序列推理。我们做出的另一个重要假设是,该工具实际上是独立的。如果它不是独立的,我们对策略的估计将会失效。

考虑到这两个局限性,因果推理就是一个很好的工具,也是一个活跃的研究领域。我们希望在未来看到丰硕的成果。在最佳情况下,对区分敏感的模型将仅包含因果变量。实际上,这通常是不可能的。然而,头脑中时刻记住统计相关性(statistical correlation)的差别将帮助你避免统计偏见和错误的关联,而统计相关性的差别是通过标准统计模型和因果关系来表示的。

减少不公平现象的最后一个更加技术性的方法是在模型内部进行监测以确保其公平。在第 8 章中,我们已经学习了可解释性,主要是为了调试数据和发现过拟合。但现在,我们将再对其进行一次研究,这次是为了证明模型的预测的合理性。

9.6 解释模型来确保公平

在第 8 章中,我们讨论了调试方法的模型可解释性,用 LIME 找出了模型过拟合的特征。

在本节中,我们将使用一种稍微复杂的方法 SHAP(SHapley Additive exPlanation)。SHAP 将几种不同的解释方法组合成一种简洁的方法。通过该方法,我们可以为单个预测以及整个数据集生成解释,以便更好地理解模型。

你可以在 GitHub 上找到 SHAP,并使用 pip install shap 命令在本地安装。Kaggle 内核已预安装了 SHAP。

注意:
这里给出的示例代码来自 SHAP 示例,你可以在 Kaggle 上找到扩展的 Notebook 版本。

SHAP 结合了 7 种模型解释方法,分别是 LIME、Shapley 采样值、DeepLIFT,定量输入影响(Quantitative Input Influence,QII)、量化输入影响(Layer-wise Relevance Propagation,LRP)、Shapley 回归值,还具有两个模块的树解释器,其中一个是与模型无关的 KernelExplainer 模块,另一个是专门针对基于树方法(如 XGBoost)的 TreeExplainer 模块。

解释器如何及何时使用数学问题与使用 SHAP 并不十分相关。简而言之，给定一个函数 f（通过神经网络来表示）和数据点 x，SHAP 将 $f(x)$ 与 $f(z)$ 进行比较，其中 $E[f(z)]$ 是为大样本生成的"期望标准输出"。然后 SHAP 将创建类似于 LIME 的小模型，以查看哪些特征解释了 $f(x)$ 和 $E[f(z)]$ 之间的差异。

在我们的贷款例子中，这相当于拥有一个申请人 x 以及多个申请人 z 的分布，并试图解释为什么申请人 x 获得贷款的机会不同于其他申请人 z 的预期机会。

SHAP 不仅比较了 $f(x)$ 和 $p(y)$，还比较了 $f(x)$ 和 $E[f(z)|z_{1,2,...}=x_{1,2...}]$，这意味着它比较了保持不变的某些特性的重要性，这也让它能更好地估计函数之间的交互。

解释单个预测可能非常重要，尤其是在金融领域。你的客户可能会问你："你为什么拒绝给我贷款？"早些时候 ECOA 法案规定必须给客户一个合理的理由。如果没有很好的解释，可能会不好处理。在这个例子中，我们再次使用收入预测数据集，目的是解释为什么模型做出了一个单一决定，这个过程分三步进行。

首先，我们需要定义解释器并为其提供一个预测方法和值 z 来估计"正常结果"。这里我们对 Keras 的预测函数使用包装类（wrapper）f，这令使用 SHAP 更加容易。我们提供数据集中 100 行作为 z 的值：

```
explainer = shap.KernelExplainer(f, X.iloc[:100,:])
```

接下来，我们需要计算单一实例中表示不同特性的重要性的 SHAP 值。我们让 SHAP 从 z 中为每个样本创建 500 个排列，SHAP 总共得到 50000 个采样来比较一个特定例子：

```
shap_values = explainer .shap_values(X.iloc [350:], nsamples=500)
```

最后，我们可以使用 SHAP 的绘图工具来绘制这些特征的影响。这次，我们使用了来自 X_display 而不是 X.X_display 的一行数据。数据包含未缩放的值，并且仅用于对图进行解释使其更易于阅读：

```
shap.force_plot(explainer.expected_value shap_values)
```

我们可以在图 9.11 中看到代码的输出。

图 9.11 使用 SHAP 画图工具制作的特征影响

可见，该模型的预测大体上是合理的。该模型认为因为申请人拥有硕士学位，所以他们具有较高的概率能实现高收入，并且很可能是每周工作 65 小时的执行经理。如果不是因为资本损失，申请人可能会有更高的预期收入。同样，该模型似乎认为申请人已婚也是高收入的重要因素。事实上，在我们的例子中，婚姻这一因素似乎比长时间的工作或工作头衔更重要。

模型也存在一些问题，一旦我们计算和绘制另一个申请人的 SHAP 值，这些问题就变得清晰起来：

```
shap_values = explainer.shap_values(X.iloc[167,:], nsamples=500)
shap.force_plot(explainer.expected_value, shap_values)
```

上面代码的输出结果如图 9.12 所示，这也显示了我们遇到的一些问题。

图 9.12　SHAP 值显示了我们遇到的问题

在这个例子中，申请人也有良好的教育背景，并在技术行业每周工作 48 小时。但是该模型预测她拥有高收入的概率大大降低。因为她是一位从未结婚且没有其他家庭关系的亚太地区女性。根据 ECOA 法案，基于这些理由拒绝贷款将会引发一场诉讼。

我们刚才看到的两个独立的例子可能是模型的故障，它可能过拟合于某种奇怪的组合，而使婚姻因素显得过于重要。为了调查模型是否有偏见，我们应该研究许多不同的预测。幸运的是，SHAP 库有许多工具可以帮助我们实现这一点。

我们可以对多行数据使用 SHAP 值计算：

```
shap_values = explainer.shap_values(X.iloc[100:330,:],nsamples=500)
```

然后，可以为所有这些值绘制一个图：

```
shap.force_plot(explainer.expected_value, shap_values)
```

同样，这段代码生成了一个 SHAP 数据集图形，如图 9.13 所示。图 9.13 显示了数据集中的 230 行数据，数据根据每个特征对问题重要度的相似性进行分组。在实时版本中，如果你将鼠标指针在图上进行移动，将能够读取特征及其值。

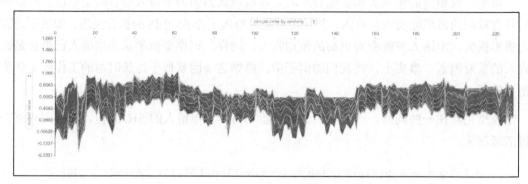

图 9.13　SHAP 数据集

研究此图可以让你了解到模型将哪些人分类为高收入者和低收入者。例如，在最左边，你会看到多数低学历的人都当清洁工。40 岁到 60 岁之间的高收入者大多是受过高等教育的人，他们工作时间很长。

为了进一步研究婚姻状况的影响，你可以更改 SHAP 在 y 轴上显示的内容。让我们来看看婚姻的影响。正如你在图 9.14 中所看到的，婚姻状况对不同群体的人有较大的影响，这种影响可能是积极或消极的。如果你在图表上移动鼠标指针，你会发现图中所有的积极影响都源于城市婚姻。

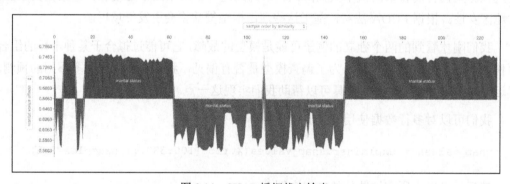

图 9.14　SHAP 婚姻状态输出

使用总结图，我们可以看到哪些特性对模型最重要：

```
shap.summary_plot(shap_values, X.iloc[100:330,:])
```

运行这段代码然后输出最终的总结图，如图 9.15 所示。

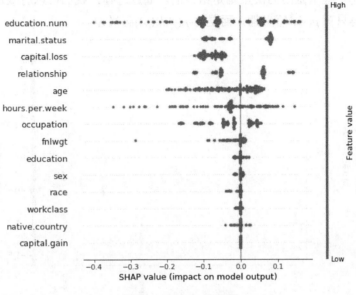

图 9.15 SHAP 总结图

正如你所看到的，教育是模型中最重要的影响因子，它的影响力也是最广泛的。低教育水平确实会降低预测分数，而高教育水平确实会提高预测分数。婚姻状况是第二重要的预测因子。然而，有趣的是，资本损失对模型很重要，而资本收益却不是。

为了更深入地研究婚姻的影响，我们还有一个工具可用——依赖关系图。它可以显示单个特征的 SHAP 值，以及 SHAP 怀疑有高度交互作用的特征的 SHAP 值。通过以下代码，我们可以检查婚姻对模型预测的影响：

```
shap.dependence_plot("marital-status",
                    shap_values,
                    X.iloc[100:330,:],
                    display_features=X_display.iloc[100:330,:])
```

运行这段代码，可以在图 9.16 中看到婚姻状况影响的可视化表示。

如你所见，Married-civ-spouse 是已婚且配偶不参军的人口普查编码（census code），它对模型的结果产生了正向影响。与此同时，其他形式的婚姻状态都有轻微的负面影响，尤其是未婚者。

统计学上讲，富人的婚姻持续时间更长，而年轻人更有可能未婚。我们的模型正确地将婚姻与高收入联系在一起，但不是因为婚姻而导致高收入。该模型在给出相互关联方面

是正确的,但基于模型做出的决策则是错误的。通过选择,我们可以有效地操纵那些所选特征。我们不再只对 $p(y|x)$ 感兴趣,而是对 $p(y|do(p))$ 感兴趣。

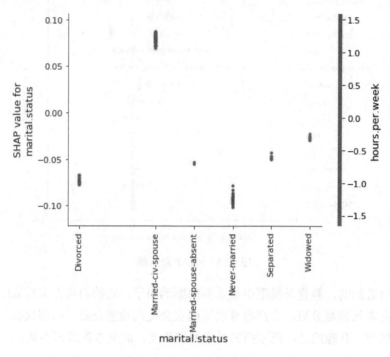

图 9.16　SHAP 婚姻的依赖性

9.7　不公平则是复杂系统的失败

在本章中,你已获得了使机器学习模型更公平的技术工具库。然而,模型并不是在真空中运行的,模型会被嵌入复杂的社会技术系统(socio-technical)中。人们负责开发和监控模型,获取数据并创建如何使用模型输出的规则,也有其他机器在生产数据或使用模型的输出。不同的人可能会尝试以不同的方式来使用系统。

不公平意味着更复杂。我们已经讨论了不公平的两类定义:差别对待和差别影响。任何特征(年龄、性别、种族、国籍、收入等)的组合都可能导致差别处理,而差别处理都是以复杂且非线性的方式发生的。本节讨论 Richard Cook 1998 年的论文"How complex systems fail",该论文讨论了复杂的机器学习驱动的系统是如何诱发不公平的,Cook 列出了一个 18 项的清单,其中一些在此列出。

9.7.1 复杂系统本质上是危险系统

系统通常是复杂的，因为它们存在危险因素。许多安全措施就是因此而建立的。金融系统是一个危险的系统，如果它偏离轨道，就会破坏经济或破坏人们的生活。因此，人们制定了许多规章制度，市场上的许多参与者也都在努力使系统更安全。

正是因为金融系统很复杂，所以确保其公平很重要。幸运的是，有许多保障措施可以保持系统的公平。当然，这些保障措施可能会发生故障，它们也的确会在许多小方面不断发生故障。

9.7.2 诸多故障引发灾难

在复杂的系统中，单点失效不会引发灾难，因为存在许多安全措施。故障通常由多个故障点引起。在金融危机中，往往是银行创造了风险产品，但监管机构没有阻止它们。

如果要使歧视普遍发生，不仅模型需要做出不公平的预测，员工也必须要盲目地遵循模型，并且必须杜绝批评。另外，仅修改模型并不能神奇地消除所有不公平现象。即使采用一个公平的模型，公司内外的流程和文化也可能导致歧视。

9.7.3 复杂系统以降级模式运行

在大多数事故报告中，都有一节列出了"原事故"（proto-accidents），原事故是过去本来要发生但实际没有发生的实例。例如，模型以前可能做出过不稳定的预测，但操作员介入了。

重要的是要知道，在复杂的系统中，导致灾难的故障总会发生。系统的复杂性使其易于出错，但是严格的防范措施可以防止灾难发生。然而，一旦这些保障措施失效，灾难就会降临。即使你的系统似乎运行平稳，也要检查原事故和异常的行为，以免为时已晚。

9.7.4 人工操作既能引发事故也能防止事故

一旦出了问题，人们往往会责备那些"一定已经知道"自己行为将"不可避免地"导致事故的操作员。然而，人们通常在最后一刻介入以防止事故的发生。与直觉相反，一个人和一个行为很少导致事故，而多数人的多数行为就容易导致事故。为了使模型公平，整个团队都必须努力保证它的公平。

9.7.5 无事故操作要求有故障经验

坦率地说，最大的一个问题通常是系统的设计者没有体验过系统对他们的歧视。因此，将不同人群的见解融入到开发过程是很重要的。由于系统会经常出现故障，因此你应该在更大的事故发生之前从这些小故障中吸取教训。

9.8 开发公平模型的检查清单

根据前面的内容，我们可以创建一个简短的检查清单，这个清单可以在创建公平模型时使用，每个问题都有几个子问题。

9.8.1 模型开发人员的目标是什么

- 公平是明确的目标吗？
- 模型评估指标是否能反映模型的公平性？
- 模型开发人员如何获得晋升和奖励？
- 该模型如何影响业务成果？
- 模型是否会歧视开发人员的人口统计特征？
- 开发团队的多样性如何？
- 出现问题时谁负责？

9.8.2 数据存在偏见吗

- 如何收集数据？
- 样本中是否存在统计上的错误陈述？
- 少数群体的样本量是否足够？
- 是否包括敏感变量？
- 是否可以从数据中推断出敏感变量？
- 特征之间是否存在只影响子集的交互行为？

9.8.3 错误是否有偏见

- 不同子集的错误率是多少？
- 简单的、基于规则的替代方法的错误率是多少？

- 模型中的错误如何导致不同的结果？

9.8.4 如何整合反馈

- 是否有申诉或报告程序？
- 错误可以归因于模型吗？
- 模型开发人员是否能洞悉模型预测会发生什么？
- 可以对模型进行审核吗？
- 模型是开源的吗？
- 人们是否知道使用哪些特征对其进行预测？

9.8.5 模型可解释吗

- 是否存在一个模型的解释（例如对单个结果的解释）？
- 相关人员可以理解该解释吗？
- 从解释获得的发现是否会给模型带来变化？

9.8.6 模型部署后会发生什么

- 是否有一个中央存储能跟踪所有已部署的模型？
- 是否连续检查输入假设？
- 是否持续监控准确性和公平性指标？

9.9 练习

在本章中，你已经学到了很多关于机器学习公平性的技术和非技术方面的内容。这些练习将帮助你更深入地思考该主题。

- 思考一下你所在的组织。如何将公平融入到你的组织？有哪些优点和改进空间？
- 回顾书中所开发的模型。它们公平吗？你将如何测试它们的公平性？
- 公平只是大型模型所涉及的许多复杂问题中的一个。你能想到工作领域中的哪个问题可以用本章讨论的工具来解决吗？

9.10 本章小结

在本章中,你已经从不同方面学习了机器学习的公平性。首先,我们讨论了公平的法律定义以及衡量这些定义的定量方法。然后,我们讨论了训练模型以满足公平性标准的技术方法,还讨论了因果模型。我们学习了 SHAP 这种强大的工具,它可以解释模型并发现模型中的不公平之处。最后,我们了解了公平是一个复杂系统的诸多问题之一,并明白如何应用复杂系统管理的经验教训来使模型变得公平。

遵循这里概述的所有步骤无法保证你的模型是公平的,但是这些工具极大地增加了创建公平模型的概率。请记住,金融模型运行在高风险环境中,它需要满足许多监管要求。如果你不能做到这些,可能会造成严重损失。

在第 10 章中,我们将研究贝叶斯推理和概率编程。

第 10 章
贝叶斯推理和概率编程

数学是一个庞大的领域。迄今为止，人们只绘制了数学这幅巨图中的一小块。我们有很多想要探索的数学领域，但这些领域在计算上却是困难的。

牛顿物理学以及许多量化金融都建立在优雅但非常简单的模型上，这其中的主要原因就是这些模型容易计算。几个世纪以来，数学家们已经在数学宇宙中绘制出了小路径，他们可以用笔和纸沿着这些小路走下去。然而，这一切都随着现代高性能计算的出现而发生了改变。现代高性能计算赋予我们更多能力，让我们能探索更广阔的数学领域，从而获得更精确的模型。

在本章中，你将学到以下内容：

- 贝叶斯公式的经验推导。
- 马尔可夫链蒙特卡罗算法的工作方式及原理。
- 如何使用 PyMC3 来进行贝叶斯推理和概率编程。
- 如何将多种方法应用于随机波动率模型中。

本书涵盖了深度学习及其在金融业中的应用等大部分内容。正如我们所见，深度学习因现代计算能力而变得切实可行，但它并不是受益于这种计算能力而得以提高的唯一技术。

贝叶斯推理和概率编程是另外两项新兴技术，它们的最新进展也受到计算能力增强的推动。与深度学习相比，这两个领域的发展受到的媒体报道要少得多，但它们对金融从业者可能更有用。

贝叶斯模型是可解释的，它可以天然地表达不确定性。它们不是"黑匣子"，而是让建模者的假设更加显性和明确的工具。

10.1 贝叶斯推理入门指南

在开始之前,我们需要导入 NumPy 和 Matplotlib 两个库。导入过程可以通过以下代码来完成:

```
import numpy as np
import matplotlib.pyplot as plt
% matplotlib inline
```

本章给出的例子与 Cameron Davidson Pilon 在 2015 年出版的 *Bayesian Methods for Hackers: Probabilistic Programming and Bayesian Inference* 一书中所给的例子类似。但是,我们的例子被重新编写以更加适配金融背景,书中的数学概念也可以从代码中更直观的体现。

假设你有一种证券,它要么值 1 美元,要么一文不值。收益取决于两步:(1)证券的收益随机,其概率为 50%。在收益随机的情况下,50%可能获得 1 美元收益,50%收益为 0;(2)证券拥有真正的收益,其概率也为 50%。在这种情况下,获得 1 美元收益的概率 x,称为真正收益概率(True Payoff Probability,TPP)。

这个收益方案如图 10.1 所示。

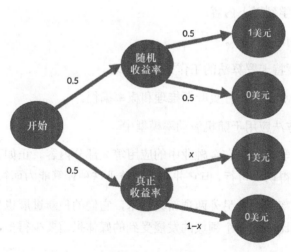

图 10.1 收益方案

你更感兴趣的是找出真正的收益率是多少,因为真正的收益率将会告诉你采取什么交易策略。在本例中,你购买 100 股证券,在这 100 股证券中,有 54 股让你赚了 1 美元。

10.1 贝叶斯推理入门指南

实际的 TPP 是多少呢？在本例中，可以通过给出解析解来分析最可能的 TPP。但是我们将使用一种适用于更复杂问题的计算方法。

在第 10.1.1 节中，我们将证券收益过程进行模拟。

10.1.1 扁平先验

变量 x 表示 TPP。我们随机采样 100 个真值；如果你在真正收益情况下获得了 1 美元，则该真值为 1，否则为 0。我们在图 10.1 的受益方案中，在"开始"和"随机收益率"两个过程也进行随机抽样。尽管有的时候并不是全都需要，但对所有试验一口气全部采样的随机结果在计算效率上更高效。

最后，我们将所有收益相加，然后除以证券的数量，最终我们求的是本次仿真试验中的收益率。

下面的代码段是仿真运行函数。然而，你需要确保能够理解计算过程是如何与图 10.1 的方案对应的，这是非常重要的事情。①

```
def run_sim(x):
    truth = np.random.uniform(size=100) < x
    first_random = np.random.randint(2,size=100)
    second_random = np.random.randint(2,size=100)
    res = np.sum(first_random*truth +(1-first_random)*second_random)/100
    return res
```

接下来，我们想试验一些可能的 TPP。因此，本例将对一个候选 TPP 进行抽样，并使用此概率进行模拟。如果仿真输出的收益与我们在现实生活中观察到的收益相同，那么这个候选 TPP 就是一个真实概率。

下面的采样函数将返回真实概率。当候选概率与输入不等的时候，返回 None：

```
def sample(data = 0.54):
    x = np.random.uniform()
    if run_sim(x) == data:
        return x
```

由于需要对可能的 TPP 进行抽样，因此我们很自然地希望能加快这一过程。为此，我们使用 JobLib 的库，采用并行执行的方式来加速上述计算过程。

---

① 译者注：代码段的计算过程与图 10.1 的方案过程是一致的。差别在于，代码段在随机采样中一次性把 100 次试验的结果都计算出来。

> **提示**：
> JobLib 在 Kaggle 内核上已经预安装。

我们需要导入 Parallel 类和 delayed 方法。Parallel 类将有助于并行地执行这些循环，delayed 方法则有助于在并行循环内按顺序执行相应函数。通过以下代码来导入它们：

```
from JobLib import Parallel, delayed
```

上述 Parallel 类和 delayed 方法的具体细节与本例无关。Parallel(n_jobs=-1)方法使任务的并行执行数量与机器上的 CPU 数量相同。例如，delayed(sample)() for i in range(100000) 代码中 sample 方法将执行 100000 次。①

我们获得 Python 列表 t，并将其转换为一个 NumPy 数组。正如你在以下代码段中看到的，数组中大约有 98%的值为 None。这意味着在采样器测试的 x 值中，有 98%与我们的数据不匹配。

```
t = Parallel(n_jobs=-1)(delayed(sample)() for i in range(100000))
t = np.array(t,dtype=float)
share = np.sum(np.isnan(t))/len(t)*100
print(f'{share:.2f}% are throwaways')
```

98.01% are throwaways

因此，我们现在将丢弃所有 None 值，留下 x 值：

```
t_flat = t[~np.isnan(t)]
plt.hist(t_flat, bins=30,density=True)
plt.title('Distribution of possible TPPs')
plt.xlim(0,1);
```

运行上述代码后，我们将得到如图 10.2 所示的输出。

正如你所看到的，图 10.2 展示了可能的 TPP 分布情况。这张图显示，TPP 最可能的范围是 50%~60%。虽然其他值也是有可能的，但它们的可能性更小。

你刚才看到的是贝叶斯方法的优点之一。所有的估计以分布形式展示，我们可以计算置信区间（在贝叶斯术语中称为"可信区间"）。

---

① 译者注：sample 函数是通过所有 CPU 并行执行。

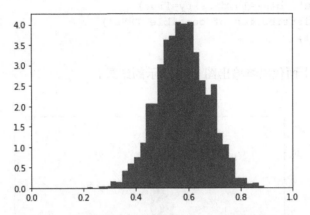

图 10.2 朴素采样器发现的可能真实收益概率的分布

这让我们能够对事情的确信度更加精确,也让模型中其他参数值的可能性更加精确。将它与我们感兴趣的金融领域联系起来。在金融应用中,数以百万美元的金钱都按照模型输出进行交易,因此能够量化这种不确定性就是非常大的优势。

10.1.2 <50%先验

此时,你可以将结果提交给证券交易领域的一名专家,他看了你的分析,摇了摇头说:"TPP 不能超过 0.5。"他解释道,"从基础业务来看,这在客观上不可能超过 50%。"

那么,你将如何把这个事实融合到仿真分析中呢?最直接的解决方案是仅试验从 0 到 0.5 的候选 TPP。你所需要做的就是限制候选 x 的采样空间。可以通过运行以下代码来实现:

```
def sample(data = 0.54):
    x = np.random.uniform(low=0,high=0.5)
    if run_sim(x) == data:
        return x
```

现在,你可以像刚才那样进行仿真了:

```
t = Parallel(n_jobs=-1)(delayed(sample)() for i in range(100000))
t = np.array(t,dtype=float)
# Optional
share = np.sum(np.isnan(t))/len(t)*100
print(f'{share:.2f}% are throwaways')
```

99.10% are throwaways

```
t_cut = t[~np.isnan(t)]
```

```
plt.hist(t_cut, bins=15,density=True)
plt.title('Distribution of possible TPPs')
plt.xlim(0,1);
```

像前面那样，上面代码将输出图 10.3 所示的结果。

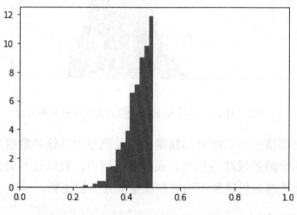

图 10.3　x 从 0～0.5 区间下潜在 TPP 分布

10.1.3　先验与后验

显然，你选择的值会影响仿真分析的结果，这也反映出你对 x 可能的值的认识。

在第一轮中，在你看到任何数据之前，认为所有介于 0 和 100%之间的 TPP 都是等概率的，这被称为"扁平先验"，因为所有值的分布都是相同的，因此是扁平的。在第二轮中，你认为 TPP 必须低于 50%。

在看到数据之前能表示你对 x 认识的分布称为"先验分布 $P(TPP)$"，简称"先验"。我们从仿真中得到的可能 x 的分布（也就是看到数据 D 后）称为"后验分布 $P(TPP|D)$"，简称"后验"。

以下代码给出了第一轮和第二轮的先验和后验采样情况。首先是绘制扁平后验的结果，运行如下代码：

```
flat_prior = np.random.uniform(size=1000000)
plt.hist(flat_prior,bins=10,density=True, label='Prior')
plt.hist(t_flat, bins=30,density=True, label='Posterior')
plt.title('Distribution of $x$ with no assumptions')
plt.legend()
plt.xlim(0,1);
```

上述代码生成图10.4。

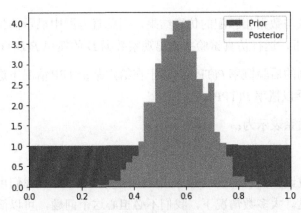

图10.4　扁平先验的采样结果

接下来是对小于50%先验的采样输出。运行如下代码：

```
cut_prior = np.random.uniform(low=0,high=0.5,size=1000000)
plt.hist(cut_prior,bins=10,density=True, label='Prior')
plt.hist(t_cut, bins=15,density=True, label='Posterior')
plt.title('Distribution of $x$ assuming TPP <50%')
plt.legend()
plt.xlim(0,1);
```

上述代码生成图10.5。尽管使用了相同的采样器，但你可以看到结果是非常不同的。

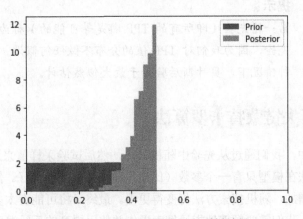

图10.5　对小于50%先验的采样结果

你注意到什么奇怪的事情了吗?第二轮的后验值大致等于第一轮的后验值,但第二轮后验值在 0.5 处被截断了。这是因为第二轮试验中当 x 大于 0.5 的时候,它的先验值为 0,对于其他值为 1。

由于我们只记录与数据相匹配的仿真结果,因此直方图中显示的仿真结果反映了在给定 TPP 和 D 的情况下,运行仿真试验并输出观察数据 D 的概率 $P(D|TPP)$。

从仿真试验得到的后验概率 $P(TPP|D)$ 等于在给定某个 TPP 情况下进行试验并观察到数据的概率 $P(D|TPP)$ 乘以概率 $P(TPP)$。

数学上,上述关系表示为:

$$P(TPP\,|\,D) = P(D\,|\,TPP)P(TPP)$$

当数据可以通过诸如面对面会议等方式自然地获取时,那么我们可能需要说明数据收集方法中存在的偏见。大多数情况下,我们不必担心这个问题,可以简单地忽略它。但有些时候,这种测量能够放大某些结果。

为了缓解这个问题,我们需要除以数据分布 $P(D)$ 将其作为后验公式的最后补充,并得到如下公式:

$$P(TPP\,|\,D) = \frac{P(D\,|\,TPP)P(TPP)}{P(D)}$$

如你所见,这就是贝叶斯公式!当我们做仿真试验时,是从后验中采样。为什么不能直接用贝叶斯公式来计算后验呢?答案很简单,计算 $P(D|TPP)$ 需要我们对 TPP 进行积分。这个计算是非常棘手的。我们的仿真方法是一种简单方便的替代解决方案。

提示:
第一轮先验(即所有的 TPP 都是等可能的)称为扁平先验,因为我们对 TPP 值的分布不做任何假设。在这种情况下,贝叶斯后验等于最大似然估计。

10.1.4 马尔可夫链蒙特卡罗算法

在第 10.1.3 节中,我们通过从先验中随机采样,然后试验采样值来近似估计后验分布。这种随机试验的方法在模型只有一个参数(比如 TPP)时效果会很好。然而,随着模型复杂度的提高和参数的增加,随机搜索方法将变得更慢。最终,将可能有太多的参数组合没有机会生成数据。因此,我们需要频繁地指导搜索操作并使用更高的后验概率来采样参数。

这种有指向性但仍然随机的采样方法被称为马尔可夫链蒙特卡罗算法。蒙特卡罗表示随机和仿真，马尔可夫链表示我们在参数空间上以某些概率进行搜索。

在这里讨论的特定算法中，我们将以一定的概率采用一个不同的参数值，这个概率是该参数值的后验概率的比率。这里，我们将考虑计算参数值的后验概率。由于概率不能大于1，我们将把比率限制在1以内。但这只是一个数学上的限制，对算法来说并无太大影响。

图10.6展示了马尔可夫链蒙特卡罗算法的基本工作原理。

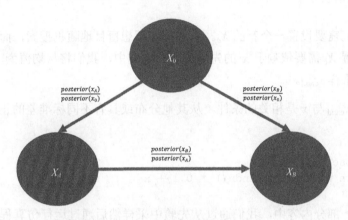

图10.6 马尔可夫链蒙特卡罗算法

图10.6显示我们处于"随机行走"中，或多或少地随机遍历不同的参数值。然而，实际上我们并不是完全"随机移动"，而是更倾向于具有更高后验概率的参数值。

为了执行这个算法，我们需要做4件事。

1. 从当前参数值 x 处提出一个新的参数值 x_{cand}。

2. 使用贝叶斯法则来估计参数 x_{cand} 的后验概率 $\pi(x_{cand})$。

3. 计算从 x 移动到新参数值 x_{cand} 的概率 α。（注意概率必须小于1。）

$$\alpha = \min\left[1, \frac{\pi(x_{cand})}{\pi(x)}\right]$$

4. 以概率 α 转移到新的参数值。

接下来，我们逐步构建这个算法的模块：

```
# REPETITION FROM FIRST SECTION
def run_sim(x):
    truth = np.random.uniform(size=100) < x
```

```
        first_random = np.random.randint(2,size=100)
        second_random = np.random.randint(2,size=100)
        res = np.sum(first_random*truth +(1-first_random)*second_random)/100
        return res
# REPETITION FROM FIRST SECTION
def sample(x,data = 0.54):
    if run_sim(x) == data:
        return x
```

首先,我们需要设置一个新的 X_c。由于我们不想盲目地随机搜索,而是更精确地随机游走,因此设置 X_c 需要依赖于 x 的先前值。在本例中,我们将从均值为 x、标准差为 0.1 的正态分布中采样 x_{cand}。

只要满足 x_{cand} 与 x 是相关的条件,从其他分布或具有不同标准差的正态分布中取样也是可以的:

```
def propose(x):
    return np.random.randn() * 0.1 + x
```

在本章第一部分内容中,我们通过从先验中采样然后通过运行仿真程序的方法来实现直接从后验中采样。现在,我们通过马尔可夫链蒙特卡罗算法来采样,这样就不再直接从后验采样。因此,可以使用贝叶斯法则来计算后验概率。

记住通常不除以 $P(D)$,因为我们不假设有偏测量。贝叶斯法则可以简化为 $P(TPP|D)= P(D|TPP)P(C)$,其中 $P(TPP|D)$ 为后验概率,$P(TPP)$ 为先验概率,$P(D|TPP)$ 为似然值。因此,为了估计参数 x 的似然值,我们使用该参数进行了多次仿真试验。

似然值是仿真试验匹配真实数据的比例:

```
def likelihood(x):
    t = Parallel(n_jobs=-1)(delayed(sample)(x) for i in range(10000))
    t = np.array(t,dtype=float)
    return (1 - np.sum(np.isnan(t))/len(t))
```

我们首先再次使用扁平先验计算,也就是每个 TPP 都是等概率的:

```
def prior(x):
    return 1 #Flat prior
```

参数 x 的后验概率为似然值乘以先验概率:

```
def posterior(x):
    return likelihood(x) * prior(x)
```

现在,我们准备将上面所有内容整合到 Metropolis-Hastings MCMC 算法中。

首先,我们为 x 设置初始值。为了让算法快速找到可能的值,明智的做法是将 x 初始化为最大似然值或我们认为可能的某个估计值。如果要计算这个初始值的后验概率,运行以下代码即可:

```
x = 0.5
pi_x = posterior(x)
```

同样,需要记录试验中采样的所有值。为了展示,我们也跟踪记录了后验概率。运行以下代码:

```
trace = [x]
pi_trace = [pi_x]
```

现在,我们进入主循环。在此之前,我们需要记住算法包含 4 个步骤:

1. 设置新的候选 x_{cand};
2. 计算后验概率 $\pi(x_{\text{cand}})$;
3. 计算接受概率:

$$\alpha = \min\left[1, \frac{\pi(x_{\text{cand}})}{\pi(x)}\right]$$

4. 以概率 α 来设置 x 为 X_c。

```
for i in range(1000): #Main Loop
    x_cand = propose(x)
    pi_x_cand = posterior(x_cand)
    alpha = np.min([1,pi_x_cand/(pi_x + 0.00001)]) # Save division
    u = np.random.uniform()
    (x, pi_x) = (x_cand,pi_x_cand) if u<alpha else (x,pi_x)
    trace.append(x)
    pi_trace.append(pi_x)
    if i % 10 == 0:
```

```
print(f'Epoch {i}, X = {x:.2f}, pi = {pi_x:.2f}')
```

Epoch 0, X = 0.50, pi = 0.00
Epoch 10, X = 0.46, pi = 0.04...
Epoch 990, X = 0.50, pi = 0.06g

在运行这个算法若干轮后，我们最终得到一个潜在作弊者收益份额的分布。跟之前所做的一样，运行以下代码使结果可视化：

```
plt.hist(trace,bins=30)
plt.title('Metropolis Hastings Outcome')
plt.xlim(0,1);
```

结果如图 10.7 所示。

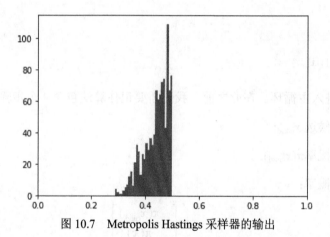

图 10.7　Metropolis Hastings 采样器的输出

通过查看 trace 随时间变化的轨迹，trace 数据显示了算法是如何以高度可能的值为中心进行随机移动的：

```
plt.plot(trace)
plt.title('MH Trace');
```

我们将以图表形式获得输出结果如图 10.8 所示，该结果向我们展示了 Metropolis Hasings 采样器的运行轨迹。

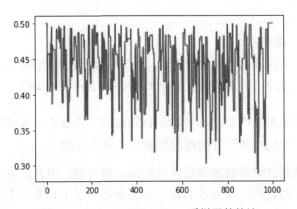

图 10.8 Metropolis Hastings 采样器的轨迹

为了更好地理解，我们绘制了后验概率随所试验值变化的情况：

```
plt.scatter(x=trace,y=pi_trace)
plt.xlabel('Proposed X')
plt.ylabel('Posterior Probability')
plt.title('X vs Pi');
```

成功执行代码后，我们将得到图 10.9 所示的输出图像。

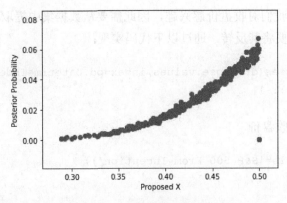

图 10.9 试验值和后验概率

10.1.5　Metropolis-Hastings MCMC

为了展示 PyMC3 的强大功能和灵活性，我们将它用于一个经典的计量经济学问题，但重点要从贝叶斯角度对其进行阐述。

提示：
本例直接改编自 PyMC3 文档中的示例，而 PyMC3 文档中的例子改编自霍夫曼论文 "No-U-Turn Sampler"。

股票价格和其他金融资产价格都波动，日收益的方差被称为波动率。波动率是一种常用的风险评估方法，因此对其进行准确的度量是非常重要的。

简单的解决方案是计算收益的事后风险度量，即方差。但是，表达实际收益波动率的不确定性是有益的。与我们之前看过的收益例子类似，这里存在一个实际值的分布，从这个分布中可以得到已实现的值。因为存在可能的波动率值的分布，其中观察到的波动率可能就是一个已实现的样本，这也称为"随机波动率"。

在本例中，我们建立标准普尔 500 指数的随机波动率模型。为此，我们首先加载数据，你可以直接从互联网下载数据，也可以在 Kaggle 平台上找到数据。

运行以下代码加载数据：

```
df = pd.read_csv('../input/S&P.csv')
df['Date'] = pd.to_datetime(df['Date'])
```

在这个例子中，我们对收盘价感兴趣，因此需要从数据集中提取收盘价。数据集先显示新的数据。因此需要将其反转，通过以下代码实现：

```
close = pd.Series(df.Close.values,index=pd.DatetimeIndex(df.Date))
close = close[::-1]
```

以下代码绘制了收盘价。

```
close.plot(title='S&P 500 From Inception');
```

SP500

我们将获得图 10.10 所示的图表。

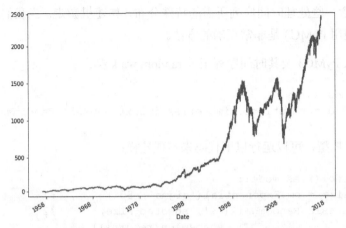

图 10.10　从股市开市以来到 2018 年 S&P500 收盘价

数据集包含了标准普尔自开市以来的数据,这对我们来说有点太多了。所以在本案例中,我们将其在 1990 年截断。通过运行下列代码来指定这个时间:

```
close = close['1990-01-01':]
```

由于我们对收益感兴趣,因此需要计算价差。我们使用 np.diff 来获取每日价差。为了便于画图,我们将每日价差结果用 pandas Series 对象来存储:

```
returns = pd.Series(np.diff(close.values),index=close.index[1:])
returns.plot();
```

输出结果如图 10.11 所示。

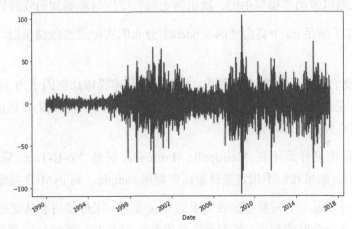

图 10.11　从 1990 年到 2018 年的 S&P500 的收益

PyMC3 包含一些处理时间序列所需的特殊分布，如随机游走。当我们想要对股票价格进行建模时，使用 PyMC3 是非常正确的方法。

首先，导入 PyMC3 及其时间序列工具 random walk 类：

```
import pymc3 as pm
from pymc3.distributions.timeseries import GaussianRandomWalk
```

然后，建立模型，可以运行以下代码来实现建模：

```
with pm.Model() as model:
    step_size = pm.Exponential('sigma', 50.)          #1
    s = GaussianRandomWalk('s', sd=step_size,         #2
                           shape=len(returns))

    nu = pm.Exponential('nu', .1)                     #3

    r = pm.StudentT('r', nu=nu,                       #4
                    lam=pm.math.exp(-2*s),
                    observed=returns.values)
```

现在让我们回顾下建模需要执行的代码命令。如你所见，它有 4 个关键要素组成。

1．波动率 s 被建模为随机游动过程，该随机游走的步长为 step_size。步长的先验分布是 $\lambda = 50$ 的指数分布。（再次说明，理解所使用的每个分布的细节知识对于演示和试验来说并不是必需的。）

2．然后对随机波动率本身进行建模。由于步长本身就是一个随机变量，请注意我们是如何将步长融入随机波动率模型中的。随机游走的长度应与观察到的收益值相同。

3．我们建立了满足 nu 个自由度的 StudentT 分布的实际股票收益模型。nu 的先验也是指数分布。

4．最后，我们对实际收益进行建模。将实际收益建模成比例因子为 lam 的 StudentT 分布，其中 lam 是由随机波动模型生成的。为了使模型基于观察到的数据进行构建，我们将观察的收益值作为参数传入模型中。

PyMC3 的标准采样器不是 Metropolis Hastings，而是 No-U-Turn 采样（No-U-Turn Sampler，NUTS）。如果我们不指定采样器而仅调用 sample，则 PyMC3 将默认为 NUTS。

为了使采样平稳运行，需要指定较大量的 tune 采样。采样器将会从这些 tune 采样中抽取样本，以便找到一个好的起点。类似于之前的 burned 采样，这些 tune 采样也不会成为后验中的一部分。

我们需要设置较高的 target_accept 值，来告诉 NUTS 在接受值时要宽容。可以运行以下代码来实现：

```
with model:
    trace = pm.sample(tune=2000,nuts_kwargs=dict(target_accept=.9))
```

PyMC3 有一个很好用的工具，它可用于可视化采样结果。我们对波动率随机游动的标准偏差 σ 以及实际收益所符合的 StudentT 分布的自由度比较感兴趣。

在并行运行两段代码时，你可以看到两个不同的输出分布。如果我们将采样器运行更长的时间，那么这两个结果将会收敛。可以通过对它们进行平均来获得更好的估计，这就是 PyMC3 针对预测所采用的方法。现在让我们尝试使用以下代码：

```
pm.traceplot(trace, varnames=['sigma', 'nu']);
TracePlot
```

图 10.12 显示了该代码的执行结果。

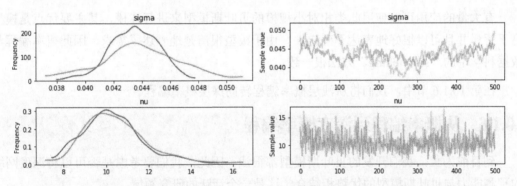

图 10.12　PyMC3 采样器的结果概览（左侧两个采样器生成的分布，右侧是它们的轨迹）

在最后一步，我们展示了随机波动率是如何随时间变化的。你可以看到它是如何与经济波动周期（例如 2008 年金融危机）完美契合的。你还可以看到，在某些时期中，模型对波动率大体是确定的：

```
plt.plot(returns.values)
plt.plot(np.exp(trace[s].T), 'r', alpha=.03);
plt.xlabel('time')
plt.ylabel('returns')
plt.legend(['S&P500', 'Stochastic Vol.']);
```

该代码的输出如图 10.13 所示。

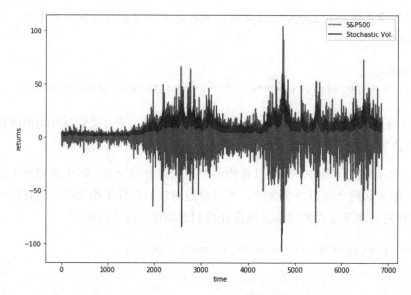

图 10.13　1990 年至 2018 年的推断随机波动率

有大量的应用可以使用此类相对小规模的贝叶斯模型来进行建模，其主要优点是模型易于解释并且可以很好地表达不确定性。由于模型很清楚地表述了需求，因此概率编程与数据科学中的"storytelling"方法很一致。

在第 10.1.6 节中，我们将从浅层概率编程转向深层概率编程。

10.1.6　从概率编程到深度概率编程

到目前为止，我们开发的贝叶斯模型都很浅。因此，我们要考虑是否可以将深度网络的预测能力与贝叶斯模型的优势相结合，这是一个活跃的研究领域。

深度网络具有大量参数，这使得在参数空间中搜索成为难题。在传统的监督深度学习中，我们使用反向传播来解决这个问题，反向传播也可以用于贝叶斯模型。但是，它不是进行贝叶斯深度学习的唯一方法，甚至不一定是最佳方法。

总体来说，有 4 种方法可以用于贝叶斯深度学习。

- 使用自动微分变分推理（Automatic Differentiation Variational Inference，AVI）。这意味着用引导模型来近似后验分布，然后使用梯度下降来优化模型参数。PyMC3 使用 AVI 优化器可以实现这一点。请参阅 Alp Kucukelbir 等人于 2016 年发表的论文"Automatic Differentiation Variational Inference"。或者，你可以使用 Pyro，它实

现了快速的、GPU 优化的 AVI。尽管在这里不适合花大量篇幅介绍 PyMC3，但还要推荐 PyMC3 文档，它是一个很好的教程。

- 假设后验值呈正态分布，然后使用标准神经网络库（例如 Keras）并学习每个参数的均值和标准差。还记得我们在使用变分自编码器时如何从参数化正态分布中采样 z 值吗？我们可以对每一层都这样做。与 AVI 相比，这种方法训练速度更快，占用的计算资源和内存更少，但灵活性较差，其参数是非贝叶斯神经网络的两倍。

- 使用 dropout 技巧。在使用时间序列时，我们在测试时间打开了 dropout 功能，并多次运行推理以获得置信区间。这是一种非常容易实现的贝叶斯学习，没有比常规神经网络更多的参数。但是，它在推理时速度较慢，并且也不具有 AVI 的所有灵活性。

- 挑选并混合。为了训练神经网络，我们需要一个可以从 AVI 获得的梯度信号。我们可以以常规方式训练神经网络的 socket（有时我们称之为"特征提取器"），并以贝叶斯方式训练网络的头部。这样，我们可以获得不确定性估计，而不必承担贝叶斯方法的全部成本。

10.2 本章小结

在本章中，你简单了解了现代贝叶斯机器学习及其在金融中的应用。我们仅涉及部分内容，因为它是一个非常活跃的研究领域。我们可以期待，在不久的将来会有许多突破。

回顾本章，我们应该对理解以下内容充满信心：

- 贝叶斯公式的经验推导；
- 马尔可夫链蒙特卡罗算法的工作方式和原理；
- 如何将 PyMC3 用于贝叶斯推理和概率编程；
- 这些方法如何应用于随机波动率模型。

请注意你在这里学到的所有东西是如何变成更大模型的（比如我们在整本书中讨论过的深度神经网络）。对于非常大的模型，采样过程仍然有些慢。但是研究人员正在积极地努力使其速度更快，你所学到的知识将为未来奠定坚实的基础。

结束语

至此，我们读完了本书的最后一章。让我们回顾一下从开始到现在所学过的内容。

在过去的10章中，我们涵盖了很多内容，包括：

- 基于梯度下降的优化；
- 特征工程；
- 基于树的方法；
- 计算机视觉；
- 时间序列模型；
- 自然语言处理；
- 生成模型；
- 调试机器学习系统；
- 机器学习中的道德因素；
- 贝叶斯推理。

在每一章中，我们给出了一系列实用技巧和建议，这将让你能够构建改变金融业的先进系统。

然而，在许多方面，我们只是介绍了"皮毛"。每章的主题都值得用一本书来介绍，即使那样也无法充分涵盖金融领域机器学习的所有内容。

最后给你留下这样一个观点：金融领域的机器学习是一个令人兴奋的领域，在这个领域仍然有很多值得探索的内容。因此，敬爱的读者，请不断前行。远方还有模型需要训练，有数据需要分析，有推断需要去处理。

推荐读物

你已经读到书的结尾！你现在要做什么？当然是多读点书了！机器学习，尤其是深度学习是一个快速发展的领域。因此，现在列的任何阅读清单都有可能在你阅读时就已经过时了。然而，下面的清单旨在向你展示相关的书籍，这些书籍可以在未来几年仍然值得参考。

- 《利用 Python 进行数据分析》，作者韦斯·麦金尼（Wes McKinney）

韦斯是 pandas 的原创者。pandas 是一种流行的 Python 数据处理工具。我们在第 2 章中看到过这个工具。pandas 是 Python 中任何数据科学工作流的核心组件。在可预见的将来，它仍将发挥作用。绝对值得你花时间学习它所提供的工具和相关知识。

- Advances in Financial Machine Learning，作者马科斯·洛佩兹·普拉多（Marcos Lopez de Prado）

马科斯是将机器学习应用于金融领域的专家。他的书主要聚焦于过拟合的危险，以及研究人员在进行适当的科学研究时应该如何多加小心。虽然本书更加专注于高频交易，但马科斯写得非常清晰，并使潜在的问题和解决方案非常容易理解。

- Elements of Statistical Learning，作者特雷弗·哈斯蒂（Trevor Hastie）等

统计机器学习的经典之作，它包含统计学习中所有重要概念的讲解。每当你需要对某个概念的深度信息时，这本书是最好用的查阅工具书。

- 《深度学习》，作者伊恩·古德洛（Ian Goodfellow）、约书亚·本吉奥（Yoshua Bengio）、亚伦·库维尔（Aaron Courville）（原版书名为 Deep Learning）

尽管本书以实践为导向，但它也聚焦于其背后的理论，涵盖了广泛的主题，并从理论概念中衍生出多样的实际应用。

- 《强化学习》，作者理查德·萨顿（Richard Sutton）、安德鲁·巴托（Andrew Barto）（原版书名为 Reinforcement Learning: An Introduction）

强化学习的标志性著作，它深度讨论了所有相关算法。这本书的焦点不是通俗的结论，而更多是强化学习算法背后的推理和衍生。

- 《贝叶斯机器学习》，作者凯文·墨菲（Kevin Murphy）（原版书名为 *Machine Learning: a Probabilistic Perspective*）

本书从概率论和贝叶斯角度介绍了机器学习技术。如果你想以不同的方式思考机器学习，那么这是一本不错的指南。

- 《贝叶斯方法——概率编程与贝叶斯推断》，作者卡梅隆·戴维森·皮隆（Cameron Davidson Pilon）

这可能是唯一一本聚焦实际应用的概率编程图书。它不仅免费且开源，而且还经常更新各种库和工具，以始终保持价值。